葬られた驚愕の古代史

越智国に〝九州王朝の首都〟紫宸殿ありや

Youichi Gouda
合田洋一

創風社出版

刊行にあたって

孤高の歴史学者・故古田武彦氏（元・昭和薬科大学教授）の「多元史観・九州王朝説」に導かれ、私が古代伊予の郷土史に足を踏み入れたのは二〇〇二年（平成十四年一月）で、人生の節目である還暦の年であった。

私の生国は北海道であるが、一九七一年（昭和四十六）に仕事の関係で松山に居を移した。そして思うに、松山すなわち伊予は遠祖の地（十三代前、伊予三島〈現・四国中央市〉より元禄十四年蝦夷地へ渡る）であることから、この地を研究対象にする私は、何かしら格別な因縁で結ばれていたのかも知れない。

私は、大学ではわが国の中世史を専攻したのであるが、社会に出てからは歴史本を手にするだけの一介の歴史愛好家に過ぎなかった。それが、古田武彦先生の『「邪馬台国」はなかった』を手にしてのち、わが国古代史の研究に没頭することになったのである。この伊予の地が私の終焉の地となるであろうとは——。

ところで、それまでの私の歴史観は、古代史に関しての疑問点は数多くあったものの、今にして思えば通説である「万世一系・近畿（大和）天皇家一元史観」に染まっていたようである。それが前記『「邪馬台国」はなかった』に初めて接して、それまで抱いていた私の疑問点は瞬時に氷解した。〝目から鱗が落ちる〟とはこのことだ、これぞわが国の真実の歴史だ、と。それからというものは、貪るように古田先生の著作を読み漁り古代史の世界に没入したのである。

私が最初に執筆したテーマは、古田著の『盗まれた神話』に登場する「伊予之二名洲」の比定地であった。これに疑問を抱いたことから、図らずも〝古代史の闇〟に分不相応にも挑戦する切っ掛けとなったのである。そして、第一書として『国生み神話の伊予之二名洲考（いよのふたなのくにこう）』を上梓した。

次に、同じく古田書の『古代は輝いていたⅢ―法隆寺の中の九州王朝』で、聖徳太子とは近畿天皇家の厩戸皇子ではなく、『隋書』「俀国伝」に登場する九州王朝の「日出ずる処の天子・阿毎多利思北孤」のことであり、多利思北孤の事績を厩戸皇子に〝換骨奪胎〟、また『伊予国風土記』の「温湯碑」に記載されていた「法王大王」も聖徳太子ではなく、阿毎多利思北孤のことである――との説に驚くばかりか深い感動を抱いたことから、私もこの研究に入ったのである。

そして、『聖徳太子の虚像―道後来湯説の真実』、次いで伊予の古代の範囲を拡げて『新説 伊予の古代』を上梓したのである。

ところがその後、朝倉・西条を取材で歩くほどに、ここは格別な地であることに気づいたのである。

そこから、今は亡き恩師・古田武彦先生をも巻き込んでの「九州王朝の天子・斉明（通説は近畿の天皇で、皇極天皇と同一人物となっている）の越智国行幸論」や明理川に遺る「紫宸殿」地名遺跡および「天皇」地名による「九州王朝首都論」などに問題の範囲が拡がっていったのである。

ところで、この研究で思い知ったことなのだが、私の研究対象は越智国という伊予国内の一角の単なる郷土史ではなかった。その中の幾つかの出来事は、実は通説の古代史を揺るがすものであった。つまり、越智国は我が国の主権国家であった九州王朝・倭国から近畿天皇家に政権移行するその渦中の真っ只中に在ったのである。それ故、現代に至るまで通説とされているものとは全く違うものになっていた。

そこで、越智国を足がかりとして、闇に葬られてしまった日本の古代の姿をも明らかにしたいという思いからこの書をまとめ、読者諸氏に捧げたい。

「〝時のうつろい〟に亡びぬ真実こそが万世最大のロマンである」―古田武彦―と願いつつ。

葬られた驚愕の古代史

―目　次―

第三編 万葉集を彩る九州王朝の天子・中皇命（なかのすめらみこと）とは 105

第五編 永納山古代山城築造の背景 168

第六編 九州王朝存在の証——「評」による証言 180

第七編　越智国に「紫宸殿」あり　九州王朝の幻の首都だった　190

第八編　天武天皇の謎―「万世一系」系図作成の真相　209

第一編　伊予に在った古代王国「越智国（おちのくに）」

一、越智国の曙

私の郷土史研究第二弾（第一弾は風早国・「伊予之二名洲」[1]）は、弥生・古墳時代の遺跡が多かった小市（おちの）国造（くにのみやつこ）の越智国（旧・越智郡・桑村郡・周敷郡・新居郡―合田説）に入った。

そこで、越智国内でも弥生・古墳時代遺跡の集中地帯である旧・朝倉村に足を踏み入れてびっくりした。そこには古墳が四方八方にわたって何十もまとまってあったのである。関係資料にも詳細に記されていた。[2]旧・朝倉村（現・今治市）は、盆地の中央に頓田川が流れる山あいの小さな村である。人口五千百人（平成十六年）、面積は東西距離六・二キロメートル、南北距離八キロメートル、総面積二十九・七九平方キロメートル（旧・朝倉村役場調べ）で、その中にある古墳の数は他市町村を圧倒し突出している。正に聖地であり「王家の谷」の観を呈していた。この盆地には紛れもなく弥生時代の「クニ」があった、そしてここが越智氏発祥の地であり、最初の王都があった、と確信を抱いたのである。

なお、越智氏祖とされる「小千命」以外のオチ（コチ）氏・オチ（コチ）国の呼称・読み方については、第五項で述べるが、それまでは便宜的に越智氏・越智国とする。

そこで、この弥生時代の我が列島、その文明は一体どのようになっていたのであろうか、それを初めに見ておきたい。

中国の『漢書』「地理誌」③に、

「楽浪海中、倭人有り、分かれて百余国を為す。歳時を以て来献す。と云う」

日本列島には百余国の国があり、定期的に中国に朝貢していたという。この記述は漢の武帝（前一四一～前八七）の頃のことで、わが国では弥生時代にあたる。この時代には、既に日本列島各地に部族単位だったり、地域を統率したりする小規模の国があり、やがてそれらを支配下においた大小の王朝も各地に存在するようになったようである。

従来、弥生時代の年代は、紀元前三世紀から紀元三世紀までの約六〇〇年間とされていた。ところが、最近の「放射性炭素（C14）年代測定法」により、わが国への稲作伝来時期などの観点から、それが約五百年以上遡ることになった。これにより弥生時代の幕開けは紀元前八百年～一千年くらいまで遡り、大きく変わって来たのである。

ところで、わが国草創期の歴史に関して縄文と弥生に分けた概念及びその時代区分に合致しないことが多々有り、古田武彦氏はこのことについて、三十年も前から縄文・弥生時代に整合しない数々の矛盾を指摘して来た。それは、

稲作が、朝鮮半島に伝わってから五百年もの間、隣国であるわが国に伝わらないのはおかしい。

筑紫の板付や菜畑の水田跡（紀元前一〇〇〇年頃）を、縄文水田というのはおかしい。稲作が入って後を弥生時代というのであれば、これは矛盾している。

そして、文献に見える倭人の初源についても、弥生時代のみならず縄文時代に関することでも次のように述べておられる。

中国漢代の『論衡（ろんこう）』④にある、「倭人が周の成王（前一一一五〜前一〇七九、「東方年表」による）に鬯草（ちょうそう）を献じ朝貢した」という記事、すなわち、

「周の時、天下太平、越裳白雉（えつしょうはくち）を献じ、倭人鬯艸（ちょうそう）を貢す」（巻八）

「成王の時、越常（えつしょう）、雉を献じ、倭人暢草（ちょうそう）を貢す」（巻十九）

また、周初（前十一世紀）の記録とされる『尚書（しょうしょ）』⑤に

「海隅（かいぐう）、日を出（い）だす。率俾（そっぴ）せざるは罔（な）し」

（東の海の彼方の一隅に日の出るところがある。そこに住む夷蛮の地から、貢献の使者がやってきた。そんな遠方まで、およそ貢献しないものはいなくなった。）

「島夷皮服。海曲、之を島と謂う。島に居るの夷。島は是れ、海中の山」

（東方の民族の中に島を住居とする人々がいる。）

と。そして、『尚書』と同時代のことが記されている書である『礼記（らいき）』⑥にも、倭人と思われる東夷の記述

がある。

「東方、夷と曰う。被髪文身、火食せざる者有り」

（東に住む民族を夷という。髪は結ばず、体に刺青をしている。生で〈魚や野菜を〉食べる。）

と。これらのことから、古田氏は縄文時代晩期には、日本列島に既に政治集団があり、中国と交流していたことを論証して来た（『「風土記」にいた卑弥呼』[7]）。

しかし、歴史学会からは「縄文時代に政治集団などとはとんでもない、中国の古典に記されていた倭は、日本列島のことではなく、中国と地続きにいた広義の倭である（鳥越憲三郎氏[8]など）。また、更にこれを補強する説で「これらの書に出ている倭人は中国南部にいた倭族である」とする出野正氏・張莉氏ご夫妻の説もあることを付言しておきたい[9]。

ところで、青森市に忽然と現れた縄文集落の三内丸山遺跡は縄文時代前期後半から後期にかけての紀元前三五〇〇年～前二〇〇〇年とされている。私も三度見学に訪れたが、その都度発掘も進んでおり素晴らしかった。あのような大集落の存在は、これまで誰もが夢想だにしなかったことであろう。縄文時代といっても、決して野蛮で未開の時代ではなかったのである。

それを裏付けるものが、わが国の史書においてもあった。それは『出雲国風土記』である。この中に「国引き神話」が語られている。古田氏は、この神話には、道具としては「綱」と「杭」より出てこない。つまり、金属器の無い時代の神話と考えられるので、これは縄文時代のことであり「縄文神話」である。この神話は「出雲王朝」の草創期を現している、と述べておられる。

従って、紀元前一一〇〇年頃の周の成王時代に、日本列島に原初的な王国・王朝があっても不思議ではなかったと思いたい。

そして、古田氏は天照大神（あまてらす（あまてる）おおみかみ）による出雲王朝簒奪説話（大国主命（おおくにぬしのみこと）の「国譲り神話」）、天照の孫の邇邇芸尊（ににぎのみこと）による糸島半島・日向（ひなた）地方征服の天孫降臨（てんそんこうりん）説話の歴史事実、そして彼らは実在の人物であることを論証された。

以上、縄文・弥生時代の日本列島の姿を垣間見てきた。伊予の越智国もそのような中に誕生したのである。つまり越智国の曙であった。

注

①前述の拙書三書『国生み神話の伊予之二名洲考』『聖徳太子の虚像』『新説 伊予の古代』

②『愛媛県埋蔵文化財包蔵地一覧表』（愛媛県教育委員会　二〇〇〇年）『愛媛県における首長墳素描』『紀要愛媛』第二号所収　愛媛県埋蔵文化財調査センター岡田敏彦調査課長による

③『漢書』「地理誌」『前漢書』とも言う　班固撰　前漢の歴史を記した書

④『論衡』　後漢の王充撰　三〇巻

⑤『尚書』　中国の経書　五経の一つ。先秦では『書』と言い、漢代からは『尚書』と呼ばれ、宋以後は『書経』と称された

⑥『礼記』　周末・秦・漢時代の儒者の古礼に関する説を収録した書

⑦『「風土記」にいた卑弥呼―古代は輝いていた1』　古田武彦著　一九八四年十一月朝日新聞社、のち朝日文庫、二〇一四年四月ミネルヴァ書房より復刊

⑧『古代中国と倭族』　鳥越憲三郎著　２０００年　中公新書

⑨『倭人とは何か』　出野正（古田史学の会会員）・張莉（出野文莉　大阪教育大学特任准教授　博士）共著　二〇一六年十二月　明石書店

二、越智国の残映

1．遺跡・古墳

前述のように、越智国はかつて「クニ」（弥生時代の部族国家）であって、その後発展した「王国」であったと考えられるので、その根拠を遺跡に基づき以下に示すことにしたい。

『倭名類従抄』[1]に「国府在越智郡」とあって、国府は今治市の旧市街の越智郡に在ったとされている。[2] そして、通説はそこが越智国の中心領域とされていた。確かに、八世紀以降の奈良・平安時代はそうである。しかしながら、それ以前は違うのである。その理由は次の通り。

第一に、旧・朝倉村に密集する古墳の存在などから、ここが越智氏発祥の地であり、最初の王都が古谷（こや）にあったと思われることから、この地が中心であった。

第二に、旧・今治市内には大きな川（弥生時代は大河）が二本流れており、その一本は中央部を南北に貫く蒼社川（そうじゃがわ）であり、あとの一本はそこより東部に位置し、蛇行して旧・朝倉村の盆地中央部を貫いている頓田川（とんたがわ）であって、この二本の川がここ越智国の歴史をひもとく大きな要素であると考えたことにある。

この二つの川は時代によりその存在・役割が大きく違っていたと思われる。すなわち、古くは頓田川の流域が主要な舞台となっており、そののち越智氏の勢力が西へ拡がり今治市の蒼社川が大きな役割を担った、と考えているからである。

因みに、東は後述するが六～七世紀の大きな歴史の舞台となった西条市の氷見・明里川があり、中山川から加茂川、その後は新居浜市の国領川まで拡がっていったのである。

そして、頓田川の上流域・朝倉には「古谷」があり、それと相対して旧・今治市側に「新谷（にや）」があって、また海岸近くの東岸に「古国分（ふるこくぶ）」があり、それと相対して国分寺・国分尼寺廃寺跡が存在している「国分（こくぶ）」がある。

この頓田川流域にある〝二組の地名の構図〟が重要なポイントと考えた。

八世紀以降、律令体制下の国府所在地となった中心域は、この頓田川と蒼社川の間に位置する所であり、中でも中寺・八町・上徳・国分などが盛んになったようである。

八町遺跡からは豪華な遺物も出土しており、また蒼社川左岸の高橋の古代製鉄炉遺跡（高橋佐夜ノ谷Ⅱ遺跡）③は、四国初の製鉄遺構として注目を浴びている。

そこで、この二本の川の周囲にある遺跡や古墳に注目し（この項は旧・越智郡島礁部を除く）、これらを基に国の発展の歴史を論述することにしたい④。

旧・今治市の中央部を流れる蒼社川左岸は、旧市街地の大部分を占め、そこにある古墳は糸山から高部、大浜、近見、阿方、宅間、野間、神宮、別名、高橋、片山一帯にかけて百十四ヶ所ある（但し、古墳の実数ではない）。

この内、相の谷一号墳（湊町）・同二号墳（近見町）、山方二号墳（山方町）は前方後円墳で、いずれも糸山の近くにある（但し、これらは隣国・怒麻国の古墳と考えている—筆者）。

また、蒼社川と頓田川に挟まれた五十嵐、新谷一帯には古墳が二十七ヶ所あるが、これらは全て古墳時代のものである。古墳以外の遺跡は、両地域併せて縄文遺跡五ヵ所、弥生遺跡が五十九ヵ所存在する。

そして海岸線に面した平野部は、縄文時代は海抜十メートルライン、弥生時代は五メートルラインまで海が入りくんでいたと考えられる。従って、今治市の中心部を占める低地帯の平野部は、当時は海中であり、縄文・弥生遺跡は少ないと思われる。

この他、最近の発掘調査によると[5]、

○「辻堂遺跡」（二〇一三年三月）は、縄文時代の柱穴が六十三、大量の縄文土器・石斧・石鏃・石錘・石包丁などが出土。

○「宮ノ内遺跡3次」（二〇一三年、三月）は、柱穴・弥生土器一一四点・壷などが出土。

○「新谷森ノ前遺跡2次」（二〇一三年三月）である。王の権威を象徴する二体の龍を描いた絵画土器・船を描いた絵画土器・方格規矩鏡（後漢製）の破鏡・転用硯・緑釉陶器、弥生集落やその後の古代集落跡などが出土。また、二〇一七年（平成二十九年）五月二十七日の『愛媛新聞』の報道によれば、新谷(にや)の「新谷古新谷(こにゃ)遺跡」から古墳時代中後期（五～六世紀）の「木製琴」・「筑状弦楽器（別型の木製琴）」・「タタリ柱（紡織具）」が出土。更に、㈶愛媛県埋蔵文化財センターによると、新谷「鍛冶遺構」として、「新谷森ノ前遺跡」に鍛冶炉一基、「新谷赤田遺跡」に鍛冶炉二基、「新谷古新谷遺跡」に鍛冶炉二基発掘された（瀬戸内海考古学研究会・第七回公開大会予告集・石貫弘泰氏・平成二十九年六月十八日）。ここからは1次発掘で既に細形銅剣・銅鏡・玉類などの様々な遺物が出土しており、古墳は数基まとまったものが四群あって、鹿ノ児池の西側丘陵上に十七メートル・文殊院西に二十三メートルの前方後円墳もある。この新谷の地下にはどれほどの文化財が眠っているのか、今後の発掘が楽しみである。

今治市の頓田川右岸にある古墳は、古国分・唐子台(からこだい)・宮ヶ崎・桜井・湯ノ浦・長沢・孫兵衛作(まごべえさく)一帯にかけて弥生時代の古墳十三ヵ所、古墳時代のもの九十四ヵ所、時代が不明のもの五十一ヵ所存在し、その他の遺跡は縄文遺跡が二ヵ所、弥生遺跡は九ヵ所ある。

これら古墳のうち、国分古墳（国分）・久保山古墳（唐子台）・唐子台十・十三号墳（唐子台）・菜切谷古墳（向山）は前方後円墳、雉之尾古墳（古国分）は前方後方墳となっている。[6]

そして、越智国発祥の地である旧・越智郡朝倉村（現・今治市）には、古墳三十五ヵ所、旧石器遺跡二ヵ所あり、このうち古谷・竹林寺裏山出土の隠岐島産黒曜石の有舌尖頭器が著名である。そのほか縄文遺跡二ヵ所、弥生遺跡八ヵ所ある。

旧・越智郡玉川町（現・今治市）には古墳五十一ヵ所、その他縄文遺跡一ヵ所、弥生遺跡十ヵ所ある。

「永納山（えいのうざん）古代山城」がある旧・東予市河原津（現・西条市）には、古墳が七十三ヵ所、その他縄文遺跡十四ヵ所、弥生遺跡四十八ヵ所存在する。

このうち『東予市誌』[7]によると、古墳時代前期のものとして、片山古墳には箱式石棺三基・大崎鼻古墳群には箱式石棺七基・実報寺古墳群には箱式石棺十基・後谷一番山古墳・二番山古墳は横穴式となっている。そして中期以後のものとして、永納山古墳群二十基・世田山麓古墳群五十基・天神古墳群十基・椎ノ木古墳群百基・楠古墳群十基・水谷古墳群三十五基・甲賀原古墳群二十基・黒岩山古墳群十八基あり、数が不明な古墳群は上市・高知・久妙寺・今井・西大頭・舟山・大日裏山古墳群などがある。

旧・周桑郡丹原町（しゅうそうぐんたんばらちょう）（現・西条市）には、古墳十九ヵ所、そのうち弥生古墳が二ヵ所、その他縄文遺跡一ヵ所、弥生遺跡十四ヵ所ある。

旧・周桑郡小松町（現・西条市）には、古墳二十七ヵ所、その他旧石器遺跡三ヵ所、縄文遺跡六ヵ所、弥生遺跡十九ヵ所がある。中でも大久保古墳群[8]が大変注目される。このうち大久保一号墳は前方後円墳であり、長さ二十四メートル周濠あり三世紀末築造か平地部の前方後円墳としては県下最古という。また大久保二号墳は円墳である。[9]

更に小松町では既述の大日裏山古墳群から「銀装方頭太刀」が出土している（昭和三十三年十月二十日出土、

現在東京国立上野博物館所蔵）。他に一号墳から内行花文鏡（中国六朝時代）一面・乳文鏡（彷製鏡）一面などが出土。[10]

旧・西条市には、古墳二十一ヵ所、その他縄文遺跡三ヵ所、弥生遺跡二十八ヵ所ある。

これを見ると頓田川以東の今治市、旧・越智郡朝倉村、旧・周桑郡一帯、旧・西条市を含めてこの地帯は、今治市西部・中央部に比べ古墳の数も遥かに多く、その他の縄文・弥生時代の遺跡も多いことが解る。これらの中で特に注目したのは朝倉村である。具体的に古墳を見てみると[11]、

○ 樹之本（きのもと）古墳（円墳）は五世紀中期末のものとみられ、堀を二重に巡らせ、そこからの出土物は見事な獣帯画像漢式青銅鏡（現在、東京歴史博物館に保存）・青銅の刀身・青銅の槍身・勾玉・管玉・砥石、また古墳の周囲からは円筒形の埴輪が出土している。

これは正に「三種の神器」を供えた王墓に他ならない。

この古墳について『朝倉村誌』[12]は「越智益躬か守興、またその子玉興の墓ではないか」と述べているが、これは違う。益躬・守興・玉興は七世紀中葉～八世紀初頭の人物であり、古墳の築造年代は五世紀中期末なので、時代が全く合わない。他の古墳については、

○ 根上り松（ねあがりまつ）古墳もまた五世紀頃のものと考えられており、副葬品も仿製銅鏡・管玉・ガラス玉が出土している。

○ 行者ヶ原（ぎょうじゃがはら）古墳群現存三基（六世紀中期）からは、朱塗りの箱式石棺・直刀・管玉が出土。

○ 城ヶ谷（じょうがたに）古墳（六世紀中期）からは、朝鮮渡来の陶質土器出土。

○恵下坊古墳（六世紀後期〜七世紀前期）からは高杯・勾玉が出土している。

○牛神古墳（円墳・横穴式石室）の出土物は、耳輪三・指輪二・馬鈴・刀子・胴具足・鉄鏃・須恵器・土師器・碧玉（管玉・勾玉）・ガラス玉・水晶玉など出土。また、陪塚（縦穴式石室）あり⑬。

○多伎宮古墳群（所在地古谷）は、多伎神社の境内に古墳三十八基、現存十五基（六〜七世紀）あり、石室は高麗式の横穴式である。これらは古墳というよりも古冢である。中国では冢は墳よりも古い時代のもので、木棺や石棺に土を被せただけの塚程度のものを言うようである。『三国志』に蜀の宰相・諸葛孔明が死に臨んだ折「私が死んだら墳を造ること勿れ冢で良い」と言った有名な言葉がある。

多伎神社は式内社であり、往古奥の院にある磐座（ふすべ岩）と入口にある陰陽石信仰に始まり、のち多伎都比売命、多伎都比古命、須佐之男命を祀り、崇神天皇の御代・饒速日命六代の裔伊香武雄命を祀ったとある⑭。

これを見ると物部氏に関係するとも考えられ、また境内に一宮神社（祭神・天照大神）、天満神社があることから、天孫族の関係も考えられる。

これに関連することなので述べるが、岩戸神社（祭神・天照大神）と天満宮が浅地にあり、また平林にも天満宮跡が伝えられている⑮。

なお、天満宮と言えば祭神は菅原道真となるが、本来は天孫族の「天つ神」を祀る神社であり、後に菅原道真を合祀したものである。従って、この地方には、天孫族に関係すると思われるものが各所にある。そして、この多伎神社附近一帯は、渡来系氏族「秦氏」の居住地帯と考えられ、この近くの今治市側・霊仙山の麓には高麗池がある。また、旧・丹原町や旧・東予市丹生川の地名由来は、「丹生土」（水銀朱を含んだ赤土）に由来し、この採掘に渡来系氏族が関わったと言われている⑯。

○ 野々瀬（ののせ）古墳群は、『朝倉村の文化財』では古墳数百基、現存二十基としているが、『朝倉村誌』では百五十基、現存四十基としている（六～七世紀、横穴式石室）。この中には七間塚古墳と五間塚古墳がある。この五間塚古墳からは副葬品として、土器（須恵器）・鉄剣・鉄鏃・鎌・首飾り・耳輪・水晶の切子玉などが出土している。また五間塚の陪塚からは朱塗りの人骨も出土している。なお、この陪塚を私が調査していた時に、石室奥面と側面に何やら「岩面刻画」のようなものを見つけた。気のせいではないと思っているので、詳しい調査が待たれる。

また、ここには須賀神社があり、「朝倉天皇」または野田宮とも言われていて、祭神は、須佐之男命・猿田彦命となっている。[17]

○ 竹林寺の裏山から隠岐島の黒曜石出土

○ その他、野田古墳群現存四〇基（朱塗りの人骨出土）、石打古墳群、霊仙山古墳群、鹿ノ子池古墳群、古谷石ケ谷古墳群、荒神山集合墓などがある。[18]

そして、最近の発掘調査でも[19]、

○ 「古谷犬山谷古墳」（二〇一三年二月）は、直径一六メートルの墳丘墓に箱式石棺二基、北石棺からは女性の人骨と直刀一点、南石棺から男性人骨と直刀二点・ガラス玉六点が出土。

○ 「今若遺跡」（二〇一四年三月）は、弥生時代の竪穴建物（一部は焼失建物）・土坑・溝・弥生土器、鳥越一号墳（横穴石室）の副葬品として須恵器杯身・杯蓋・短頸壷・壷蓋・広口壷・提瓶・鉄鎌・刀子・鋤先・鉄鏃・菅玉・切子玉・ガラス丸玉・土玉・耳環などが出土。

○ 「経田遺跡」（二〇一四年三月）弥生から古墳時代の多数の柱穴や建物跡が確認されているが、ここで最も注目されたのは平形銅剣が柱穴内に垂直に埋納されていたことで、これは祭祀に使用されていたものと考えられている。また、下経田遺跡からは船が描かれた土器が出土。そして、古墳時代に下経田から経田一帯は大集落が営まれていたことが確認された。以上が旧・朝倉村の主な遺跡である。

新居浜市内国領川左岸一帯（旧・新居郡）の遺跡の概略は、弥生時代前期末から中期初頭の遺跡として東田遺跡・割ヶ内遺跡・星原市東遺跡があり、弥生時代中期中葉の若宮遺跡（多量の石鏃）・上郷遺跡があって、中期後半の桧端遺跡（壷・甕）・松原遺跡（竪穴住居）がある。そして、弥生時代後期から古墳時代初頭の遺跡として、中村遺跡・尻無遺跡・政枝遺跡・金栄遺跡・角野遺跡などがある。そのほか最近の発掘遺跡として、

○「喜来遺跡2次」（二〇一五年三月）がある。

以上越智国全域に亘って遺跡・古墳の概略を見てきたが（但し、島嶼部を除く）ここに記載したのは主だったものだけで、特に朝倉の四方の山・谷は言うまでもなく平地も古墳で埋め尽くされていると言っても過言ではなく、遺跡の多さに驚かされる。これは愛媛県内では突出している。正に、これだけでも弥生時代の「クニ」の存在が明らかであろう。この朝倉が越智氏の国、つまり越智王国の発祥の地であり、ここから東西に拡大して強国になって行ったのである。

2. 史書・伝承・行宮跡・遺構

次に、寺社に遺る史書や伝承・行宮跡・遺構などを列挙する（太字は行宮跡）。

＜朝倉地区＞

○**矢矧(やはぎ)神社**―『矢矧神社御由緒』『伊予不動大系図巻二十五』越智氏の祖について言及　**斉明天皇行宮伝承地　朝倉北**

○無量寺―『両足山安養院無量寺由来』「聖帝山十方寺由来之事」舒明・斉明天皇の記載有り　長沢天皇・長坂天皇・朝倉天皇の記載あり　朝倉上

○岡家史料―『岡文書』『伊予不動大系図巻』朝倉村指定有形文化財　斉明天皇　斉明地名の記載あり　朝倉南甲

○多伎神社―『多伎神社由緒』　古谷

○**伏原正八幡神社―斉明天皇行宮「橘広庭宮」伝承地**　大字太之原(おおのはら)（旧名・皇之原(おおのはら)）小字才明(さいみょう)（旧名・斉明(さいみょう)）

○「**伝・斉明天皇陵**」―大字太之原（旧名・皇之原）小字才明（旧名・斉明）にあり

○**木ノ丸殿―斉明天皇行宮伝承地**　現在地に移転　朝倉下

○天皇橋―朝倉下

○コチのお宮―浅地

○皇子神社―峠

○湯の口―温泉があった地名　朝倉上

○満願寺―斉明天皇位牌あり　但し、明治四十年作　朝倉下

○須賀神社―旧名・牛頭天皇社（今井久氏にご教示を得た）野田

＜旧・西条市地区＞

○石岡神社―「射狭庭岡」伝承地　山部赤人が「伊予之高嶺」詠った所か

○芝井ノ泉―「温湯碑」に刻まれた「神井」か

○髙尾神社―「温湯碑」建立地か

○**石湯八幡宮跡―「熟田津」伝承地**

○橘新宮神社―『旧故口伝略記』「御神像」に熟田津の記載あり

○保国寺―『萬年山保国寺歴代署記』（保国寺縁起）斉明天皇の記載あり

○**御所神社―斉明天皇行宮伝承地**（今井久氏にご教示を得た）

○**御陵神社―天智天皇行宮伝承地**（今井久氏にご教示を得た）

○伊曾乃神社―日本三大古系図の一つ『新居系図』あり

＜旧・東予市地区～今井久氏のご教示による＞

○**象耕庵―舒明天皇御休息跡**

○**実報寺跡―舒明天皇の行宮伝承地**

○**本谷温泉―国山之湯跡か舒明天皇の行宮伝承地**

○**鈍川温泉峡―楠窪之湯跡か　舒明天皇の行宮伝承地**

○福岡八幡神社―白雉二年の奉納「翁面」あり　放射性炭素C14測定により江戸時代初期の製作と判明したが神社での実用品であることから何度か作り替えられた可能性あり

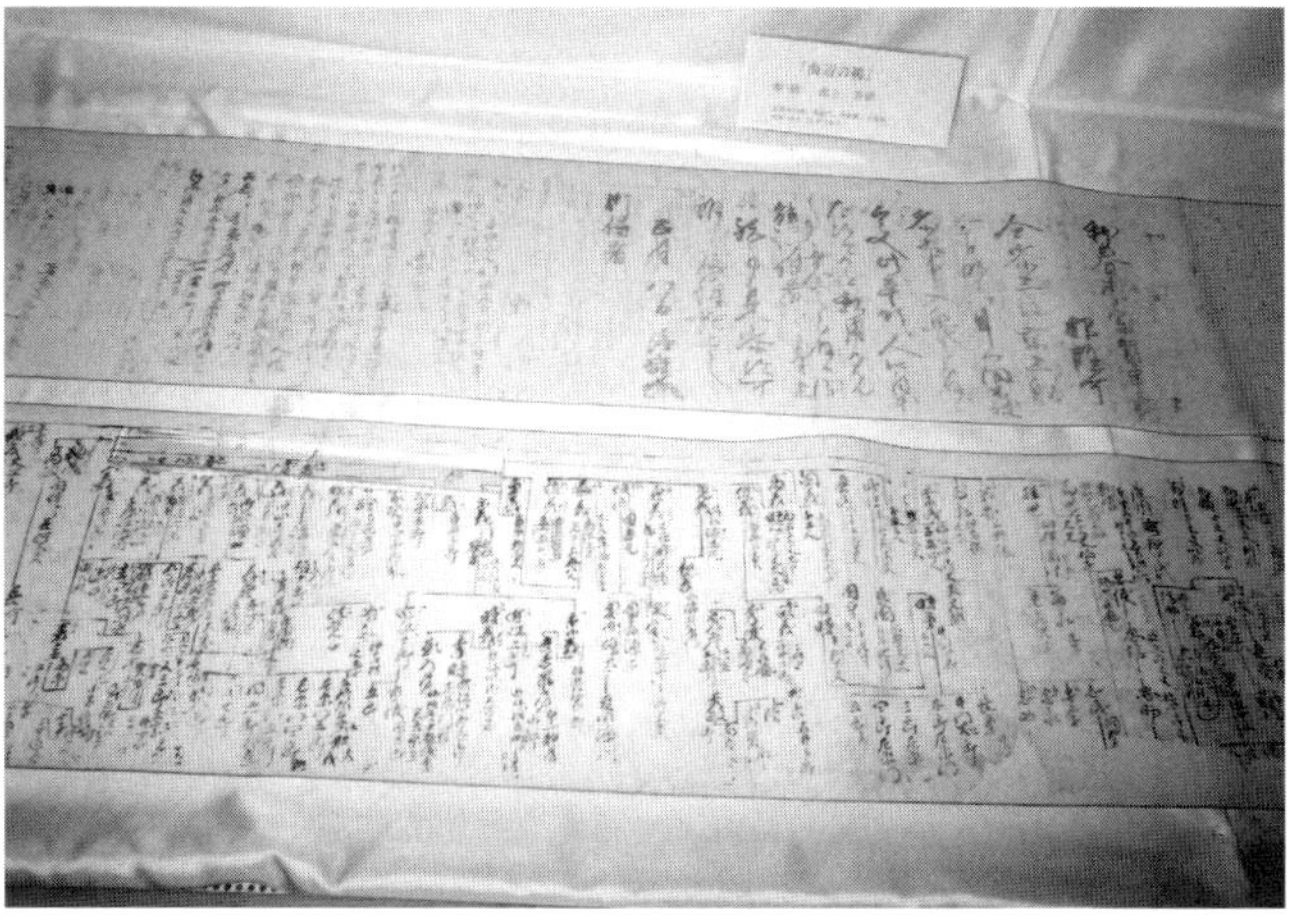

『新居系図』（国宝のレプリカ）

○須賀神社　―祭神は中河天皇
○十寺院―『十寺院縁起』白鳳十三年小千（越智）玉興寺領寄進
○法安寺―『法安寺縁起』法興六年聖徳太子（多利思北孤）伊予行幸の際小千（越智）益躬造営　四国最古の寺
○「**紫宸殿**」**地名遺跡**　地積は七四、八〇〇平方メートル　未発掘　表土採取で土器二点、但し現在行方不明
○「**天皇**」**地名**　紫宸殿に隣接　地積は八一、〇〇〇平方メートル

この地に遺る寺社の天皇名や天皇地名は三十ヵ所確認されているが、この内十一ヵ所は舒明・斉明天皇関連で、遺る十九ヵ所は牛頭天皇関連である。

＜今治地区＞
○中之大兄社（宮ヶ崎）―天智天皇の由来あり
○**仙遊寺**―『佐礼山仙遊寺縁起』小千（越智）守興開基白鳳十三年逝去　**天智天皇行幸地**　山遊の内裏と号す～（今井久氏にご教示を得た）
○**大山祇神社**―『三島宮御鎮座本縁並寶基傳後世記録』『三島宮社記』『伊予三島縁起』～九州年号の端政・金光・転願・常色・白鳳・大化などあり、**斉明天皇行幸地**

＜宇摩国土居町地区＞
○**村山神社**―『村山神社縁起』**斉明天皇**「**長津宮**」**伝承地**　「**宝塚**」**あり**

○井守神社—『井守神社由来』白鳳十二年開基　天智天皇の伝承あり（今井久氏にご教示を得た）

以上、主だったものを掲げた、これらの中で肝心なところはあとで詳述する。ここで今一つ注目すべきことがある。それは、ここに挙げた以外の寺院でも、開基時に「九州年号」が大変多いことである。これはとりもなおさずこの地域が九州王朝と密接な関係があったことの証左ではないのか。

そして、越智国には何よりも「紫宸殿」地名遺跡があり、多利思北孤関連の遺跡もある。更に舒明・斉明天皇に纏わる行宮伝承地の多さである。中でも『日本書紀』（以下『紀』という）記載の斉明天皇の「橘広庭宮」があり、隣国の宇摩国には「長津宮」の伝承地がある。正にこの地は九州王朝そのものである。後述するが、わが国の古代史を揺るがす大事件の真っ只中にあった格別な地であったのだ。

注

①『倭名類従抄』は『和名抄』とも言う。源順撰　九二一～九八三年成立。一八六九年大阪寛文堂。
②伊予の国府の比定地は、国分説・出作説・町谷説・上徳説・八町説・中寺説などがある。後述するが私は国分説である。
③『鉄と古代国家—今治に刻まれた鉄の歴史—』　愛媛大学考古学研究室　今治市・今治市教育委員会　二〇〇六年九月
④ここで挙げる古墳・遺跡については、『愛媛県埋蔵文化財包蔵地一覧表』（平成十二年三月　愛媛県教育委員会）を基本資料とする。
⑤愛媛県埋蔵文化財調査センター資料。インターネット検索による。
⑥『日本の古代遺跡22愛媛』　正岡睦夫・十亀幸雄共著　昭和六十年七月　保育社
⑦『東予市誌』　昭和六十二年十月　東予市
⑧小松町大字妙口原字大久保

⑨『一般国道十一号小松バイパス埋蔵文化財調査報告書』　愛媛県埋蔵文化財調査センター　平成九年十二月二十日
⑩今井久氏論稿『古田史学会報』No.一〇四所収
⑪『朝倉村の文化財』　朝倉村文化財調査委員会・平成十三年三月、朝倉村
⑫『朝倉村誌』　朝倉村誌編さん委員会・昭和六十一年五月　朝倉村
⑬『古代のあさくら』　ふるさと美術古墳館・平成二年五月　朝倉村
⑭古谷にある「多伎神社由来」による。
⑮『あさくらの史跡巡り』　昭和五十五年九月　朝倉中央公民館
⑯『朝倉村の文化財』に同じ
⑰『あさくらの史跡めぐり』に同じ
⑱『朝倉村の文化財』に同じ
⑲愛媛県埋蔵文化財調査センター資料。インターネット検索による
⑳『経田遺跡』所収　愛媛県埋蔵文化財センター　二〇一四年三月

三、越智国の領域とその都

次に、越智国の領域について述べることにしたい。

「国造本紀」に出現している伊予国内五つの「国造(くにのみやつこ)」のうち、小市国造の国は今治市中心の旧・越智郡であり、その西隣の怒麻国造の国（怒麻国）は旧・大西町中心、というのが今までの考え方である。

しかし、「国造本紀」にはないが、宇摩地方（現・四国中央市）にも前方後円墳や数多の遺跡があり、その上「馬

評」①の遺物がある、また後述する「長津宮」の伝承などから「クニ」があったことが窺われる。

一方、この越智国と宇摩国（仮称）の間、つまり旧・新居郡（新居浜市・西条市）、旧・周桑郡（東予市・小松町・丹原町）の広大な一帯がどこに含まれるのか明らかではなかった。

そこで、越智国の領域はどこまであったか、古墳やその他の遺跡の分布状況をベースに考察を試みたい。

先ず、怒麻国（野間国）の範囲について見てみると、通説の大西町・波方町・菊間町に加えて、当初は旧・今治市の西部糸山・高部・大浜・近見・阿方・宅間・野間、それに神宮・別名・高橋・片山附近までを含めた蒼社川左岸（西）一帯も含まれる、と私は考えている。その理由は、旧・今治市の両翼に位置する桜井・唐子台などの東部地方と、前述しているが蒼社川左岸の西部地方の古墳である糸山付近の相の谷一・二号墳や山方二号墳などの前方後円墳の分布状況から推すと、ここは当初からの越智国の領域とは認め難いのである。何故なら、越智国の領土は次第に蒼社川左岸（西）へと拡大して行くが、墓は後述する〝都〟の移動（古谷―新谷―古国分と変遷）に伴い、近くに築くことになると思われるからである。つまり、越智国の墓域は当初朝倉、次いで旧・今治市東部の新谷、そののち桜井・唐子台の頓田川流域であると思われることから、蒼社川を越えてまで墓域を構えることはとても考えられないのである。従って、蒼社川左岸は怒麻国の領域であった、と。

また、島嶼部も当初は蒼社川左岸との位置関係から、怒麻国の領域であったと思っている。

なお、大西町には最近「国指定史跡」に登録された三世紀末築造とされる妙見山古墳（全長五五、二メートル）があり、これは怒麻国内では最も古い前方後円墳とされている。

以上のことから越智国の当初は、蒼社川から右岸（東）であるが、主に頓田川の東部・朝倉を中心にしての旧・越智郡東部であり、次いで旧・周桑郡、旧・神野郡（のち新居郡となる旧・西条市・新居浜市）の旧・西条市がこの範囲に入るのである。つまり、中山川・加茂川へと範囲が拡がって行ったのである。旧・西条市は新居氏の本拠地であるが、このことは「日本三大古系図」の一つとされている『新居系図』[2]に見られるように、新居氏は越智氏の出とされていることからも、また前述したように遺跡や後述する「阿毎（天）多利思北孤」・「舒明天皇」・「斉明天皇」の行幸伝承などから、この現・西条市は越智国の領域であったことは疑いない。ただ、新居浜市については明確ではないが、中央を流れる国領川までと考えている。川の名前が国境を物語っているのではなかろうか。

次に、越智氏の都について見てみると、最初の都は、越智氏発祥の地・朝倉の「古谷」（多伎神社のある所）である。ここは前述したように、多伎神社[3]の境内には古墳というよりも古冢[4]が三十八基、現存十五基ある古冢の密集地帯である。

そして、この多伎神社附近一帯は、渡来系氏族「秦氏」の居住地帯と考えられ、この近くの今治市側・霊仙山の麓には高麗池がある。また、旧・丹原町や旧・東予市丹生川の地名由来は、「丹生土」（にぶど・水銀朱を含んだ赤土）に由来し、この採掘に渡来系氏族が関わったと言われている。

『朝倉村誌』に次の記述がある。

> 丹生土を採掘する所をコヤ（コーヤ）とよび、そこを流れる川を丹生川と言った。丹生土はもともと、水銀朱を含む赤土であるが、後には、鉄（ベンガラ）銅（黄銅鉱）アルミニウム（ポーキサイト）などを含有する赤土をも、総称して、丹生土と呼ぶようになり、さらに、単なる赤土をした粘土を、やはり丹生土と呼ぶようになったのである。

としている。

近くに壬生川（にゅうがわ）・丹原（たんばら）があり、朝倉も含めてこの辺り一帯が丹生土の産地なので、『朝倉村誌』が述べているように、語源の「コヤ」説は一面妥当のように思われるが、但しこの多伎神社のある一帯は、直接の丹生土の産地であるかどうかは解らない。

そこで、別の見方も考えられる。それは、元は「コチ」（後述）の中の「小さな谷」すなわち「小谷（コヤ）」であったという考え方である。私は、何回も現地に足を運んだ実感により、地形上からもそのように言えると考えている。そうなると、丹生土のコヤと、小さな谷のコヤが相まったと考えることもできる。

それが、次の王都となった「新谷」に相対して、のちに「古谷」の字が当てられた、と。

その後、都は何らかの事情で（手狭になったのではないのか）隣接の旧・今治市東部にある「新谷」へ移った。

この「新谷」を王都とする背景については、前述しているがこの地からは細形銅剣・銅鏡・玉類など様々な遺物が出土しており、古墳は数基まとまったものが四群あって、鹿ノ児池の西側丘陵上に十七メートル・文殊院西に二十三メートルの前方後円墳もある。また、最近の発掘「新谷森ノ前遺跡2次」（二〇一三年）で、王の権威を象徴する二体の龍を描いた絵画土器・船を描いた絵画土器・方格規矩鏡（後漢製）の破鏡・転用硯・緑釉陶器・木製琴・筑状弦楽器・紡織具が出土し弥生集落やその後の古代集落なども発見されており、まだ発掘途上にある。

なお、私は既に拙書『新説　伊予の古代』⑤で「新谷」が越智国の第二王都であったことを提言してきたが、これが益々現実となってきた。

この「古谷」から「新谷」へ遷った頃に九州王朝の天子「阿毎（天）多利思北孤」・「舒明」・「斉明」が越智国にやって来るのである。なお、「斉明」の晩年は「白村江の敗戦」で太宰府を逃れ、明理川の地に「紫宸殿」⑥を造営し、九州王朝・倭国の仮の首都とするのである。そして斉明は、朝倉の斉明（さいみょう）地名にある「橘広庭宮」⑦

の行宮で崩御して、近くの陵に埋葬された（「伝・斉明天皇陵」⑧あり）。これらについては後述する。

その後、越智氏の王都は新谷から交通の便を考えたか、海岸線の後退により穀倉地帯となっていた旧・今治市に、行政の中心域を移していったと思われる。つまり頓田川河口の海岸部「古国分」のある桜井の地へ移ったのである。ここはその後「評督」の宮殿が営まれ「評衙」の所在地になったと考えている。

なお、新谷の王宮は『紀』天武天皇十三年十月（六八四）の西日本大地震により壊滅した可能性もある。というのは、この地震により朝倉にあった樹之本浄山寺が倒壊し、住持の輝月妙鏡律尼も遷化したというのである。また『紀』によると「伊予の温泉も没れて出でず」とあることにもよる。

この王都の変遷に伴い蒼社川から更に西へと勢力を拡大して、怒麻国の領土であった糸山付近、また島嶼部をも支配圏にしたと考えている。つまり、律令体制に入るまでの越智国は、広大な領域を支配していたのである。

また、大宝三年からは「郡衙」になり、隣の「国分」に「伊予国府」（後述）が築かれたと考えている。そして、周桑の周敷郡・桑村郡、そして神野郡が抜け、国府の地を中心として越智郡となったのである。なお、野間郡が越智郡に含まれるのは降って明治二十九年四月のことである。

そこで、これらのことから思うことは、「白村江の戦い」で唐軍の捕虜となった越智国王の裔である小千守興と、風早国王の裔である物部薬が帰還後、一方の物部薬だけが大和朝廷より恩賞を賜り、小千守興には何も無かったということであるが、両者の明暗を分けたその理由としては、次のようなことも考えられる。これは穿った見方になるかも知れないが、九州王朝に最も忠実であった越智（小千）氏が強大であったがため、すんなり大和朝廷の軍門に降らなかったのではないか、と。また、越智氏による永納山古代山城築城（後述）

も、その力の証左ではないのか。そして、伊予国司の任命・赴任が二年（七〇三）遅れだったのも、それが原因と考えている。

そのため「大宝律令」の「国郡制」に則って領国を大きく分割され、恩賞も無かった。他方、聖地「朝倉」を含めて旧・今治市と島礁部一帯を越智郡とし、国府を松山平野（当時伊余国・久米国・和気国があった）ではなく今治平野に置いたのは、大和朝廷の硬軟取り混ぜての越智氏懐柔策の一つではなかったのかと考えたい。

また、律令時代の郡等級⑨は、伊予十三郡のうち、大郡・上郡はなく、越智郡が唯一中郡となっており、他は下郡・小郡なので、このことからもその規模・勢力が窺われる。

注

①「馬評」岡山県立博物館所蔵の須恵器に「馬評」と書かれていた。

②『新居系図』日本三大古系図の一つ。西条の伊曾乃神社所蔵。

③「多伎神社由来」による。

④冢は　中国では墳より小さく木棺・石棺に土を被せただけのものを言う　塚程度のものでわが国では前方後円墳などの大型古墳が出来る古墳時代以前のもの。

⑤『新説 伊予の古代』合田洋一著　二〇〇八年十一月　創風社出版

⑥「紫宸殿」西条市明里川（旧・壬生川町）小字地名に「紫宸殿」あり、地積七四、八〇〇平方メートル。隣接して「天皇」地名あり、地積は八一、〇〇〇平方メートル。明治二二年の「地積登記台帳」にあり（今井久氏調査）。その後、明治九年の「合段別畝順牒」に発見（愛媛県立図書館所蔵、大政就平氏調査）。

⑦「橘広庭宮」西条市太之原（おおのはら）（旧名・皇之原（おおのはら））字才明（さいみょう）（旧名・斉明（さいみょう））現在・正八幡神社鎮座　斉明天皇行宮所在地『日本書紀』に九州の朝倉の「橘広庭宮」で崩御の記載あり。

⑧「伝・斉明天皇陵」は「橘広庭宮」伝承地のすぐ近くにあり。

⑨『律書残篇』　平安時代初頭成立　『改定史籍集覧』第二十七冊所載　臨川書店

四、越智国と出雲王朝

越智国と出雲王朝の関係については、推論ではあるが、越智国は縄文時代末から弥生時代の紀元前三世紀ぐらいまで出雲王朝（九州王朝に先立つ王朝）の支配下にあったのではなかったか。

出雲王朝については拙書『新説 伊予の古代』[1]で詳述しているので、ここではその支配下にあった根拠の一端を示すに留めたい。

一、「チ」との関連において、

越智氏・越智国の「オチ」の「チ」は、『出雲国風土記』[2]の「出雲神話」に登場する大己貴命（オオナムチノミコト）（大穴持命）・足名椎（アシナヅチ）・手名椎（テナヅチ）・八岐大蛇（ヤマタノオロチ）の「チ」と同類で、「石鎚」の「チ」、また後述するが朝倉一帯が「コチ」と呼ばれていたことに起因する。すなわち「チ」は出雲の神さまを現すとする梅沢伊勢三氏・古田武彦氏説[3]があるからである。

なお、朝倉の「ホノギ」（小字地名）には「チ」地名として、浅地・白地・車地・角地・行地・三通り地・

有ヶ地・引地・ヲンチ・ワサ地・分地・小茂地・越智など、このほか田畑に関係する壱丁地・弐丁地・ニチョウチ・半地・弐反地・三反地・五反地・七畝地・九畝地などもある（『朝倉村誌』）。

二、伊予に色濃く遺る出雲の神さまである大己貴命（オオナムチノミコト）（大穴持命）や少彦名命（スクナヒコナノミコト）伝説があること[4]。

三、少彦名命は、肱川（ひじかわ）の激流にのまれ死亡、梁瀬山（やなせやま）の御壺谷（おつぼたに）（大洲市）に埋葬されたとする伝承があること[5][6]。

四、松山市北条の鹿島から出雲式土器が出土していること。

五、今治市朝倉古谷から隠岐島後（おきどうご）産の黒曜石の鏃（やじり）が出土していること。

六、旧越智郡・旧周桑郡・旧新居郡一帯の東予地方には牛頭（ごず）天皇社・素鵞（そが）神社が大変多く、祭神は何れも出雲系の神さま〝須佐之男命（すさのおのみこと）〟であること。

七、松山平野に素鵞神社と元素鵞村があったこと。

八、「だんだん」（ありがとうの意）言葉の共通性。伊予には方言として「だんだん」があるが、これが出雲にもあったのである。我々古田史学の会で出雲へ研修旅行に行った際、お土産店で買い物をした時に店員さんに「だんだん」と言われた。一同びっくり仰天したのである。聞くと出雲の言葉であると言う。なお、二〇一七年五月に隠岐諸島への研修旅行の際にも「だんだん」と言われた。伊予弁は出雲から伝わったか。

などである。

ところで、読者諸氏も耳にしていることであろうが、旧暦十月の別称についてである。

この月は全国各地の神さまが出雲大社に集まることから、各地では神さまが居なくなる月、すなわち「神無月（かんなづき）」と言っているが、出雲では決して神無月とは言わず「神有月（かみありづき）」と言っている。その訳は、各地の神さますなわちその国の王が、参勤交代よろしく年に一度出雲に参集したことに他ならないからである。当然のことながら伊予からも参勤したに違いない。弥生時代の出雲での出来事が、近代まで連綿と受け継がれてきた事実、これは正に驚異的な歴史伝承とみるべきである。

少彦名命に関して古田氏は、

「一般に出雲の神様と思われているようであるが、『古事記』（以下『記』という）〈神代記〉に、この神は〈天つ神〉たる神産巣日神の子で、海から出雲にやって来たとあるように、故国は筑紫であり、土着の出雲の神ではなかった。

また、大穴持命と大国主命を同一人物としているが（『記』の一書にあり）、この二人は全くの別人であり、大国主命は天照大神と同時代人（B・C三〇〇〜B・C二〇〇年頃）である。[7]」

一方の大穴持命に関して、古賀達也氏は、

「大穴持命は出雲神話に登場する足名椎・手名椎・八岐大蛇の〈チ〉と同類の〈チ〉を戴いているので、大国主命より古い時代の神である。また、他に神様を現す言葉として、木曽・阿蘇・阿蘇部・久曽・熊襲・対馬の浅芽湾などの〈ソ〉の神様があるが、〈八十神〉もこれらと同じである。[8]」

更に古田氏は、日本列島にやって来た神は、

「オバケ・モノノケ・津保化などの〈ケ〉の神様もおり、古い順に〈ソ〉・〈ケ〉・〈チ〉と考えられる。そして、一番新しい神様を現す語は、カミの〈カ〉または〈ミ〉である。これらの神様を戴いているそれぞれの民族もしくは部族が、沿海州などの北方大陸から、または朝鮮半島や中国大陸から、あるいは南方諸島から、旧石器時代や縄文〜弥生時代に日本列島にやって来た。[9]」

出雲王朝は出雲を中心とした西日本のほぼ一帯、それに朝鮮半島から沿海州も含む日本列島を囲む日本

海西半分の沿岸部をも勢力圏とした一大王朝であった。そして、この王朝の最後の王・大国主命が天国（あまくに）の女王・天照大神に∧国譲り∨をして、王朝の幕を閉じるのである。『記』『紀』は、美しく言葉を飾って∧国譲り∨としている。

しかし、事実は天照大神による政権の簒奪であった。また、従来説にある∧大和王朝に国譲りした∨のではない。何故ならば、この当時大和王朝はまだなかったのである。⑩」

と述べておられる。

注

①『新説 伊予の古代』合田洋一著　二〇〇八年十一月　創風社出版
②『出雲国風土記』　風土記には和銅六年（七一三）に「風土記」撰上の詔によって成立する「郡風土記」と、それ以前の九州王朝時代に編纂された「県風土記」があるが、『出雲国風土記』は後者に属する。（『日本文学大系2風土記』所収　秋本吉郎校注　昭和三十三年　岩波書店）
③『盗まれた神話―記・紀の秘密』　古田武彦著　一九七五年　朝日新聞社　のち角川文庫・朝日文庫　二〇一〇年　ミネルヴァ書房より復刊
④『伊予国風土記』逸文　『釈日本紀』所収　和銅六年（七一三）以降の成立「郡風土記」である
⑤『伊豫温故録』　宮脇通赫著　一八八七年
⑥『大洲舊記』（大洲新谷舊記集草書）　寛政十三年　富永彦三郎著　一九三八年　豫陽叢書刊行会
⑦③に同じ
⑧『古田史学会報』№７１　古賀達也（古田史学の会・当時事務局長　現代表）「古層の神名」ほか　二〇〇五年十二月
⑨『古代に真実を求めて』第十集所収　古田武彦論稿『「万世一系」の史料批判』　二〇〇七年三月　明石書店
⑩③に同じ

五、越智氏の出自—「オチ」元は「コチ」だった

1. 神話時代の越智氏の系譜

伊予の大族・越智氏については従来多くの研究があり、し尽くされたと言っても過言ではない。しかし、その中で私には、一つだけどうも釈然としないことがあった。それは、越智氏は史料により小千・小市・于知・子致・乎致・乎知とも書かれていた（『朝倉村誌』①）。従来、これらは全て「オチ・ヲチ」と読まれていたようである。しかし、それは本当であろうか。私は常々「越智氏」に改姓するまでのこれらの読み方に疑問を抱いていたからである。これについて愚見を述べてみたい。

越智氏の出自について、誰もが初めに注目するのは河野氏の記録の『予章記』②である。これには、第七代孝霊天皇—八代孝元天皇の弟・彦狭島命（伊予皇子）—小千命—天狭貫—天狭介となっている。この系図は他に『続群書類従』③の「越智系図」・『予陽河野家譜』・『河野家譜築山本』などが同じとなっている。なお、同じ河野氏の記録である『水里玄義』④には伊予皇子は第五十代桓武天皇の皇子としている。次いで、大山祇神社史料『三島宮御鎮座本縁並寶基傳後世記録』⑤では孝霊天皇の三男は彦狭男命となっていて、その子が小千命となっている。

これに対して、『天徳寺所蔵「伊予国造家　越智姓河野氏系譜」について』⑥は、初代を天照国照彦天火明

櫛玉饒速日命（饒速日命）から始まり、十代の大物部主大新川命を経て、十一代の大小市命、十二代乎致命へつながる。つまり、饒速日命（にぎはやひのみこと）の物部氏を祖として乎致命すなわち小千命とする「物部氏系図」である。これと同じものとして、「越智宿禰系図」と「越智姓系図」があるという。

また、前掲の『先代旧事本紀』所収「国造本紀」にも、

「小市国造　軽島豊明朝御世、以物部連同祖大新川命孫子致命、定賜国造」

とあることからも、「越智氏の祖は物部氏」が通説になったようである。

そして、景浦勉著『河野氏の研究』[7]では、この「子致は小致の誤記」としているが、既に半井悟庵により『愛媛面影』「越智郡乎知（をちのこをり）」で、この「子致命定賜国造（ヲチノミコトヲサタメタマフクニノミヤツコト）　子疑乎誤」とされていた。つまり「子は乎の誤りを疑う」と[8]。

また、村上順市著『伊予の姓氏』[9]では次のように記している。

「越智郡は上古小市国の地で中古伊予の国府の所在地だった。越智氏はこの土地より発祥したといわれる。和名抄には乎知と訓じ、釈日本紀には乎知郡と記している。乎知の国造は物部氏の族で国造本紀に〈小市国造は軽島豊明朝（応神）御世物部連の同祖、大新川命の孫子致命を国造と定め賜う〉とある。天孫本紀によると、大新川の子に大小市連がいて、小市直の祖としている。」

とあり、良くまとめていて解りやすい。しかし、「乎知」にはルビがないことから従来読みの「オチ」と思われる。

この他にも、紀氏・大山積神・吉備武彦・源義親を始祖とする説などもあるが、これらに関しては、右の『河野氏の研究』が最も詳しいので、ここでは触れないこととする。

ところで、矢矧神社にある前掲『伊予不動大系図巻二十五』（朝倉の『岡文書』と同じ）や「矢矧神社御由緒」[10]には、

「七代孝霊天皇第三皇子彦狭島王三代ノ嫡孫、越智氏ノ祖ハ小千ノ天狭貫王」

とあった。ここでは、越智氏の祖は小千命ではなく小千ノ天狭貫王となっていて王称号もついていた。これについては後述する。

ここで、第七代孝霊・第八代孝元天皇の〝不思議〟について述べることにしたい。この両天皇は今や通説になってしまった第二代綏靖天皇〜第九代開化天皇までの「欠史八代」と言われる中にあって、『記』や『紀』に殆ど説話がないことから、いわゆる戦後史学では架空の人物とされてしまったのである。ところが、これに関することで素晴らしい論稿がある。

それは、三宅利喜男氏の『「新撰姓氏録」の証言』[11]である。要約すると、

『新撰姓氏録（しんせんしょうじろく）』[12]には皇別・神別・諸蕃に分けられており、その皇別の内、最も多いのは孝元天皇の一〇八家、次いで孝昭天皇の四四家、以下崇神三三家、開化二二家、神武・景行二一家、敏達一九家、応神一二家、垂仁・天武九家、孝霊八家、あとの天皇は五〜〇家（神武〜嵯峨天皇まで）とある。

これを見てお解りの通り、皇別氏族は孝元天皇の一〇八家がダントツである。このように説話も無い、果

たして実在かどうかも判らない天皇に出自が集中しているのは何故か。不思議の極みであった。

ところが、これを納得させることができる画期的な論証、それは古田武彦説『髙良山の「古系図」――「九州王朝の天子」との関連をめぐって――』[13]である。これには次のようにあった。

> 新撰姓氏録に対する三宅利喜男さん（古田史学の会）の研究成果に基づくと、「皇別」が圧倒的に集中する（一〇八家）ところは「孝元」だ。その「孝元」とは、いわゆる「皇暦」（『日本書紀』の「暦」）によれば、「前二一四～前一五八」である。紀元前三世紀末から二世紀前半の頃だ。すなわち、いわゆる「天孫降臨」の時間帯である。

とあって、以下に九州王朝・倭国[14]の天子の系図である「髙良玉垂命（コウラタマダレノみこと）」を祖とする「髙良山の古系図」について論証しているが、これも「孝元」を祖としていることに関してなのである。要約すると、「天孫降臨」の「邇邇芸尊（ニニギノミコト）」を祖とすることに大変な誇りを持っているのだが、世を憚って『紀』の「皇暦」に合わせて「孝元」を祖としたようである。そのようなことから、「皇別氏族」の一〇八家は実際の「邇邇芸尊」から「孝元」に置き換えたということのようである。

そこで、私は孝元の父親である孝霊の八家もほぼ同時代のことでもあり、事実は孝元と同じ「邇邇芸尊」の置き換えと考えても差し支えないと思われる。しかしながら、系図は家系を飾ることを常とするようであり、神話時代の話でもあるので、何処までが真実かは解らない。

次に彦狭島命（彦狭男命・伊予皇子）について述べる。

『予章記』「長福寺本」「築山本」には彦狭島命は「伊予国伊予郡神崎庄に御座す」とあり、この神崎庄は現在の伊予郡松前町神崎と言われている。前掲の『三島宮御鎮座本縁』では「伊予国遠土宮」としている。

ここには延喜式内名神大社でもある伊豫神社が鎮座している。沿革は、

主祭神―彦狭島命（伊予皇子または彦狭男命、第七代孝霊天皇の第三皇子）

由緒沿革―神代よりの鎮座とも伝えられ、延喜式内名神大社で、親王宮、伊予村神、伊予村大明神とも称せられた。『続日本紀』『日本三代実録』にも記述あり。亀山天皇文永年中に社伝・社記一切を焼失した。文治年中に源義経が社殿を造営、河野氏も代々これを修理したと伝えられる。⑮

とあり、そうなると、神崎庄伊豫神社が「遠土宮」のこととも考えられるが、この神社及び松前町には、遠土宮に関わる地名・伝承はない。また他の文献からも確認できない。伊豫神社の祢宜・星野暢広氏にお尋ねしたが、このような伝承はないとのことであった。

この遠土宮は、國學院大學の日本文化研究所の訓読文では、「とほつちのみや」とルビしている。これは前文にある「遠土の御影」から来ていると思われる。

私は、「遠近」は「おちこち」であることから、「遠土宮」は「おちのみや」と読めるとして拙書『新説伊予の古代』に書いた。何れにしてもこれらの記述から神崎庄は小千天狭貫王の祖父の宮となるが、祖父の代に伊予に降臨し、小千を名乗ったことになる。

ところで、系図をそのまま鵜呑みにすることは到底出来ないが、『予章記』によると、彦狭島命（彦狭男命・伊予皇子）には三子あり、第一王子は大宅・庵原氏祖、第二王子は三宅・児島氏祖、第三王子が小千命で、旧・越智郡大浜（現・今治市の糸山がある半島部付け根）に居宅を構え、越智氏・河野氏の祖となったとしている。

しかし、小千氏祖三代はそれぞれ違う所、彦狭島命―伊予郡神崎庄（伊余国）、小千命―越智郡大浜（当時は怒麻国内―筆者）、小千天狭貫―越智郡朝倉（小千国）、そしてまたその息子・天狭介―乃万郡大井（怒麻国）と、

全く離れている所、「クニ」も違う所に居宅を構えている。あたかも伊予国内全てが小千氏の領土であるがごとくで、これは不自然である。弥生時代から古墳時代にかけて、小権力が割拠している時代には、とても考えられない。このことから、小千氏が伊予の覇者を誇示するため、他の複数ヵ所にまつわる別の氏族の説話をのちの世に一つに繋ぎ合わせたようにも思える。

伊予皇子について景浦勉氏は前掲『河野氏の研究』で、

「すでに栗田寛博士が指摘されているように孝霊天皇の皇子に伊予親王は存在しない。これは本書（『予章記』合田注）の筆者が河野氏を皇別にせんがために、親王の名を捏造し体裁を整えていることによる。」

としている。

また、白石成二著『古代越智氏の研究』⑯でも次のように述べている。

『予章記』の記事では伊予親王というのは、七代孝霊天皇の第三皇子、孝元天皇の弟にあたる彦狭島命である。この時に南蛮・西戎が蜂起したため、国家を鎮護するために伊予国に留まり、そこで伊予皇子と号し、天皇より西南藩塀将軍の宣下を受けたという話になっている。『記』『紀』には孝霊天皇の子に彦狭島命が存在するが、異民族の蜂起などということは全くみえない。そもそも第七・八代の孝霊・孝元天皇は実在しなかったとするのが通説であり、従ってこの記事も事実ではなかろう。

そして、『水里玄義』の伊予親王に関しても、

『水里玄義』は『予章記』と同じく、「南蛮・西戎が蜂起したため、国家を鎮護するために伊予国に留まった」と記すが、ここでは伊予親王は桓武天皇の第四皇子とされ、先の孝霊天皇からは、数百年も年代が異なり、時代設定に大きな違いがある。

としている。

この孝霊・孝元天皇が架空の人物であったかどうかは別にして、仮に実在であったとしても、当時の近畿（大和）天皇家は大和盆地の一角を占めているだけの小さな土豪であったことから、「天皇より西南藩塀将軍の宣下を受け、伊予に留まり伊予皇子と号ス」などとは創作以外の何ものでもない。

また、『水里玄義』の桓武天皇の皇子・伊予親王説も白石氏が述べているように、時代が全く合わない。

この『水里玄義』は問題の多い書であると考える。

次の小千命であるが、「小千」と最初に記されることから、越智氏祖とすることに不思議がないようにも思える。しかしながら私には、大浜降臨以外の格別な伝承もないことから、越智氏を飾るための神話上の人物・架空の人物のように思えてならない。

なお、『朝倉村誌』によると、朝倉にある「コチ神社（祭神はコチの命）」は金光家の祖神で、江戸時代に旧・東予市の楠から朝倉の浅地へ遷座したとしている。これ以上のことは不明であるが、そうなると小千氏祖の地は神崎や大浜はたまた朝倉それに楠説[17]もあることになる。しかしながら、この楠説については伝承だけで確かな記録はない。

何分にも小千氏祖は神話時代の産物であり、歴史事実とは認められないことから、私は朝倉に初めて居住した人物を初代と考えるのが順当と思うのである。

すなわち、小千氏（越智氏）の初代は、矢矧神社にある『伊予不動大系図巻二十五』（『岡文書』と同じ）や『矢矧神社御由緒』の「小千天狭貫王」となるのではないか、と。これはあくまでも推測ではある。

因みに、『姓氏家系大辞典』（太田亮著、角川書店）・『新編姓氏家系辞書』（太田亮著、丹羽基二編、秋田書店）・『日本家系・系図大事典』（奥富敬之著、東京堂出版）などの「越智氏」の項を見ても、『予章記』や『国造本紀』の引用で郷土史の従来説と変わりはなかった。なお、この他にもこれらよりも古い辞書である太田亮氏の『姓氏家系辞書』（人物往来社・昭和四三年）にも越智氏の記述がある⑱。

2．「オチ」元は「コチ」だった

それでは、本稿の核心となるところを述べることにしたい。

思うに、越智氏は初め「コチ」と呼ばれていたのではないか。それは、小千氏は史書上に「乎致命」（前掲の『天徳寺所蔵「伊予国造家　越智姓河野氏系譜」』でも乎致命、そして今治の大浜にある八幡神社の祭神も乎致命としている）・「乎知」（『和名抄』）・「乎知郡」（『釈日本紀』）・「子致命」（『先代旧事本紀』所収「国造本紀」、誤記説もあり）とも書かれていたが、「乎」・「子」はどう読んでも「オ」ではなく「コ」ではなかろうか。「小千・小市」の「小」も「コ」である。

因みに、『新大事典』（講談社）で乎は漢音で「コ」、呉音では「ク」であり、子は「ス・シ・コ」、小は「ショウ・コ・チイサイ」であり、「オ」の読みはなかった。

なお、前述した朝倉の浅地には「コチ神社」（祭神はコチの命）という小祠が遺されていた。また、朝倉上にはコチノミヤと言う「ホノギ（小字地名）」まである。そのようなことからも、「子致」は誤記ではなく真っ当だったことになるのではなかろうか。

そこで思うことは、「コチ」と言われていた土地に、ある部族がやって来て、そこに定着して土地の名を名乗り、繁栄して行ったと考えるのである。

ところで、朝倉一帯は、初期において「コチ」と呼ばれていたと思われる。その理由は、「チ」は前述のように、出雲の神さまを現しており、それに土地の「地」がマッチングしたのである。

それでは「コ」の意味はとなると、

「コ」はやはり小さいの「小」と考える。それは、朝倉盆地はどう見ても小さな盆地であるからである。前述のように面積は東西距離六・二キロメートル、南北距離八キロメートル、総面積二十九・七九平方キロメートル（平成一六年、旧・朝倉村役場調べ）であり、すなわち、「小地」なのであった。

次に、ある部族とは、天族（海士族）の「天孫族」と考える。それは、前掲『予章記』の「天狭貫」・「天狭介」であり、そして「矢矧神社史料」の初代「小千天狭貫王」・二代目「天狭介」の「天」が象徴している。このことは、弥生時代の前三世紀頃西日本の覇者であった「出雲王朝」の大国主命（大黒さま）から、「天国」の女王・天照大神が「国譲り」（事実は簒奪）を受け「天孫降臨」（邇邇芸命による九州島攻略）後、西日本一帯が天国のちの九州王朝・倭国へ、順次支配下に入る過程において、この「小地の国」へも「天孫族」がやって来たのではなかろうかと考える。それ故に「邇邇芸命」の一族の「〇〇の王」が土地の名「小地」をネーミングして「小千」と称した。それが「小千天狭貫王」である。天狭貫に「王」称号が付いていることから類推すると、天狭貫王は、伊予に対する「天孫族の降臨」ではなかったか。これ以後西暦七〇〇年まで続く九州王朝と越智国との密接な関係の土台がこれにて築かれたように思うのである。また、単純に考えて、「小地」へやって来た「天族（海人族）」の一員がこの地で初代の「王」になった。それが「小千天狭貫王」であった、と。

従って、このことからも越智氏は孝霊天皇の皇別でも、饒速日命の物部氏系でもないと考えている。これもやはり、近畿（大和）王朝の御代であるので、天孫族から見て〝世を憚り〟、それを覆い隠し、そして出自を飾るため、今様に替えたものと考えたい。仮説の域を出ないが提示しておきたい。

3．「小千」から「越智」に改姓

そして、小千から越智に改姓したことについて『予章記』は、

「玉興越人ヲ弟トスル事」として、玉興は小千守興の長子であるが守興が蒙古退治の折に中国・南越で生ませた母違いの弟・玉澄との出会いを縷々述べている。次いで、

「玉興越人ニ家督ヲ譲リ越智并河野ニ字ヲ定ル事」として、玉興は玉澄に家督を譲り、越で生まれたことから姓を小千から越智に替えることとした、としている。

これは、「白村江の戦い」に出征した小千守興が、捕虜となって中国で暮らした折に生まれたとする玉澄のことを記しているのであるが、この玉澄から越に因んで越智に替えたとしているのである。一方、中国の「越（えつ）」ではなく、北陸の「越国（こしのこく）」との説もあるようである。しかし、守興が捕虜になったことを考えると、中国の「越」が正しいように思う。何れにしても、小千から越智に替わったことは事実である。

ところで、確かに「字（じ）」は替わったのだが、果たしてその「読み」はどうなのか、ということである。七〇一年の「大宝律令」以後「越智郡」と表記され現代に至っている。これが、古から「オチ」であれば論証外であるが、私にはそうは思えないのである。つまり、前述のように「乎」・「子」・「小」は「コ」と思っているからである。では、古の栄光ある「クニの王」であった「小千（コチ）氏」から、「越智（オチ）氏」という字を当て、読み方も替わったのは何時であったのか。

これは、やはり「白村江の戦」以後その敗戦を契機として、当事者の守興の意向を受けた玉澄の時代と思いたい。推論ではあるが、「小（しょう）」から「大（おお）」に替えたかった、それに中国の「越（えつ）」を絡ませて「越智（オチ）」とした、

と。現代の町村合併による地名の付け方のように、縁起を担いで好字を付けるのと同じではなかろうか。元明天皇の和銅六年（七一三『続日本紀』⑲）に、

「畿内と七道諸国の郡・郷の名称は、好い字をえらんでつけよ。」

と、あることと同じである。因みに、「越」の漢字の読みは「漢音はエツ」「呉音はオチ・こえる・こし」という（講談社『新大字典』）。

なお、朴市秦造田来津（えちはたみやつこたくつ）という人物がいる。この人物は『紀』に複数回出現するが、最も顕著なのは「白村江の戦い」に倭国の将軍として出征したことで知られている。近江国愛知（えち）郡出身である。それがどういう訳か、前掲の『水里玄義』で饒速日命の後胤小市田来津が小千・河野氏の先祖として、天智天皇二年の御代に朝鮮半島に出征したことが記されているが、これは間違いである（なお、白石成二氏も前掲書で述べている）。これは、河野氏を飾るため著者が改作したか、或いは間違った伝承からの記述ではなかろうか。あくまでも、越智国からの派兵の大将は越智守興でなければならないであろう。

越智氏は、矢矧神社史料の初代・小千天狭貫王、それから白村江の戦い（六六二年古田説、通説は六六三年）時代に実在した守興まで、この間の系図は到底そのまま信用することはできないが、「オチ氏元はコチ氏だった」つまり「小千（コチ）」から「越智（オチ）」に替わった経緯を私なりに考察した。

注

①『朝倉村誌』朝倉村誌編さん委員会　昭和六一年五月

②『予章記』河野氏の記録　十四世紀末成立か　上蔵院本　長福寺本がある　伊予史談会双書第五集所収

③『続群書類従』江戸時代に塙保己一が編纂した『群書類従』に、塙の没後弟子達が引き継いだ。その後、明治三五年から続行し昭和四七年に完結した。

④『水里玄義』河野教通の時代に河野氏の由来を記録　伊予史談会双書第五集所収

⑤大山祇神社史料『三島宮御鎮座本縁並寶基傳後世記録』宝暦四年太祝越智宿祢安屋編　平成十二年　國學院大學日本文化研究所編集

⑥『天徳寺所蔵「伊予国造家　越智姓河野氏系譜」川岡勉・田中弘道共著　地域創成研究年報第5号　二〇一〇年

⑦『河野氏の研究』景浦勉著　伊予史料集成刊行会　平成三年一二月。

⑧『愛媛面影』半井悟庵著　愛媛出版協会　昭和四十一年一月　この書について「伊予史談会」副会長清水正史氏にご教示を戴いた

⑨『伊予の姓氏』村上順市著　愛媛文化双書刊行会　昭和五五年七月　この書について前掲清水正史氏にご教示を戴いた

⑩『伊予不動大系図巻二十五』朝倉の『岡文書』と同じ『岡文書』は戦国時代の笠松山城主の末流で文明年間～明治初年までの岡家の記録　村指定有形文化財

「和名抄」は『倭名類従抄』のことで九二一～九八三年源順撰

『釈日本紀』は鎌倉時代中期に著された『日本書紀』の註釈書　卜部兼方著

「天孫本紀」は「国造本紀」と共に『先代旧事本紀』所収

『矢矧神社御由緒』矢矧神社の記録

⑪『「新撰姓氏録」の証言』　三宅利喜男論稿　古田史学論集第三集『古代に真実を求めて』二〇〇〇年十一月　明石書店

⑫『新撰姓氏録』平安時代初期の弘仁六年（八一五）に嵯峨天皇の命により編纂された古代氏族名鑑である　皇別・神別・諸蕃に分かれている

⑬『髙良山の「古系図」―「九州王朝の天子」との関連をめぐって―』古田武彦論稿　古田史学論集第九集『古代に真

実を求めて』二〇〇六年三月　明石書店

⑭九州王朝・倭国は紀元前三〜二世紀に邇邇芸命による九州島攻略後　順次中四国・近畿・中部・関東をも支配下に収めた日本列島の宗主国　王朝開設時は不明であるが五一七年「磐井」が倭国年号「継体」を定め中国の冊封体制から独立「白村江の敗戦」を契機に弱体化して七〇一年三月二十一日に近畿の文武天皇に政権の座を明け渡した―「日本国」の成立―『続日本紀』に「大宝を建元」したと書かれている「建元」とは王朝の交代を示している　中国の『旧唐書』に倭国と日本国は別国として記され　日本国が倭国を吸収したとしている（古田武彦説―元昭和薬科大学教授）

⑮松前町教育委員会編由緒案内板、『愛媛県神社誌』　愛媛県神社庁　昭和四十九年三月

⑯『古代越智氏の研究』白石成二著　二〇一〇年十一月　創風社出版

⑰楠説は前掲清水正史氏にご教示戴いた

⑱この書の存在についても清水正史氏にご教示戴いた

⑲『続日本紀（しょくにほんぎ）』六国史の第二書　菅野直道らにより編纂された　延暦十六年（七九七）完成文武天皇元年（六九七）から桓武天皇の延暦一〇年までの九五年間の歴史　全四〇巻

（当稿は『伊豫史談』三八五号所載）

結語

朝倉は見ての通り、縄文時代末から弥生・古墳・飛鳥時代にかけての古墳・遺跡では伊予国いちばんの宝庫であった。これはとりも直さず、この地が伊予の中心であり、最も栄えていたことの証左である。

越智国（小千国）は朝倉に起こり、次第に東西に支配圏を拡大して、最盛期には東は新居浜の国領川の左岸まで（現在の新居浜市中心地辺りまで）、西は今治の総社川を越えて山路・高橋の辺りまで（当初総社川左岸は

怒麻国―拙論）、それに島嶼部を加えた広大な領地を支配していたと考えられる。律令時代の郡で示せば、越智郡・桑村郡・周敷郡・新居郡である。

この越智国には、周桑・今治平野の豊穣の穀倉地帯があり、これに加えて石鎚山系に抱かれた丘陵地帯は、地下資源の宝庫であった。同地は鉄・銅・マンガン・白金（アンチモン）・朱・丹の産地であり、それに金も採れていたとの説もある（金山地名あり、『朝倉村誌』）。更に、島嶼部での塩の生産、越智水軍による交易、日本総鎮守三島大明神の格式である大山祇神社の収入、水先案内での収入、それに海上での海賊行為による略奪などもあったように思われるが、とにかく大変裕福な〝国〟であった、とうかがい知ることができる。

なお、次の事項は後述の各編で詳述するのであるが、全て越智国の出来事なので、取り敢えずその〝さわり〟だけを記しておきたい。

「永能山古代山城」の築城や「白村江の戦い」に将兵五千人も派兵したとの説（『予章記』①・『日本霊異記』②）もあり、また「紫宸殿」造営（明里川、未発掘）で一時期「九州王朝・倭国の首都」だった可能性も浮上してきた。これらを成し遂げる事が出来る強国だったのである。

それ故に、聖徳太子に擬せられた九州王朝の〝日出ずる処の天子〟天多利思北孤（法王大王）が越智国に行幸し逍遙したのである。続いて九州王朝の天子と思われる舒明天皇（中皇命か―拙論）の行幸、更には同じく九州王朝の天子と思われる斉明天皇の数度に亘る行幸がある。斉明は「熟田津石湯行宮」、そして「紫宸殿」も営んだと思われる。また山部赤人も来て「伊予ノ高嶺（石鎚山・瓶ヵ森・笹ヶ峰）」の石鎚連峰を詠った（拙論）。従来、これらのことがらは全て松山平野・道後温泉の出来事で、この地の〝珠玉の伝承〟とされていた。

しかしながら、これらは全て越智国が舞台であったのである。

ところで、この七世紀後半の時代は、正に九州王朝の終末期にあたり、わが国未曾有の動乱期（「白村江の敗戦」・「壬申の大乱」など）だった。九州王朝支配下の中で、最も忠実で強大な国の一つであった越智国は、その真っ只中に在ったのである。

そして、七〇一年三月二十一日に近畿（大和）天皇家により「新生・日本国成立」となったことで（大宝の建元と「大宝律令」の発布による）、九州王朝・倭国と共に越智国は歴史の舞台から完全に消えてしまったのである。と言うよりも、闇の彼方へ〝葬り去られてしまった〟と言う方がより正確ではないだろうか。〝勝者の歴史書〟である『日本書紀』がその真相を隠したのである。

注

① 『予章記』河野氏の記録　十四世紀末成立か　上蔵院本　長福寺本がある　伊予史談会双書第五集所収
② 『日本霊異記』　奈良時代の仏教説話集　僧景戒撰（『新日本文学大系』三十所収）

第二編 「日出ずる処の天子・多利思北孤(たりしほこ)」の伊予行幸

一、聖徳太子は虚像だった

1. 松山・道後温泉の〝珠玉の伝承〟

松山市道後温泉には〝珠玉の伝承〟として「聖徳太子道後来湯説」がある。これは、松山の人々には格別な誇りにもなっていた。言うまでもなく、聖徳太子は不世出の英雄として、わが国の古代史を飾っていたからである。それ故に、この伝承が伊予の郷土史に留まらず、〝国の歴史事実〟として耳目を集めていたのである。それに伴い古より松山においては、その人物の来湯伝承が文化上も経済上もその価値は計り知れないものがあったと思われる。

しかしながら、不思議なことにこの伝承は国史である『紀』に記載されていないのである。

では、この伝承は一体どのようにして生まれたのであろうか。それは、次に挙げるこの伝承の根源となった『伊予国風土記』による。それは、編者の意図として、『紀』に記載は無くても「近畿(大和)朝廷一元史観」

を創出するための国策上の一環で、英雄を創ることに加担したものと思われる。それにより、後世の人達は編者の思惑通りなってしまったようであるが、そうなった具体的な要因としては次のことが考えられる。

第一に、『伊予国風土記』(『釈日本紀』①に逸文として所載)記載の「湯郡」の伝承・出来事として、この地に天皇や「上宮聖徳皇」などが来湯したという記事に起因している。そして、この「風土記」に収録されていた「温湯碑」(「湯ノ岡ノ石碑」)に刻まれていた主人公「法王大王」が、聖徳太子であるとされたこと。

第二に、この伝承を更に決定づけた要因として『万葉集註釈』②がある。この書には、「温湯碑」が建立された湯ノ岡が「伊社邇波ノ岡」であると記されていたため、道後温泉の側らの岡に「伊社爾波神社」③が鎮座していることから、道後来湯説がなお一層揺るぎないものとなっていた。

第三に、古代には伊予国各地に温泉があったが、天武天皇十三年十月十四日(六八四)の西日本大地震(『紀』)により伊予の温泉湧出が全て止まり、その後奈良時代になってから復活した道後温泉のみが「風土記」編纂時には伊予国の唯一の温泉となっていたようで、伊予の温泉と言えば道後となったことによる。

ところが、古田武彦氏は『古代は輝いていたIII―法隆寺の中の九州王朝』④で「温湯碑」に刻まれた「法王大王」は聖徳太子にあらず「九州王朝の天子・阿毎多利思北孤」であるとされた。

私は、氏の説に魅了・触発され地元に関する歴史でもあることから、この論を深め『聖徳太子の虚像』続いて『新説伊予の古代』を上梓した。また『古代に真実を求めて』(第十三集・十八集)・『伊豫史談』(三四一号)・『東予史談』(第十四号・十五号)・『松前史談』(第二七号・二八号)⑤などでも、『伊予国風土記』の検証から導き出された「聖徳太子の虚像―道後来湯説の真実」「温湯碑建立の地は越智国」などを論究してきたのである。

2、聖徳太子は『日本書紀』にもいなかった

この稿は、二〇〇四年九月四日東京水道橋の全逓会館にて行われた「多元的古代」研究会・創立十周年記念「法隆寺移築問題」に参加しての感想と首記題で「多元№64」で発表した内容をそのまま掲載する。

古田先生・パネラーの皆さま、そして多元の会の皆さまお疲れさまでした。

「法隆寺移築問題」としては初めてのシンポジウムであり、後世に残る画期的なものでした。ここにあらためまして関係者各位に多大の敬意を表します。

私にとりましては、拙著『聖徳太子の虚像』―「道後来湯説の真実」の出版直後でもあり、シンポジウムに来られた多くの方々に、拙書をご高覧戴けることになって望外の喜びとなりました。

ところで、古田先生は午前中のご講演の中で、光栄にも私が疑問に思って予て先生にご質問していた『紀』「敏達紀」の「聖徳」の記事について詳しく論述されましたので、そのことに関連してこの場をお借りし、少し述べさせて頂きます。

私は、拙著の執筆に当り『紀』の「聖徳」の記事を調べたところ、肝心の「推古紀」には「聖徳」の文字は全く出現せず、「用明紀」の割注にあったことから、これは本来の『紀』には無く、割注という性格上ほかの史料からの盗用か後世に挿入されたものとして論述しました。

ところが出版した後、改めて国史大系本(吉川弘文館)の『紀』を見直していたところ、何とそれより以前の「敏達紀」の本文中に「聖徳」の文字を見つけたのです。はなから「敏達紀」などにはあるはずはないと思いこみ、取りこぼしていたのです。

そこには、敏達五年三月に豊御食炊屋姫尊（とよみけかしきやひめのみこと）（後の推古天皇）が敏達天皇の皇后となり、皇后は二男五女を生むとの記述があり、次いで子らの名前と三人の皇女の嫁ぎ先を記しています。そして、その箇所の最初に「菟道貝鮹皇女（うじのかいだこのひめみこ）が東宮（ひつぎのみこ）聖徳に嫁す（みあい）」とあったのです。他の二人もそれぞれ「小墾田皇女（おはりだのひめみこ）は彦人大兄皇子（ひこひとおおえのみこ）に嫁（とつぐ）、田眼皇女（ためのひめみこ）は息長足日廣額天皇（おきながたらしひひろぬかのすめらみこと）（舒明天皇（じょめいてんのう））に嫁」となっていました。

あまりにも唐突の記事であったのでびっくりしたのですが、それにしても何か変だ、この時、聖徳太子こと厩戸皇子は生まれて間もない一歳ぐらい、菟道貝鮹皇女は当然のことながらまだ生まれていません。それが取って付けたようにここに出てくるのです。しかも割注ではなく本文中に出現していたのです。これは、後世に書写の段階で挿入されたものではないか。つまりこの国史大系本の信憑性についても疑問に思ったのです。他の本はどうなっているのか、早速、古田先生に電話をしてこれらの疑問点をお話ししたところ、先生も「これは変だ、本文であるか注釈であるか調べてみますよ、それに〝嫁〟と言うのも変ですね、合田さん大変な新発見になるかも知れませんよ」とおっしゃいました。私も他の本はどうなっているのか、先生のご教示により岩波文庫五冊本を買い求め調べたところ、国史大系本と記事内容は全く同じでした。

古田先生は、この「敏達紀」の「聖徳」の記事が本文であるか注釈であるかを調べるべく、猛暑の中、京都大学の図書館に行き前田家本（コロタイプ判）を借り出し調べられたところ、活字本と同じく「本文」にあったとのことでした。

先生は早速私に、前田家本（コロタイプ判）の該当箇所の写真と『紀』中の「嫁」の記事を全て検索して送って下さいました。それによりますと『紀』に「嫁」の字が九回出てくる。その内五回が庶民に嫁ぐ、また一回は奴隷に嫁ぐとあり、残る三回はこの「敏達紀」の推古の皇女三人が皇族に嫁ぐとあったのです。そのことを今回のご講演の中でこの「敏達紀」の記事についてお話しされたわけです。

私も不思議に思っていたのですが、先生の言われるとおり、「嫁ぐ」は庶民の間の言葉であって皇女が皇族に「嫁ぐ」というのは変で、普通は「后」となるとか「妃」となると書くはずです。しかも三人目は天皇に「嫁ぐ」とは。これは全くおかしい話です。

また、先生はご講演で「用明紀」の割注「豊耳聡聖徳（とよみみとしょうとく）」についても、後世『紀』研究者の注釈である可能性が極めて高いとの見解を示されました。当日のシンポジウム夜の部・懇親会の席で、「敏達紀」「用明紀」に出ている「東宮」の文字についても、まだ研究の段階であるがこれも問題があると申されました。

これらのことから類推すると、本来の『紀』には「聖徳」の文字は全く存在していなかったことになります。古田先生が指摘されたとおり、後世の研究者が書写の段階で挿入したものと考えるのが極めて自然であると思います。

『紀』の良本と思われていた「前田家本」もやはり〝改作され〟ており、古田先生の言をお借りすれば、この本は「合成定本」だったわけです。

『紀』は大和朝廷一元史観を創出するため、『隋書』俀国伝の多利思北孤（九州王朝俀国の天子）の事跡を厩戸皇子に換骨奪胎し、大政治家・大思想家に仕立てたことと相まって、聖徳太子は、奈良時代以降に法隆寺の僧侶の手によって、「九州年号」にあった「聖徳」を、実在の人物であった厩戸皇子に「聖号」として冠したと考えます。これにより我が国古代史上最大の英雄としての「造られた虚像・聖徳太子」の誕生となったのです。

このシンポジウムを終えて、聖徳太子は、『紀』にさえ存在していなかったことが確認でき、拙著『聖徳太子の虚像』の確固たる裏付けにもなりました。

古田先生にあらためてお礼を申し上げます。

3.「釈迦三尊像」の微笑み―光背銘が示すもの

(1) 銘文の検証

聖徳太子信仰の原点の一つになっているものに、法隆寺の本尊・釈迦三尊像（国宝）がある。

わが国美術史上の最高傑作とも言われ、飛鳥時代を代表するものとして知られている。

　この三尊像の光背に、一九六文字の金石文が遺されている。そして、この銘文にある「上宮法皇」が聖徳太子であり、三尊像の中央に坐しているのが聖徳太子だとされている。

　これが聖徳太子であるのか否か、聖徳太子でないならば何人であるかが明らかになれば、道後温泉「温湯碑」の〝法王大王〟もまた聖徳太子であるかないかの確かな証明となる。

　この光背銘の読み下し文は次の通りである。


法興元三十一年、歳次辛巳（六二一）十二月、鬼前太后崩ず。

明年（六二二）正月二十二日、上宮法皇、枕病して悆からず。

干食王后、仍りて以て労疾し、並びに床に著く。

時に王后・王子等、及び諸臣と与に、深く愁毒を懐き、共に相発願す。

「仰いで三宝に依り、当に釈像を造るべし。尺寸の王身、此の願力を蒙り、病いを転じ、寿を延べ、世間に安住せんことを。若し是れ常業にして以て世に背かば、往きて浄土に登り、早く妙菓に昇らんことを」

二月二十一日、癸酉、王后、即世す。

翌日（二月二十二日）、法皇、登遐す。

癸未年（六二三）、三月中、願の如く、釈迦尊像并びに挟侍及び荘厳の具を敬造し竟る。

斯の微福に乗ずる、信道の知識、現在安穏にして、生を出で死に入り、三主に随奉し、三宝を紹隆し、遂に彼岸を共にせん。六道に普遍する、法界の含識、苦縁を脱するを得て、同じく菩提に趣かん。

使司馬・鞍首・止利仏師、造る。

以上銘文の全文を記した（『古代は輝いていたIII―法隆寺の中の九州王朝』より引用[6]）。

通説は上宮法皇＝聖徳太子、鬼前太后＝穴穂部間人皇后（太子の母、三十一代用明天皇皇后）、干食王后＝膳部郎女（太子の四人の夫人の一人）、となっている。

「この構図を最初に描き出したのは『上宮聖徳法王帝説』[7]である」と古田氏は述べておられる。

上宮法皇の死亡年月日は六二二年二月二十二日。聖徳太子の死亡年月日は、『紀』に推古二十九年（六二一）二月五日となっている。

先ずここまでの問題点を述べる。

「鬼前太后」や「干食王后」、この不思議な名前は、他の同時代史料からは一切出現しない。なぜ鬼前太后が穴穂部間人皇后に当たるのか、なぜ干食王后が膳部郎女なのか、少しも結びつく証拠は見出せない。それに加えて、この銘文には時の推古女帝は一切出現していない。どうしたことであろうか。

そして、太子の妃のうち正妻格は、蘇我馬子の娘・刀自古郎女（山背大兄王の母）であり、他の妻は、推古の娘・菟道貝蛸皇女、推古の孫・位奈部橘大郎女、最後は一番身分の低い膳部郎女である。

この膳部郎女は太子と同時期に死んではいるが、王后の称号をもらえる立場のものではない。

次に、「上宮法皇」について、聖徳太子は『紀』では上宮太子・上宮皇太子と記されている。

しかし、上宮法皇とは記されていない。

また、天子（天皇）が僧籍に入って「法皇（王）」となるのであって、太子は終生ナンバーツーの皇太子なので、法皇になる資格はない。通説は、聖徳太子の「上宮太子」を、銘文の「上宮法皇」に無理やり当ては

めてしまったのである。古田氏は、

聖徳太子における「上宮」の名は、奈良県桜井市に残る「ウエノミヤ」の字地名がこれに当たるとされている[⑧]。

ところが、阿蘇山にも「上宮」（山頂にあったという）「下宮」（現、阿蘇神社）があり、大分県の英彦山南辺にも上宮山があり、太宰府裏の竈門（かまど）神社に「上宮」（山頂）「中宮」（中腹）「下宮」（山麓）があるなどその例はおびただしい、と。また、上宮法皇は上宮に住んでいたから上宮法皇であり、その地で死んだと解すべきで、聖徳太子は『紀』に、宮室を斑鳩（いかるが）に興す。斑鳩宮に薨ず。とあるので重大な差違がある。として、この「上宮法皇」は聖徳太子ではない、と結論づけた[⑨]。

次いで、太子の没年である。通説は、この銘文に合わせて六二二年となっている。その太子が建立したという法隆寺、その本尊の釈迦三尊像の中心人物が、聖徳太子であるというのであれば、銘文の没年（六二二年二月二十二日）と、国史である『紀』の没年（六二一年二月五日）が、違うことは到底考えられないことである。同一人物ではあり得ない。

なお「法興」年号については「温湯碑」の項でも述べるが、「九州年号」である。この頃は大和王朝には年号は無かった。

次に、「使司馬・鞍首・止利仏師、造る」であるが、この三尊像の製作者を通説では『紀』に登場する「鞍作鳥（くらつくりのとり）」（元興寺（がんごうじ）の丈六仏像製作者として現れている）としている。しかし「使司馬」という役職は、使大夫・

使時節・使大倭などと同じ、九州王朝の役職であり、大和王朝には存在しない。「鞍首（くらのおびと）・止利仏師」に対して『紀』に登場する「鞍作鳥（くらつくりのとり）」は姓（かばね）は村主（すぐり）であり、名前も姓も違う別人物である。また、「トリ仏師」ではなく、「シリ（尻）仏師」と読む可能性もある。[10]

ここでも、通説の「鞍作鳥」に無理に当てはめたことが窺える。

（2）上宮法皇とは一体だれ

「上宮」は、「上宮・下宮」もしくは「上宮・中宮・下宮」といったふうに、宮殿が一個以上ある場合に慣用される呼び名である。この銘文の造文者、また当仏像安座の地においては「上宮」の一言でいずこを指すか、判明したものと思われる。[11]

「上宮法皇」とは、後述する「温湯碑」の「我が法王大王」であり、『隋書』俀国伝の「日出ずる処の天子」であり、そして、釈迦三尊像の等身大にして跏趺（かふ）して坐す、上宮の宮殿に住み、そこで登遐（とか）した「上宮法皇」である。つまり三人とも同じ人物、次に述べる当時の日本列島を代表する最高権力者、九州王朝俀国王〝多利思北孤〟その人だったのであった。

また、「鬼前太后」は多利思北孤の母親。「干食王后」は俀国伝に登場する妻「鶏弥」と考えられる。

なお『紀』天智九年（六七〇）条に、

「天智九年夏四月、発卯朔、壬申、夜半之後、法隆寺に災あり。一屋余す無し。」

とあり、法隆寺は火災により全焼してしまったのである。「一屋余す無し」は、何一つ残らなかったということであり、この記事により法隆寺の再建論争が起こっている。これについては、最近「若草伽藍」の発掘によって再建が証明されている。

この再建は、九州太宰府にあった寺を移築したとも言われている[12]。創建当時の本尊は、火災の際消失したことは疑いもなく（一屋余す無し）、移築時にその寺の本尊を移したものであろう。

その本尊・釈迦三尊像の光背銘にある三名の没年が、聖徳太子・穴穂部間人皇后・膳部郎女の没年と近かったこともあり、上宮太子を上宮法皇とする恰好の仏像となったのである。

そして、『上宮聖徳法王帝説』で喧伝されるに至り、聖徳太子信仰がいやが上にも高まっていったと思われる。

翻って今ここに、釈迦三尊像の光背銘がわが国古代史の歪みを正し、真実の道へと導いてくれたのである。

こうして論証していくと私には、かの釈迦三尊像の慈愛に満ちた微笑が、約一三〇〇年に亘る欺瞞の歴史から今まさに開放されたことへの喜びと感じられてならない。

注

①『伊予国風土記』—逸文として『釈日本紀』に所載されている。和銅六年（七一三）元明天皇の「風土記撰進の詔」により、この年以降各地の風土記が作成された。
『釈日本紀』—卜部兼方（懐賢）鎌倉時代中期成立　『日本書紀』の註釈書

②『万葉集註釈』（『仙覚抄』『万葉集抄』とも言う）—僧仙覚著　鎌倉時代中期成立　『万葉集』の註釈書

③伊社爾波神社—式内社　越智玉興から十三代の温泉郡司元興の建立にかかり、延久五年（一〇七三）伊予国司源頼義

の命を受けて河野親経が八カ所八幡宮の一つとして再建したと伝えられる。元は伊社爾波の岡にあり、南北朝のころ河野氏がここに居城を構えるに際して現在地に移されたという（『愛媛県百科大事典上巻』愛媛新聞社編）。

④『古代は輝いていたⅢ―法隆寺の中の九州王朝』―古田武彦著。一九八五年　朝日新聞社、一九八八年　朝日文庫、二〇一四年　ミネルヴァ書房より復刊

⑤『聖徳太子の虚像』―合田洋一著　二〇〇四年　創風社出版
『新説 伊予の古代』―合田洋一著　二〇〇八年　創風社出版
『古代に真実を求めて』第十三集　古田史学の会編所収「「越智国の実像」考察の新展開―「温湯碑」建立の地と「にぎたつ」」―合田洋一論稿　二〇一〇年　明石書店
『古代に真実を求めて―盗まれた「聖徳太子」伝承』第十八集　古田史学の会編所収「虚構・聖徳太子道後来湯説―『伊予国風土記』を読み解く」―合田洋一論稿　二〇一五年　明石書店
『伊豫史談』三四一号「歴史学の本道と伊予の温湯碑」―合田洋一論稿　平成十八年四月号　伊予史談会
『東予史談』十四号「越智国の実像―伊予の古代を彩る文化の中心地は西条・朝倉であった」―合田洋一論稿　平成二十三年　東予史談会
『東予史談』十五号「越智国の実像～その二」―合田洋一論稿　平成二十四年　東予史談会
『松前史談』二七号「聖徳太子の虚像―道後来湯説の真実」―合田洋一論稿。平成二十三年　松前史談会
『松前史談』二八号「にぎたづはいずこに―斉明天皇の伊予行幸と崩御地及び天皇陵の真実」―合田洋一論稿　平成二十四年　松前史談会

⑥④に同じ

⑦『上宮聖徳法王帝説』八世紀後半成立か　群書類爨　伝部巻六四所収　塙保己一集　明治三十一年十一月　経済雑誌社

⑧『岩波古典文学大系』所収『日本書紀』下

⑨④に同じ

⑩④に同じ

⑪④に同じ

⑫観世音寺か―米田良三氏説。川端俊一郎氏は法興寺を移築した、また古賀達也氏は畿内にあった寺を移築したとしている。他の説もあり。

法隆寺本尊・釈迦三尊像（国宝） 写真提供 便利堂

二、『隋書』「俀国伝（たいこくでん）」が物語る九州王朝

隋は五八一～六一八年の三十七年間の短い王朝で、隋の開皇九年（五八九）に南朝「陳」を滅ぼし中国全土を統一した。天子は文帝・煬帝・恭帝の三代。

『隋書』は、隋が滅び次の唐代の武徳四年（六二一）～貞観十年（六三六）に、魏徴らにより編纂・成立した隋朝に関する史書である。

この『隋書』に「俀国伝」として、わが国の事が書かれている。

以下『古代は輝いていたⅢ―法隆寺の中の九州王朝』『九州王朝の論理』を基に論述する。

1. 俀国は何処にありや

「俀国伝」には次のように記されている。少し長くなるが、読み下し文を記す（『九州王朝の論理』①より引用）。

> 俀国は百済・新羅の東南に在り。水陸三千里。大海の中に於て山島（島）に依りて居す。
> 魏の時、訳、中国に通じること、三十余国。皆自（みずか）ら王を称す。夷人、里数を知らず、但計るに日を以てす。
> 其の国境、東西五月行、南北三月行、各（おのおの）海に至る。其の地勢、東高く、西下り、邪靡堆に都す。則ち、
> 魏志に謂わゆる邪馬臺なる者なり。

古に云う。楽浪郡境及び帯方郡を去ること、並びに一万二千里。会稽の東に在り、儋耳と相近し、と。

漢の光武の時、使を遣わして入朝し、自ら大夫と称す。安帝の時、又使を遣わして朝貢す。之を俀奴国と謂う。桓霊の間、其の国大乱し、逓に相攻伐して歴年主無し。女子有り、卑弥呼と名づく。鬼道を以て衆を惑わす。是に於て、国人共立して王と為す。男弟有りて卑弥を佐け国を理む。

其の王、侍婢千人有り、罕に其の面を見る者、唯だ男子二人有り、王に飲食を給し、通じて言語を其の王に伝う。宮室・楼観・城柵有り、皆兵を持して守衛し、法を為すこと、甚だ厳なり。

魏より斉・梁代に至り、中国と相通ず。開皇二十年（六〇〇）、俀王、姓は阿毎、字は多利思北孤、阿輩の鶏弥と号す。使を遣わして闕に詣る。

上、所司をして其の風俗を訪わしむ。使者言う。俀王天を以て兄と為し、日を以て弟と為す。天未だ明けざる時、出でて政を聴くに跏趺して坐す。日出ずれば便ち理務を停め、云う「我が弟に委ねん」。

高祖曰く「此れ、太だ義理無し」と。是に於いて訓令して之を改めしむ。王の妻、鶏弥と号す。後宮に女六・七百人有り。太子を名づけて利と為す。歌弥多弗の利なり。

城郭無し。内官に十二等有り。一に大徳と曰い次に小徳、次に大仁、次に小仁、次に大義、次に小義、次に大礼、次に小礼、次に大智、次に小智、次に大信、次に小信。員に定数無し。

軍尼、一百二十人有り。猶中国の牧宰のごとし。八十戸に、一伊尼翼を置く。今の里長の如きなり。十伊尼翼、一軍尼に属す。

（中略—風俗・習慣・律令などを記載）

阿蘇山有り。其の石、故無くして火起り天に接する者、俗以て異と為し、因って檮祭を行う。如意宝珠有り。

其の色青く、大いさ鶏卵の如く、夜は則ち光有り、と云う。魚の眼精なり。

新羅・百済・皆俀を以て大国にして珎物多しと為し、並びに之を敬仰す桓(恒)に通使・往來す。大業三年（六〇七）、其の王多利思北孤、使を遣わして朝貢す。使者曰く「聞く、海西の菩薩天子、重ねて仏法を興す、と。故に遣わして朝拝し、兼ねて沙門数十人、来たりて仏法を学ばしむ」と。

其の国書に曰く「日出ずる処の天子、書を日没する処の天子に致す。恙無しや云云」と。

帝、之を覧て悦ばず、鴻臚卿に謂いて曰く「蛮夷の書、無礼なる者有り、復以て聞する勿れ」と。

明年、上、文林郎裴清を遣わして俀王に使せしむ。百済を度り、行きて竹嶋（島）に至り、南に𨈭羅国を望み、都斯麻国を経、迥かに大海の中に在り。

又東して一支国に至る。又、竹斯国に至る。又、東して秦王国に至る。其の人、華夏に同じ。以て夷州と為すも、疑いて明らかにする能わざるなり。又、十余国を経て海岸に達す。竹斯国より以東、皆俀に附庸す。

俀王、小徳の阿輩臺を遣わし、数百人を従え、儀仗を設け、鼓角を鳴らして来り迎えしむ。後、十日、又大礼の哥多　を遣わし、二百余騎を従えて効労せしむ。

既に彼の都に至る。其の王、清と相見え、大いに悦んで曰く「我聞く、海西に大隋、礼義の国有り。故に遣わして朝貢せしむ。我は夷人、海隅に僻在して礼儀を聞かず。是を以て境内に稽留して、則ち相見えず。今、故に道を清め館を飾り、以て大使を待つ。異（冀）わくは、大国惟新の化を聞かんことを」と。清、（荅）えて曰く「皇帝、徳は二儀に並び、沢は四海に流る。王、化を慕うの故を以て、行人を遣わして此れに来らしめ、宣諭せしむ」と。

荅既にして、清を引いて館に就かしむ。其の後、清、人を遣わして其の王に謂わしめて曰く、「朝令、既に達せり。請う、即ち、塗を戒めよ」と。是に於いて宴享を設け、以て清を遣わし、復使者をして清に随い来りて方物を貢せしむ。

此の後、遂に絶つ。

以上であるが、この中に「俀国」の在処が示されている。読み下し文に沿って論証を進める。

「俀」について古田氏は次のように述べておられる。

「俀」は「タイ」。多利思北孤の「国号」。中国（唐）側が「大倭(タイヰ)」という倭国側の〝自称〟をきらい〝改記〟したか。

この文字は「よわい」と訓み、「弱」の意である。卑字。通説論者は、「俀」を「倭」の誤りとしているが、これも原文改定で良くない（『九州王朝の論理』）。

「水陸三千里」―「魏志倭人伝」に記されている、狗邪韓国（朝鮮半島南部にあった倭人の国）↓対海国（対馬）↓一大国（一支国・壱岐）↓末盧国（松浦）間が各一千里、合計で三千里を指している（一里は約七十七メートルの短里）。

「大海の中の山島」―倭人伝の記述でも示された通り、まさしく九州島のことを言っている。

「魏の時、中国に通じる三十余国」―倭人伝及び『後漢書』倭伝②に登場する国々を指している。

「其の国境、東西五月行、南北三月行」―俀国から東西・南北の支配圏を言っているが、その領域がどこまでなのかは不明。

「古に云う帯方郡を去ること一万二千里」―「魏志倭人伝」に書かれた帯方郡治より女王国・邪馬壹国迄の総里程を表している。

「漢の光武の時」―後漢の光武帝の建武中元二年（五七）に志賀島の金印「漢の委奴(いど(ぬ))の国王」印を授与さ

れたことを指している。

「安帝の時」—後漢の安帝の永初元年（一〇七）倭国王〝師升〟が、使節と共に生口（奴隷か）一六〇人を献じた（『後漢書』倭伝）。ことを指している。『後漢書』倭伝では「倭国」であるが、ここでは「俀奴国（たいどこく）」としている。

「女子有り、卑弥呼（ひみか）と名づく」—国人が共立して卑弥呼を女王にし、弟と姉弟統治したという「魏志倭人伝」より引用。

「魏より済・梁代に至り」—いわゆる「倭の五王」の朝貢記事。『宋書』倭国伝③より引用。

「阿蘇山有り、其の石、故無くして火起こり天に接する者」—中国には火山がないため、興味を持って見事なまでに描写した箇所と言える。

「新羅・百済は」—大国の倭に敬仰（けいごう）して、常に使節を派遣している。

これは使節の裴世清が俀国に至る際の行路記事である。「百済から竹島・南に聃羅国（済州島）を望み、都斯麻国（対馬）を経て、一支国（壱岐）、そして竹紫国（筑紫）に至る。又、東して秦王国に至る。」とあるが、この秦王国については、周防（山口県）・豊国（大分県）・筑紫の朝倉郡を比定する考えもあるようであるが、拙論は後述する『古代史の万華鏡』で『九州王朝にあった二つの「正倉院」の謎』で論じているので参照戴きたい。

「十余国を経て海岸に達す」—倭人伝に登場する末盧国から、博多湾岸の邪馬壹国までの通過国と考えられる。「竹斯国以東」は、皆俀国の支配下にある。

以上俀国の位置を検討するために、必要な記事を全て抜き出して、解説を試みた。通説は近畿の大和である。しかしどうであろう。

通説の大和に比定しようにも、その途中の瀬戸内海や大阪湾・近畿を特定するような行路記事が一切ない。全て九州北部のこと以外は書かれていないのである。

志賀島の金印の「漢の委奴国」、倭王師升の「倭国（俀奴国）」、女王卑弥呼の「邪馬壹国」、倭の五王の「倭国」、そしてこの「俀国」に至るまで、全ての記述は九州北部にあった王朝を指している。

極め付きは「阿蘇山」である。いうまでもなく阿蘇山は近畿にあらず九州にある。これが示す通り舞台は九州北部である。通説論者（「大和朝廷一元史観」）は、俀王「多利思北孤」を聖徳太子にするためにはこの記事が邪魔となり、そのためにこれを無視してしまうのである。

つまり、何が何でもその地を大和に持っていこうとしても到底無理なのである。

俀国の王都の当初は、筑後の「三潴・久留米辺り」にあり、その後太宰府へ遷都した（古賀達也・正木裕説④）。そこは、古田氏提唱の「阿蘇山下の王朝」である「九州王朝」そのものだったのである。

2. 聖徳太子に擬せられた「天子・多利思北孤」

引き続き「俀国伝」の検証により、阿毎多利思北孤（あまたりしほこ）とはどんな人物だったのか、その実像に迫る。

「開皇二十年」の記事について論証する。

俀王。前述したが通説は、「俀」は「倭」の誤りとして、原文改定している。「姓は阿毎（あま）」は、これは「天（あめ・あま）」であり、天照大神（あまてるおおかみ）の天、神話に数多頻出している「天の何がしの命」で、天族（あまぞく）（海人族（あま））の天である。

通説論者は、天皇家には「姓」がないため、この記事にも大変苦慮している。そこから多利思北孤を姓のある蘇我馬子に比定したりするのである。

字(あざな)は多利思北孤(たりしほこ)、通説の「北」は「比」の誤りとして、大和王家に数多く見られる名前「帯彦(たらしひこ)」に合わせて〝多利思比孤(たりしひこ)〟と原文改定している。なお、『南史』では多利思比孤となっている。これについて古田氏は、

「北」は「天子の座すところ」であるから〝多利思比孤〟という当人が、敢えてした「誇称」であったかもしれぬ。

と述べておられる。

「阿輩鶏弥(あはいのきみ)」は通説では「オオキミ」と訓読しているが、これについては次のようである。

「阿輩」は「オオ」とは読めぬとして、「阿」は〝親しみを呼ぶときの接頭辞。「阿蒙・阿兄」等。「阿輩」は〝われわれ〟。「阿輩鶏弥」は「吾が君」の意（『新・古代学』第七集[5]）。

後述の「温湯碑」では「我が法王大王」。ここでは「我が君」。この他に国歌の「君が代」も参考にしたい。志賀島にある志賀海神社に伝わる「山ほめ祭」で、「君が代」が述べられる。この「君が代」の原型は山田孝雄氏によれば、『古今集』[6]巻七「題しらず、詠人しらず」であると言う。

「我君は千世に八千代にさざれ石の巖となりて苔のむすまで」

このように「我君」の歌を載せている（『「君が代」は九州王朝の讃歌』[7]）。

また、『万葉集』の中に、柿本人麿の有名な長歌がある。「壬申の乱」を語る天武天皇の皇子、高市皇子に

対する挽歌とされるが、この歌は高市皇子に対する挽歌ではない。「白村江海戦」の前の「州柔城の一大陸戦」で亡くなった九州王朝の一員、「明日香皇子（のち大王）」に対する挽歌であって、この中には四回も「吾大王」と出てくる（『壬申大乱』⑧）。

九州王朝の天子（大王）を「我が・吾が・阿輩」などとして、決して名前では呼ばない。

古今を問わず天皇に対しては、「天子さま・主上・お上・帝・賢きところ・天皇陛下・今上陛下」などと呼ぶ。日本列島内〝唯一人〟の天子・天皇なので名前を付けて呼ぶ必要がないのである。

それはまた、王者であるが宗教上の祭祀者でもあり「神皇・法皇」的存在として、畏敬の念の表れとも思われる。

しかも、「我が」と呼ばれる九州王朝の大王・天子は、臣民から大いに敬愛されていたらしく親愛の情が格別に窺われるのである。

さて、論証を元に戻して、

「闕に詣る」―「闕」は「臺」と同じで、天子の宮殿がある所の意である。

「俀王天を以て兄と為し」は「兄弟統治」である。「兄弟統治」は九州王朝の伝統的な特徴である（耶馬壹国の女王卑弥呼と弟の統治〈三世紀中葉〉、隅田八幡神社の「人物画像鏡」に見られる日十大王と男弟王〈五〇三年〉、九州年号の「兄弟」など）。

通説論者は、大和王朝には兄弟統治の例が無いため、この統治形態が理解できず、そこからこのことを無視したり、また辻褄合わせに大変苦慮している。

「高祖曰く」―兄弟統治は道理としておかしい、改めるべく使者に教えよと命じた。

「政を聴くに跏趺して坐す」―正に仏法の作法（跏趺はあぐらを組むように座ること）に則っており、多利思北孤の政治の根幹をなすのは仏教であることが窺える。

「王の妻、鶏弥と号す」—王には鶏弥という妻がいると記している。

言うまでもなく、時の大和の大王は「推古女帝」である。使節（裴世清）が王に会って、女帝を男帝に見間違えるはずはない。

「俀国」を大和の地にするには、このことが障害となっている。

そこで通説では中国に対して、女帝では失礼だから、聖徳太子を大王に仕立てたとか、或いは、聖徳太子は初めから「大王」だったとか、または蘇我馬子が大王だったとしてしまうのである。

「太子を名付けて利となす。歌弥多弗の利なり」

これについて通説は、「太子を名付けて利歌弥多弗利と言う」としている。

ところが原文は「太子為利歌弥多弗利」となっており、これを古田氏は、

「太子を名付けて利となす。歌弥多弗の利なり」と読み、「歌弥多弗」は「上塔」か、博多の字地名（旧、九州大学の地帯）にある「上塔」「下塔」と関連する在所名か、そして「利」は中国風一字名称か。

と論じている。

通説の「利歌弥多弗利」では日本名としては訳のわからない名前になっているが、古田氏の読解の方がすっきりして、地名表示にもなっている。

いずれにしても、王の名「阿毎多利思北孤（天足矛か）」や王后の名「鶏弥（君か）」皇太子の名「歌弥多弗の利」などは、大和関連の史書には一切現れない名前である。つまり、それは大和には一切関係のない人物であったことを意味している。

「内官に十二等有り」—冠位十二階の登場である。「徳・仁・義・礼・智・信」を大・小に分けて十二階。

『紀』推古十一年（六〇三）十二月条に、「徳・仁・禮（礼）・信・義・智」と、これが大・小に別れており、この冠位十二階を聖徳太子が制定したと記している。俀国の冠位とは、順序が違うだけで全く同じである。俀国の使節は開皇二〇年（六〇〇）であり、それに基づいて記載されているので、『紀』の記述は三年あとのことになる。

従って、これは明らかに『紀』が聖徳太子の業績を造りあげるために、九州王朝俀（倭）国の史書（『紀』の割注にある『日本旧記』・『日本世記』・「一書」などは九州王朝が近畿〈大和〉王朝に滅ぼされてから、没収・廃棄処分された書と考えられる。―これらの書は『続日本紀』元明天皇の条、和銅元年〈七〇八〉正月、〈禁書の令〉により没収した）から「盗用」したものと考えざるを得ない。

我々が教科書で習った、聖徳太子による冠位十二階の制定は幻であったのである。

「軍尼一百二十人有り」、これについて沈仁安氏は『中国から見た日本の古代』[9]において、

> 「軍尼」は「くに」と訓み、「国」を意味する。ここでは、人をもって単位としており、この人は当然、国の首長を指すと思われる。また日本に現存の古籍『国造本紀』には、約一二六名の国造が挙げられている。国造は倭国王支配下における、半独立的な地方の大勢力であり、被征服国の後身でもあった。
> 『漢書』の「百余国」、上表文の一二二国、『隋書』の軍尼「百二十人」、『国造本紀』の一二六名の国造、これらの絶対数は完全に信じられないにしても、百余国、百二十余国の相対数は、おそらく当時における小国林立の歴史史実を反映しているであろう。そして、これらは大化改新以前の倭国の地方単位である。

と述べている。

「軍尼」「伊尼翼」の読み方は難解であり、行政区画と見るか職制と見るかで見方は変わってくるが、沈氏

の見解は一考を要するので参考までに記した。

沈氏はこれを大和朝廷の地方組織としているが、これが行政区画を表しているのであれば、このようなゆるやかな国家連合は九州王朝の特徴を表しており、大和王朝のものではない。

これは九州王朝の職制であるという、古田氏の見解が妥当と考える。

「大業三年（六〇七）」、俀王多利思北孤が隋に使節を送った。その国書に曰く、

「日出ずる処の天子、書を日没する処の天子に致す。恙無しや云云」

と。教科書で習っているあまりにも有名な国書である。格調高く、わが国の尊厳を見事なまでに表現している。

通説は、聖徳太子が推古一五年（六〇七）に遣隋使〝小野妹子〟を派遣して、隋の皇帝〝煬帝〟にこの国書を呈した、ということになっているが、果たしてそうであろうか。

『紀』推古紀で、大和王朝と中国との国交（朝貢）記事は、この推古一五年が初見である。

「大禮小野臣妹子を大唐に遣わした」と、「隋」ではなく「大唐」になっており、しかも、この「国書」の記事内容は一切書かれていない。隋の皇帝と対等の立場に立つ「天子」と自らを位置付けた、誇り高い文章であるにもかかわらずなのである。また、『紀』には「遣隋使」は一度も出現せず、全て「唐」または「大唐」の「遣唐使」である。

このことから『紀』の編者は『隋書』を見ていなかったと考えられる。もし『隋書』を見ていたとしたら「開皇二十年（六〇〇）に俀王が使節を隋に派遣した」記事が出ていないのはあまりにも不自然である。

近畿（大和）王朝は『記』『紀』を編纂するに当り、九州王朝の史書を没収し、また中国や朝鮮半島の史

書を買い集め、それらを盗用して、自分たちの都合のいいように当てはめ、またつくり変えて記述したとみられているが、『隋書』をとりこぼしたと思われる。でなければ対中国外交の始まりで、大変重要な幕開けの記事を、必ずや載せるはずである。

有名な『紀』雄略紀の「雄略天皇の遺詔」について、通説は『紀』の編者が『隋書』の「高祖の遺詔」から「盗用」したとしているが、これは九州王朝にあった史書（その部分だけが、何らかの形であった可能性有り）からの盗用と考えた方が辻褄が合う。

このことからも、推古一五年の記事は、『隋書』からではなく、九州王朝倭国の史書からの盗用と考えざるを得ない。

また、唐への留学生が、この「高祖の遺詔」だけを持ち帰った可能性も考えられる。

この「遣隋使」も、「冠位十二階の制定」と同じく聖徳太子・大和王朝の事績ではなく、九州王朝俀国王多利思北孤の事績を「換骨奪胎」したものだったのである。

「推古紀」には隋使〝裴世清〟について、灘波津での歓迎儀式の記事や大和の「海石榴市（つばいち）」に迎えられた様子などが載っているが、「俀国伝」にはこのことは一切書かれていない。灘波は博多にもあったので、ここでの歓迎儀式を盗用したとも考えられる。

更に「俀国伝」には、筑紫以東の行路記事は一切出現していないことからも裴世清は大和に行っていないと考えられる。当然推古女帝や厩戸皇子には会っていなかった。

「帝（煬帝）これを覧て悦ばず」「蛮夷の書無礼なる者有り」―この国書を見て大変立腹したとある。

これは中国の天子からみたら当然のことである。中国は自分達が世界の中心であるという「中華思想」が原点だからである。

周辺の国々は、「南蛮・北狄・東夷・西戎」の「四夷思想」の下、中国の王朝からみれば全て蛮族とみなされる。

これらの国々は、中国の王朝を冊封体制下の宗主国として、敬仰しなければならなかったのである。

九州王朝を代表する国、中国や朝鮮半島の史書に散見する「委（倭）奴国」「俀奴国」「邪馬壹国」「倭国」「大倭国」などは、中国を宗主国として朝貢し敬仰して、中国の皇帝より王位や将軍位（爵号）、はたまた国号までも貰うというケースもあることから、対等の天子を名乗ることなどもってのほか、許されないことだったのである。

しかしながら、当時「隋」は隣国の「高句麗」と戦争の真最中であり、朝鮮半島南部にいた倭人に協力・援護を必要としていた。

そのため、怒りはしたけれど裴世清を使わすことになるのである。

「此の後、遂に絶つ」―国交断絶ということの記事は、大変重要なことを意味している。

九州王朝俀国（倭国）は、この後、風雲急を告げる朝鮮半島情勢、任那（みまな）の回復と百済の救援に没頭して行く。そして、中国でも隋が滅び唐に替わる（六一八年）。このような状況下で、俀国は国力を消耗させ、衰退の道を歩み、遂に白村江の戦い（通説は六六三年・古田説は六六二年）で決定的な敗北を帰し、滅亡へと突き進むのである。そのような状況下に台頭してきたのが近畿（大和）王国である。

従って、当時の俀国は、中国との国交は無理な状況に陥っていたものと思われる。

六世紀の中国は、南北に別れ、特に北は国が興っては亡ぶ混乱期の中、隋（五八一年建国）が興り、南朝最後の王朝「陳」を滅ぼし（五八九年）中国全土を統一した。この少し前、朝鮮半島南部にあった任那が、新羅によって滅ぼされ（五六二年）、倭国は朝鮮半島の重要拠点を失っている。

このように、東アジア世界は混沌とした政治状況・戦乱の時代にあった中で、中国の混乱期の間隙をついて「六世紀前半（五一七年）に倭国王「盤井」が冊封体制から独立して、年号を制定し、律令を定めていた」（『法隆寺の中の九州王朝』）。

その流れの延長線上に、俀国王「多利思北孤」がおり、「独立国」の天子として、当然の事ながら、天子の特権である年号・律令を施行し冠位を定め、隋と対等の立場に立った外交を行っていた。そして、その政治は仏教を根幹に据えていたのであった。

なお、「十七条憲法」も太子の手によるものではない。既に「法治国家」であった九州王朝俀国の天子・多利使北孤が制定したものであろう。

『紀』は「大和朝廷一元史観」を創出するために、多利思北孤の事績を彼と同時代の厩戸（うまやど）皇子に「換骨奪胎」して皇子を美化し崇高で徳のある政治家・思想家に仕立てていった。そして八世紀以降九州王朝の当時の年号であった「聖徳」を厩戸皇子に冠して、法隆寺の僧侶を中心に「聖徳太子」として喧伝していったのである。正に、聖徳太子は「造られた虚像」だった。

これにより「聖徳太子信仰」が、全国津々浦々に浸透し、人口に膾炙していったのである。「多利思北孤」を歴史上から抹殺した替わりとして。

〝完全抹殺を計ったと思っていたら、さに非ず『隋書』に「証拠」が残っていた。〟ということであろうか。このことからも、『紀』の編者は、『隋書』を見ていなかった、と思われる。

『隋書』の存在が、九州王朝をより「真実（リアル）」なものとし、矛盾だらけで曖昧模糊としていたわが国の古代史を真実の道に導きだしてくれたのである。

注

①『九州王朝の論理—「日出ずる処の天子」の地』古田武彦・福永晋三・古賀達也共著　二〇〇〇年五月　明石書店

②『後漢書』「倭伝」後漢の事績を記した史書　五世紀中葉成立　南朝・宋の范曄の撰

③『宋書』「倭国伝」南朝宋の事績を記した史書　五世紀成立　沈約撰

④古賀達也「九州王朝の筑後遷宮—高良玉垂命考」を『新・古代学』第4集　所収　一九九九年十一月　新泉社
正木裕『全盛期の九州王朝を担った筑後勢力—筑後は倭国の首府だった—』久留米大学公開口座（二〇一七年二月二五日）資料、

⑤『新・古代学』第七集　多元的古代研究会　二〇〇四年一月　新泉社

⑥『古今集』『古今和歌集』の略　平安時代前期成立　醍醐天皇の勅命による勅撰和歌集である　選者は紀貫之等四名

⑦「君が代」は九州王朝の讃歌—市民の古代別巻Ⅱ』古田武彦著　一九九〇年七月　新泉社

⑧『壬申大乱』古田武彦著　二〇〇一年十月　東洋書林　二〇一二年八月　ミネルヴァ書房より復刊

⑨『中国から見た日本の古代—新しい古代史像を探る』沈仁安著　藤田友治・藤田美代子訳　古田武彦解説　二〇〇三年十一月　ミネルヴァ書房

三、『伊予国風土記』を読み解く—五度の行幸の真実

『伊予国風土記』所収の「幸干伊豫温湯宮。」の記事を次に示すのであるが、頁数の関係もあり原文掲載は省略して読み下し文を次に掲げる（『愛媛県史』①による。「　」は筆者）。

伊予の国の風土記にいはく、湯の郡。大穴持の命、見て悔い恥じて、宿奈毗古那の命を活かさまく欲して、

大分の速見の湯を、下樋より持ち度り来て、宿奈毗古那の命を漬して浴ししかば、蹔が間に活起りまして、居然しく詠して、真蹔、寝ねつるかもとのりたまひて、践み健びましし跡処、今も湯の中の石の上にあり、凡て、湯の貴く奇しきことは、神世の時のみにはあらず、今の世に疹痾に染める万生、病を除やし、身を存つ要薬となせり。天皇等の湯に幸行すと降りまししこと、五度なり。大帯日子の天皇と大后八坂入姫の命と二軀をもちて、一度となす。帯中日子の天皇と大后息長帯姫の命と二軀をもちて、一度となす。上宮の聖徳の皇をもちて、一度となす。また、侍は高麗の恵慈の僧・葛城の臣等なり。時に湯の岡の側に碑文を立てき。「その碑文を立てし処を伊社邇波の岡といふ。伊社邇波となづくる由は、当土の諸人等、その碑文を見まく欲ひて、いざない来けり。よりて伊社邇波といふ。本なり。」記していへらく。

(続いて「温湯碑」が記されているが、これについては後述する)

岡本の天皇と皇后と二軀をもちて、一度となす。「時に、大殿戸に椹と臣木とあり。その木に鵤と比米鳥と集まり止まりき。天皇、この鳥のために、枝に穂どもを繋げて養ひたまひき。」後の岡本の天皇・近江の大津の宮に御宇しめしし天皇・浄御原の宮に御宇しめしし天皇の三軀をもちて、一度となす。これを幸行せること五度といふ。

ところが、右の文の「　」で示した記述は『釈日本紀』の原文には無い。この『愛媛県史』には、その記述の出典が示されていないが、これは鎌倉時代に僧・仙覚が著した前掲『万葉集註釈』にあるので、これから引用したものと思われる。また、この註釈書には「温湯碑」の原文は記されていないが、この「伊社邇波ノ岡」の記述が「伊社爾波神社」と相俟って「碑文の建立地は道後温泉」となった大きな要因と考えている。また、上宮聖徳皇の侍として、原文は恵総となっているのに恵慈と「原文改定」している。

これらについては後にも触れるが、ここで「天皇等行幸五度」の記事を整理してみたい。

一度―大帯日子天皇（景行天皇）・大后八坂入姫命
二度―帯中日子天皇（仲哀天皇）・大后息長帯姫命（神功皇后）
三度―上宮聖徳皇（聖徳太子）・高麗恵總僧・葛城臣
四度―岡本天皇（舒明天皇）・皇后（宝皇女―後の皇極・斉明天皇）
五度―後岡本天皇（斉明天皇）・近江大津宮御宇天皇（中大兄皇子―後の天智天皇）・浄御原宮御宇天皇（大海人皇子―後の天武天皇）

それでは、これについて論証すると次のようである。

一度―景行天皇来湯の記事

おそらく「熊襲征伐」（『紀』記載、『記』にはない）の途次、道後温泉に立ち寄ったという想定だと思うが、この「熊襲征伐」の真実は、九州王朝の大王であった〝景行〟の九州統一譚を盗用したものであり[2]、この当時の大和王国の勢力範囲は、大和国とその近辺と考えられるので大和の景行天皇であるならば事実ではない。

二度―仲哀天皇・神功皇后来湯の記事

神功皇后とは『三国志』「魏志倭人伝」に登場する邪馬壹国の女王「卑弥呼」とその跡を継いだ「壹与」の事績を併せて、『日本書紀』に特立した人物であったので[3]、神功皇后という人物の来湯は事実ではない。

三度―**「温湯碑」～上宮聖徳皇**（聖徳太子）は後述する。

四度―舒明天皇

五度―斉明天皇来湯の記事

その行幸地は後述するが、郷土資料・遺構・伝承などを徹底検証した結果、通説の道後温泉とは違って越智国であったと考える（この中で中大兄皇子・大海人皇子は、斉明帝と一緒に来予した形跡は見出せない）。

そこで思うに「幸干伊豫温湯宮」の記事は、三段構成の説話を一つに纏めたものであった、と。

一段目の記事は、大穴持命が大分速見の湯を引いて宿奈毗古那命を生き返らせたという温泉の開発説話。これは、神話上の説話ではあるが、この温泉の比定地は、説話の冒頭「湯郡」とあることから後の温泉郡のことと見なしたい。そして、速水の湯の〝対岸〟にある道後温泉が相応しいのではなかろうか。

二段目は「天皇等五度の来湯」記事で、前述の架空説話の景行天皇・神功皇后等の来湯記事と、舒明・斉明天皇等の来湯記事は道後温泉ではなく越智国への行幸記事であった。

三段目は、二段目の記事の間に収録された「温湯碑」の碑文。私はこれらの記事は、一段目の温泉開発に残る説話を全て併せて、道後に当てはめるべく舞台設定をしたと考えた。

従って、これらのことから鑑みて、「風土記」は時の権力者である近畿（大和）朝廷の意向を大きく反映したもので、「天皇等五度来湯」の記述は真実ではなかった、と考えるに到ったのである。

そして、第一次史料の「温湯碑」は法興六年（五九六）の建立、第二次史料の『伊予国風土記』の成立は和銅六年（七一三）以降であり、その開きは一一七年以上となる。この時代差が歴史の真実を覆い隠し、ねじ曲げ、それ故の虚構が、松山・道後を飾る郷土史の一端を担ってしまったと、私は思うのである。

注

①『愛媛県史』「資料編文学」　愛媛県史編さん委員会　昭和五十七年三月　愛媛県

②『盗まれた神話―記・紀の秘密』　古田武彦著　一九七五年　朝日新聞社　一九九三年　朝日文庫　この書では「前つ君

＝ニニギノ尊」説であったが、最近の古田氏の見解は、ニニギノ尊ではなく九州王朝景行大王説を唱えている。―
二〇一〇年十一月六日八王子における古田氏講演会。二〇一〇年　ミネルヴァ書房より復刊

③『風土記』にいた卑弥呼』「古代は輝いていたⅠ」　古田武彦著　一九八四年　朝日新聞社　一九八八年　朝日文庫
二〇一四年　ミネルヴァ書房より復刊

四、「温湯碑」が語る真実

1、「温湯碑」の主役は「神井」

次に「温湯碑（湯ノ岡ノ碑文）」であるが、これも原文掲載を省略して、読み下し文のみを次に掲げる（前掲『愛媛県史』より引用する。恵慈の原文は恵總。傍線筆者）。

法興六年十月。歳丙辰に在る、我法王大王と恵慈の法師及葛城の臣と、夷與の村に逍遙し、正に神の井を観、世の妙験を歎かひたまふ。意を叙べまく欲り、聊かに碑文一首を作る。惟れば夫れ日月上に照りて私せず。神井下に出でて給かずといふことなし。万機所以に妙しく応り、百姓所以に潜く扇ぐ。若乃ち照給に偏私無し。何ぞ寿国に異ならむ。華台に随ひて開け合ひ。神井に沐みて疹を瘳す。詎ぞ花池に落ちて化羽することに升はむ。窺ひて山岳の巉嵒を望み。反に平子①が能く往きしことを冀ふ。椿樹相蔭ひて

穹窿る。実に五百つ蓋を張れるかと想ふ。臨朝れば鳥啼きて戯れ吐る。何ぞ乱く音の耳に聒しきことを暁らむ。丹花葉を巻きて映え照らひ、玉菓葩に彌ちて井に垂る。其の下に経過れば、優に遊ぶべし。豈し洪灌霄庭意を悟らむか。才拙くして、実に七歩に慚づ。後の君子、幸くは蚩咲ふことなからむことを。

それでは、この碑文について解明を試みたい。

(一)「法興」年号について

法興六年は、推古四年(五九六)にあたる。そこで先ず、法興という年号について検証する。(前述のように「釈迦三尊像の光背銘」にも法興三十一年とある)

この年号は国内の神社・仏閣・史書などから数多発見されている年号の一つで、通説では大和朝廷の年号ではなく、神社・仏閣・豪族などが勝手に作った「私年号」(「逸年号」ともいう)であると処理されてきた。そして、法興年号は法興寺(奈良)が作った年号との説もあった。ところが、これらは「私年号」にあらず、当時、日本列島を代表する九州王朝・倭国の制定による「九州年号」なのである。

なお、これらの年号は鎌倉時代編纂の『二中歴』所収で平安時代成立の『年代暦』にあまねく記録されていた。また、朝鮮王朝の領議政・申叔舟が王名を受けて一四七一年作成の『海東諸国記』に数多の九州年号が記載されており、江戸時代後期の鶴峯戊申作である『襲国偽僭考』、この他『如是院年代記』・『麗気記私抄』・『和漢年代記』・『皇代記』、更に大三島にある『伊予三島縁起』などにも多くの九州年号が散見される。

「九州年号」については、既に古田武彦氏により『古代は輝いていたIII—法隆寺の中の九州王朝』[2]・『日本古代新史』[3]や数多の古田書で明らかにされており、更には「古田史学の会」編纂による『「九州年号」の研究—近畿天皇家以前の古代史』[4]や『失われた倭国年号〈大和朝廷以前〉』[5]などでも研究発表されていて、最早研究し尽くされたと言っても良いくらいの域に達しているのである。

しかしながら、この「九州年号」はまだ世間一般には認知されていないと思われるので、ここで改めて簡略に述べて見たい。

古代に於いて極東アジア世界では、中国の「中華思想」の元で、年号の制定を行えるのは、中国の天子のみに許された特権であり、そのため中国を宗主国と仰ぐ国々では勝手に年号を作ることは出来なかった。従って、わが国では中国の冊封体制下に在った五一六年までは中国の年号を使用していたのである。

隣の朝鮮半島の新羅国では、宗主国の中国が南北朝の混乱期であったため、その間のどさくさに乗じて、法興王が「新羅年号」を開始した（五三六）。以後百十五年に亘って続いたが、中国が唐の時代に入り、高宗の叱責を受けたことから、新羅年号を廃止し唐の天子の年号に戻ったことが『三国史記』「新羅本記」に記されている。

九州王朝・倭国では、法興王と同年代の「磐井」の時に、それまで臣従していた中国の南朝・梁による「倭国軽視」政策があったことにより冊封体制から〝独立〟して、南朝の体制を継ぐという意から「継体」年号を「建元（五一七）した。以後、七〇一年三月、九州王朝・倭国滅亡まで年号が途切れることなく連綿と続いているのである。

その年号とは、次頁に掲げるとおりである。

そしてこの他に別系列の年号（兄弟年号）に法興（五九一）・聖徳（六二九）」などがある。

また、「大化」は六九五年～七〇三年であるが、『紀』には六四五年孝徳天皇の時代に出現する。これは同年に「大化の改新」を行ったことにするべく五〇年遡らせて〝創作〟したのである。従って、大和王朝における『紀』に記す「大化の改新」は〝なかった〟のである。

九州年号表

No.	年号	長さ	元年	期間
1	継体	5年間	丁酉	517～521
2	善記	4年間	壬寅	522～525
3	正和	5年間	丙午	526～530
4	教到	5年間	辛亥	531～535
5	僧聴	5年間	丙辰	536～540
6	明要	11年間	辛酉	541～551
7	貴楽	2年間	壬申	552～553
8	法清	4年間	甲戌	554～557
9	兄弟	1年間	戊寅	558～558
10	蔵和	5年間	巳卯	559～563
11	師安	1年間	甲申	564～564
12	和僧	5年間	乙酉	565～569
13	金光	6年間	庚寅	570～575
14	賢称	5年間	丙申	576～580
15	鏡當	4年間	辛丑	581～584
16	勝照	4年間	乙巳	585～588
17	端政	5年間	己酉	589～593
18	告貴	7年間	甲寅	594～600
19	願転	4年間	辛酉	601～604
20	光元	6年間	乙丑	605～610
21	定居	7年間	辛未	611～617
22	倭京	5年間	戊寅	618～622
23	仁王	12年間	癸未	623～634
24	僧要	5年間	乙未	635～639
25	命長	7年間	庚子	640～646
26	常色	5年間	丁朱	647～651
27	白雉	9年間	壬子	652～660
28	白鳳	23年間	辛酉	661～683
29	朱雀	2年間	甲申	684～685
30	朱鳥	9年間	丙戌	686～694
31	大化	9年間	乙未	695～703
32	大長	9年間	甲辰	704～712

『失われた倭国年号』所収正木裕氏の「〈九州年号（倭国年号）〉が語る〈大和朝廷以前の王朝〉」より引用。

なお、『紀』にはこの「大化元年（六四五）〜五年」の他に「白雉元年（六五〇）〜五年」・「朱鳥元年（六八六）」と三個の年号が散発的に出現している。「年号は時の暦、つまり暦の構成単位である」ことは論ずるまでもないことから、このような三個の〝飛び飛び〟の年号では意味を成さない。〝連続性〟がなければならないのである。これは「年号の本質」に反している。何故このようになったのであろうか。

それは何度も指摘しているように、『紀』は「勝者の歴史書」であることから、七〇一年以前に日本列島の主権者であった「九州王朝・倭国」から政権を簒奪してのち、その王朝の事跡を〝盗作・改作・造作〟して創りあげた書であるからである。そのため『紀』にある「三年号」も倭国の事跡の〝残骸〟なのであった。

更にまた、最後の「大長」年号は、九州王朝・倭国が滅びた段階で、その残党が薩摩・大隅国でゲリラ戦を展開し、そのときに建てた年号であるという（古賀達也氏説）。つまり、世に言う「隼人の乱」である。

従って、「大長」以外の三十一個の年号全てが、大和朝廷成立（大宝元年・七〇一―後述）以前の年号であったのである。私年号とは論外であり、これはとりもなおさず、大和王権以外は認めないという「大和朝廷一元史観」に他ならない。

また、『続日本紀』（七九七年成立）巻第二に四十二代文武天皇五年（七〇一年）三月二十一日に次の記事がある。

「建元為大宝元年（元号を建てて大宝元年とした）」

ここには「大宝を建元した」と記されていた。このことは何を意味するのか、中国では王朝が替わるたびに新しく「元号」を建てるのであるが、それを「建元」と言う。それは、その王朝にとっては年号に関する最初に行う一回限りの政策を意味する。それに対して、その王朝内で年号を替えることを「改元」と言う。これはわが国でも同じであり、国史である『続日本紀』は、「大宝」を明確に「建元」と記していた。決して「改元」ではないのである。従って「大宝」元年（七〇一）が「日本国」の始まりなのである。

話を戻して、前述した『隋書』俀国伝に登場する「日出づる処の天子」即ち「多利思北孤」は正しく天子であるので、「法興」と言う年号を制定しても何ら問題はなく、当然の行為だったのである。なお、「法興」は多利思北孤の〝法名〟だったという正木裕氏の説もあることを付言しておきたい。

思うに、国内各所に散見する年号を安易に「私年号」としてきたことが、「大和朝廷一元史観」と相俟って、わが国古代史を矛盾だらけにした要因にほかならない。

因みに倭国は、過去の志賀島の金印「漢の委奴の国王」、女王卑弥呼の「親魏倭王」、倭の五王の「安東将軍・倭国王」「安東大将軍」「鎮東大将軍」「征東大将軍」「使持節・都督」等の王位や将軍位（爵号）を中国の天子よりもらう、いわゆる冊封体制下にあって、宗主国と仰ぐ時代から混乱期の中国を尻目に対等の立場に立ち、天子を名乗り年号を制定するに至った時代の国家と言えよう。

「法興」は、重ねていうが「私年号」や「大和年号」にあらず、九州王朝・俀国天子・多利思北孤が制定した「九州年号」であったのである。

(2)「法王大王」の正体

碑文には我法王大王と刻んでいて名前がない。これについては、前述の通りわが国の風習として、〝今上天皇〟はわが国唯一の君主であるため、古より現在に至るまで殆ど名前で呼ぶことはない。また、その必要性もないであろう。それよりも、名前を出すことは不敬にあたるという考え方もなきにしもあらず、ではないのか。それ故に、天皇以前の大王に対しても同じと考える。

そして、「我が」とあることからそこには親愛の情が窺われる。更に、「我が」はその直前の「法興」と一体を表しているので、「法興」という年号を作った「我が」法皇大王なのである[⑥]。

それではこの人物はとなると、既にお解りであろうが、通説は言うまでもなく近畿(大和)天皇家の厩戸皇子即ち聖徳太子である。しかし、法王(法皇)は天子が僧籍に入って法王となるのであって、聖徳太子こと厩戸皇子は終生皇太子である。また、時の近畿天皇家の大王は女性の推古であり、「この時聖徳太子は二十三才、とても法王大王と呼ばれる年齢ではない」(古田氏前掲書)のである。

このことからも、「温湯碑」の主人公「法王大王」は、『隋書』「俀国伝」に記された九州王朝の〝日出づる処の天子・阿毎多利思北孤〟であり、法隆寺の「釈迦三尊像」の光背銘にある「上宮法皇」その人だったのである。

なお、「法王大王」は法王と大王の二人説もあるが、私は一人と考えている。

(3) 随行員「恵総法師・葛城臣」

恵総法師―『紀』によれば、当時わが国には百済の僧「恵総」と高麗の僧「恵慈」がやって来ており、厩戸皇子の師は恵慈であり、恵総とは関係が認められない。そこで、「法王大王」を聖徳太子にするためには、恵総ではだめで恵慈でなければならないのである。そのため、管見の限りではあるが『愛媛県史』をはじめとする郷土史全てにおいて、恵総は間違いとして「恵慈」と改定している。これについては「近畿王朝一元史観」の学者や作家の著書も同様である。つまるところ、聖徳太子至上主義での「原文改定」で、作為以外の何ものでもない。また、「温湯碑」の碑文は僧侶の文体と考えられるので、そうなると起草者は恵総となる。もし恵慈ならば自分の名前を間違えたことになる。この一事をもってしても恵総であることは自明である。

葛城臣―『紀』には、崇峻即位前紀に「葛城臣烏那羅」、次いで崇峻四年条に大将軍葛城烏奈良臣が出現している。通説は、この人物が「温湯碑」の葛城臣とされていた。しかしながら、大将軍でもあり太子よりはるかに高齢の人物が（この頃は老齢または死亡）、太子の湯治のために、果たして遠国の伊予までわざわざ供として来たとは到底考えられない。葛城の地名は九州にも在ることから、別人と思われる。

(4)「神井」―愛でているのは湯ではなく水である

「温湯碑」には「神井」が三ヶ所「井」が一ヵ所記されている[7]。神井は「しんせい」と読み、〝不思議な井戸〟の意（『諸橋大漢和辞典』）。中国での用法は、温泉の場合もあるというが、日本では神道での用法として井戸を指すようである[8]。ところで、この石碑は「湯ノ岡の側らに建立」とあるが、文面には「温泉」または「湯」の文字がない。よく見ると、ここで称えたかったことは、温泉ではなく〝不思議な井戸・泉〟を愛でることにあったのではないかと考える。

そして、その「神井」と思われる泉が西条の氷見（ひみ）にあった。それは「芝井（しばい）の泉（芝井加持水）」である⑨。石碑には「天の井」「加持水」と彫られており、また案内板には「長寿水」とも書かれていた。「天の井」は「天（あま）」とあることから、阿毎（あま）（天（あま））多利思北孤（たりしほこ）を思わせる。「加持水」とは加持祈祷の水であり、正に〝病気も沐む水〟となるであろう。この泉は彼の弘法大師も愛でたとの伝承があるとのこと。

更に、西条は石鎚山系からの伏流水が町の各所から自噴し（泉）、至る所に打ち抜き（井戸）がある〝水の都〟でもある。その上、この地は鉱物資源（銅・鉄・マンガン・輝安鉱〈アンチモン〉・朱・丹など）が豊富であることから、現在は普通の水であるが当時の芝井の泉は特殊なミネラルというか何かしらの治療物質が含有されていて、病気も癒す〝霊験あらたかな泉〟であったのではなかろうか（例えば、病気を治すと言われていたかの有名なフランスの〝ルルドの泉〟が、こんにちその効果が薄れて来たと言われているように）。

ところが、このような「神井」は、遺跡としても伝承としても道後温泉には無い。この有無だけでも「温湯碑」の建立地を道後温泉には比定できないのである。

なお、この稿では便宜上通説の「温湯碑」としているが、碑文の意味合いからするとこれは適切ではない。これについては後述する。

芝井の泉

（5）夷與村とは

これを「いよ」と読み、単に「夷與の村」と読むのか、あるいは固有名詞の「夷與村」であるのか、古より多くの論者が探し求めていた。その地はいったい何処に在ったのかも解っていないため、この究明も大きな課題であった。これについては、『古代に真実を求めて』第十三集の拙論『「越智国の実像」考察の新展開』[10]で詳述しているので、ここでは結論だけを述べるが、これは固有名詞の「夷與村」ではなく「夷與の村」であった。そしてここで思うことは、「夷」の字の持つ意味は、伊予の「伊」に対する単なる「当て字」、または「四夷思想」からくる東夷の位置付けの「卑字」と考えるのではなく、この「温湯碑」建立の法興六年（五九六）の頃は〝蛮族・毛外の民〟の意から、「蘇我蝦夷」などに見られるごとく〝猛々しい・勇猛な・立派〟など〝畏敬の念を表す語〟、つまり「好字」「華字」の概念が既にあったのではないのか、と。

また、古田氏の「言素論」から見れば、「伊予」や後述する「伊佐邇波の岡」・「霊峰・石鎚山」などの「イ」は〝神聖な〟、「ヨ」は〝世の中〟の意であることから、多利思北孤が伊予に来て逍遥した「神井（しんせい）」のある村を〝神の宿る崇高な村〟として、畏敬・称賛の意を込めて「夷與の村」と名付けたと考えたい。

これが、「温湯碑」を建立した実態であったのである。

2.「温湯碑」と称された石碑とは

「温湯碑」と称された石碑の建立地を論ずるにあたり、重要なポイントがある。それは、伊予の古代史上にこれもまた燦然と輝いていた『紀』記載の斉明（さいめい）天皇の「熟田津石湯行宮（にぎたついわゆのかりみや）」、山部赤人（やまべのあかひと）が詠んだ『万葉集』収録の「飽田津（あきたつ）」「伊予の高嶺（たかね）望見の地・射狭庭（いさにわ）の岡」などのこれら比定地は、「温湯碑」と称された石碑の建立地の「夷與（いよ）ノ村」にある「神井（しんせい）」と『万葉集註釈』の「伊社邇波（いざには）の岡」を〝一体で論証できる地〟でなければならない。つまり、これらは「聖徳太子道後来湯説」と〝不可分の関係〟にあったからである。

なお、舒明天皇の「温湯宮」と斉明天皇の「熟田津石湯行宮」については後述の各編で論究するのであるが、両者の舞台は当稿の帰結に大いに関わることから、結論だけを先に提示しておきたい。そこは越智国であった。

（一）「伊社邇波の岡・伊予の高嶺望見の地」

僧・仙覚が『万葉集註釈』[11]で、『伊予国風土記』所収の「温湯碑」と称された石碑建立地を「これ即ち伊社邇波の岡」と記している。一方、万葉歌人・山部赤人は、

「伊予の温泉に至りて作れる歌一首并に短歌」（『万葉集』巻三・三二二・三）

「伊予の高嶺の射狭庭の岡に立たして」

反歌

「ももしきの大宮人の飽田津に船乗りしけむ年の知らなく」

と詠っており、両者は同じ岡を指している。

この岡が道後温泉の側らにあったというのが通説だった。但し、場所は特定できていない。ここで確認しておきたいことは、「温湯碑建立の地」と「伊社邇波の岡」は、近くにあるものの別の岡であり、また側らの「湯の岡」も別だということになる。そして、この歌は、「射狭庭の岡」から伊予の高嶺が美しく見えなければならないと考える。

ところで、拙書『新説　伊予の古代』では「伊予の高嶺」とは通説通り石鎚山（いしづちさん）であるとしたが、その後これは間違いである、と気がついた。それは、石鎚山だけではなく、共に霊山信仰の対象となっている瓶ケ森（かめがもり）・笹ケ峰（ささがみね）を加えた「石鎚連邦」ではないか、と考えるようになったのである。

そう思ったのは、『万葉集』巻三に赤人が詠う長歌「天地の分かれし時ゆ神さびて高く貴き駿河なる富士の高嶺を」（後略三一七）とあり、またその反歌に有名な「田子の浦ゆ打ち出て見れば真白にぞ不盡の高嶺に雪は降りける」（三一八）とあるように、石鎚山だけを詠うのであれば「石鎚の高嶺の射狭庭の岡」とすれば良く、敢えて「伊予の高嶺」としなくても良い（傍線筆者）。そして、石鎚山は現在でこそ四国一の高山となっているが、その当時は四国山脈にほぼ等間隔で並ぶこの三峰（石鎚山一九八二㍍・瓶ヶ森一八九七㍍・笹ヶ峰一八六〇㍍）の高低差は明確ではないと考える。因みに、次に示す地点から仰ぎ見ると、私には真ん中の瓶ヶ森が一番高く見えるのである。また西条からの景観が素晴らしいと言えても、三峰を真っ正面から一望にできる所は旧市内でもそんなに多くはないようである。しかし、その中でも最も歌の情景に叶っている場所があった。三峰を仰ぎ見るに天気の良い日は絶景であり、真南に石鎚山が見えるその場所とは、「橘島・祭ヶ丘」である。ここには古代から「石岡神社（いわおか）」が鎮座している。そして、ここは氷見（ひみ）地区の古代の海岸線の突端にある。正にここからの石鎚山頂の眺めは、「温湯碑」にある「窺（うかが）ひて山岳の巗崿（やまざし）を望み」に適っており、またこの岡は古代から椿の群生地とも言われているので、これも同碑の「椿樹相蔭（つばきあひおほ）ひて穹窿（まが）る」の碑文に最も相応しいと思える。この情景は道後温泉・松山平野からは全く望むべくもない。

ところで、石岡神社の元・宮司玉井忠素（たまいただもと）氏によると、石岡の語源は、「神功皇后のこの地への凱旋を祝って祝岡（いわいおか）となり、その後石岡（いわおか）となった」とのことである。

更に、現・石岡神社宮司越智基晃（おちもとてる）氏は、「本殿を建てる際、その下に何か重要な物を埋めたとの伝承があり、またこの地は〝いさにはの岡〟という伝承もあって、それが〝いさおか〟となり、その後石岡となった」と言っている。

因みに、「いさには」の語源は古田武彦氏の「言素論」によると、

イは、伊予・石鎚や壱岐・伊豆・出雲、また泉・井戸などの〝神聖な〟の意。

サは、土佐・宇佐などに見られる地形名詞で、領域を示す語。

ニは、赤土・祭祀。

ハは、広場。

従って、「いさには」は「お祀り広場」の意であり、「祭ヶ丘・祝ヶ岡」と同義語となる。そのようなことから、山部赤人が詠う「伊予の高嶺」を美しく望見できる「いさにはの岡」の比定地には、この岡がピッタリ、との想いに至った。

また、ここには境内社として、九州王朝を象徴する「高良大社」の摂社として「高良神社」もある。

ところで、石岡神社の近くを流れる猪狩川の古名が「伊雑里川」であり、また西田甲の小字（石鎚神社がある所）に「伊雑」がある。これは現在の地名では「いぞう」であるが、明治時代までの地積は「いざ」である。そうなると、これは伊社邇波の伊社と関係があって、この辺り一帯が「いざ」と言われていたのか、となる。そして、『万葉集註釈』にある「温湯碑」の註釈「伊社邇波となづくる由は、当土の諸人等、その碑文を見まく欲ひて、いざない来けり。よりて伊社邇波といふ。本なり。」の「いざない来けり」とあるので、この〝いざない〟が伊雑里のもとなのかも知れない。なお、橘新宮神社の『旧故口伝略記』[12]に、神社の旧地の境内に「伊雑宮」が在ったと記されていた。また、伊勢神宮にも「伊雑宮」がある。

石岡神社

高良神社

(2) 予州温泉とは

『源氏物語』の注釈書である『源氏物語河海抄』(四辻善成著、室町時代初期成立)[13]所収の『温泉記』(著者・成立年代不明)に「予州温泉」が登場する。四辻は「空蝉の巻」に書かれていた「いよのゆけた(湯桁)」の註釈に『温泉記』を引用しており、その『温泉記』に「予州温泉は(中略)海を辞すること二、三里」とあることから、伊予の歴史界の大御所・故景浦勉氏は前掲『伊予の歴史(上)』[14]で温泉と熟田津について、

「海辺から二、三里の所に温泉が存在したことを知り得る。この時代は一里五町(後の六町)であるから、温泉の比較的近い地点に港のあったことがわかる。これによって、熟田津を温泉から遠くない位置に求めるのが妥当であるとの結論に達する。」

と述べている。

従来、予州温泉とは道後温泉のこととされて

石鎚山

笹ヶ峰　瓶ヶ森　石岡神社の森　石鎚山

中山川堤防より石鎚連峰を望む。手前の森あ石岡神社が鎮座している橘島（祭が丘）
河合皓吉氏撮影

きた。それは、伊予には道後温泉以外に温泉は無い、という見地に起因しているようである。では果たして、予州温泉とは道後温泉を指すのであろうか。これについて検証を試みる。

先ず、温泉と港の位置関係「海を辞すること二、三里」について論じたい。

『温泉記』の記事の中で比定地を探るキーポイントは、「予州温泉」と「海を辞すること二、三里」の二つである。これ以外に比定地を検証するための記事は無いので、これだけで類推する他ない。ところが、古代の里の長さには種々の説がありその一説に、奈良時代の一里は五町、一町は一〇九メートルとあるので、それで計算すると五四五メートルとなる。「二、三里」ならば、一〜二キロメートル程と思われる。

因みに、卑彌呼の時代(三世紀)の『三国志』「魏志倭人伝」の世界は、一里が約七七メートルの短里である。里の長さは、時代によっても地域によっても違いがあるようであり、また肝心の『温泉記』の成立年代が不明なので、ここでこれ以上究明してみてもあまり意味をなさないが、ただ言えることは古代の里は現在の一里=四キロメートルとは違い遙かに短いということである。なお、景浦氏は前掲書で、

「温泉記が文体のうえから見て古代に属していることは、すでに故山本信哉博士らによって断定せられている。」

とも述べている。

ところで、この『温泉記』を採り上げ、熟田津=道後説の補強にしている論者もいる。例えば幸田志万氏は『にぎたづ考』で、道後温泉から二キロメートルの地・姫原が「にぎたづ」であったとし、また景浦稚桃氏は『熟田津(港)の位置に就て』(『伊予史談』第一三五号)で、御幸寺山麓まで海が入りくんでいたことから、その西北吉田浜(元・潮見村)方面が「熟田津石湯」である、としている。

しかしながら、両者の説は古代の地形を云々しているものの、私には『温泉記』の記述にむりやり当てはめようとした、としか思えない。何故なら愛媛大学のある「文京遺跡」は、弥生時代の遺跡であることから、この地は弥生時代には既に陸だったからである。

一方、この他のにぎたづ三津浜説・堀江説を論じている人達は、この『温泉記』を採り上げていない。それは、ここに記された里程、即ち海岸から道後温泉までの距離が、地形上同書の記事とあまりにも違い過ぎることから、論者は避けて通っていたように思われる。

因みに、松山市考古館によると、松山平野の弥生時代の海岸線は現在とほぼ同じであるという。

そこで、『温泉記』を古代の書物との認識の上で考察すると、古代の海岸線から見て、「熟田津石湯行宮」や「温湯碑」が建立された地は、海岸から遠く離れた道後温泉よりも西条市の氷見・西田地区が正に適合している。かつて温泉があったと考えられる岡村断層付近は、古代の海岸線（学術的にも異論がないようである）から近い所で一～二キロメートルであり、この辺りに現在「湯の谷温泉・猪狩温泉・石鎚温泉」などがあることからも、それは充分窺えるのである。あるいは古代に在った河之内国山の湯、即ち現在の西条市「本谷温泉」の辺りも海岸から近いので「予州温泉」の候補地となるのではなかろうか。

余談になるが、「予州温泉」について「検索エンジン」で調べたところ（「家系研究協議会掲示板」）、家系を調査していた滝本俊二氏の先祖に関する次の書き込みがあった。

略記すると、藤堂高虎が今治国分（唐古山）城主になった時（一六〇〇年）、家臣として二〇〇石で召し抱えられた滝本与兵衛は「予州温泉」にて士官、とあった。

そして、この滝本与兵衛は『藤堂藩（津・久居）功臣録・分限録』⑮及び『宗國史　上巻』⑯に確かに存在していた。そこには、

「滝本与兵衛　二百石、子権兵衛幼少故継カズ、後八十人扶持、其後二百五十石、子八十郎継グ、大津ニテ御召出トナル。」

とあった。

高虎は、関ヶ原の戦功により伊予国南予地方・板島（現・宇和島）七万石から東予地方・今治二〇万石で伊予半国の領主となったので、その折々領内から加増に見合う家臣の募集をしたように思われる。

そこで問題となるのは、「予州温泉」とのからみで滝本与兵衛は一体どこで召し出されたか、ということである。即ち、「検索エンジン」の「予州温泉にて士官」と、「分限録」の「大津で召し出された」（「大津」は現在の愛媛県大洲市の古名）との、この二説の整合性である。ここで言う「予州温泉にて士官」の出典・根拠が解れば良いのだが。

そもそも、大名の家臣募集は、概ね領内の人材を前提としているので、藤堂家もその領内となる南予と東予地方を対象としたのではなかろうか。そうであるならば、「予州温泉」とは中予にある道後温泉は考えにくい。また、この検索の書き込みに信憑性があるならば、南予地方には温泉の存在は考えられないので、東予地方の温泉ということになりはしないか。単に〝伊予にある温泉〟の意ではなさそうである。そうなると、当時「予州温泉」の地名が遺っていたことになる。今のところ残念ながらこれ以上のことは解らない。また、「温湯碑」の中に記載されていた「夷與村」が「予州温泉」と何かしら関係があるようにも思えるが、それは今後の課題である。

（3）「石碑」の建立地は何処に

通説の「温湯碑」とは、一体誰が命名したのであろうか。確かに『伊予国風土記』逸文には、書き出しに「幸于伊豫温湯宮」とあることから、そこからの命名とも思われるが、今見てきたように碑文は温泉を愛でているのではない。どこにも「湯」または「温泉」の字がないのである。そこにあったのは「神井」つまり〝不思議な水〟であったのだ。従って、「温湯碑」と称することはおかしい。

そして、この「温湯碑」は「湯の岡の碑文（いしぶみ）」とも言われていて『伊予国風土記』には「時に湯の岡の側に碑文を立てて記して言えらく」とある。ところが、この文に続けて鎌倉時代の僧仙覚は『万葉集註釈』で、「その碑文を立てし処を伊社邇波の岡といふ。伊社邇波となづくる由は云々」と記している。そうなると、この『伊予国風土記』本来の記述がどのようなものであったのか、縷々論述してきたようにその信頼性に甚だ問題があり、素直に受け入れることができないのである。敢えて言うならば、この記述は、道後温泉を想定してのことではないのか。つまり「風土記」編纂時には「伊予の湯」と言えば「道後温泉」となるからである。なぜならば、六八四年の西日本大地震によって伊予の温泉は全て壊滅して、奈良時代初期に道後温泉のみが復活したとされたことによる。そのようなことからも、「湯の岡の碑文」の石碑名もこれまた疑問に思わざるを得ないのである。

石碑の記事内容から見ると、もしやこれは「湯の岡」ではなく「井の岡」であった可能性もあると思いたくなる。

現在のところこの「石碑」があったとされる所は確定できていないが、「芝井の泉」が「神井」であるならば、この近くにあるはずである。つまり、そこが「湯の岡」ならぬ「井の岡」となろう。そもそもこの「芝井の泉」がある所自体が岡の上である。この氷見地区は岡だらけの地形であり〝高尾神社（祭神・牛頭天王）の岡（明治以前の地名は井口）・尾土居・岡林〟などがあり、その中でも芝井の泉のすぐ上にある高尾神社の岡の〝井口〟の地名が気にかかる。ここは石岡神社のある橘島もすぐ近くに見え、ここからの景観は素晴らしいものがある。

なお、近くには「湯」地名も数か所ある。それは橘新宮神社の前掲『旧故口伝略記』に〝石湯山〟があった。その場所は奥之内にあって、橘新宮神社と湯之谷温泉の近くにある（現・山名は堂山（どうやま）⑰）。他に、芝井の泉から三キロメートルほど山に入った所に〝湯久保・湯山城〟もあった。付言しておきたい。

注

① 底本の「子平」は「平子」の誤りとする小島憲之氏の説による。
② 前掲『古代は輝いていたⅢ―法隆寺の中の九州王朝』
③ 『日本古代新史』古田武彦著　一九九一年四月　新泉社
④ 『「九州年号」の研究―近畿天皇家以前の古代史』古田史学の会編　二〇一二年一月　ミネルヴァ書房
⑤ 『古代に真実を求めて』第二十集「失われた倭国年号〈大和朝廷以前〉」古田史学の会編二〇一七年三月　明石書店
⑥ 古賀達也氏（古田史学の会編集長―当時）のご教唆による。
⑦ 今井久氏（古田史学の会四国幹事）よりご教唆を得た。
⑧ 山田裕氏（元・古田史学の会会員）よりご教唆を得た。
⑨ 三木秋男氏（西条史談会前会長）のご案内による。
⑩ 『古代に真実を求めて』第十三集所収　拙論『「越智国の実像」考察の新展開』古田史学の会編　二〇一〇年四月　明石書店
⑪ 『万葉集註釈』『仙覚抄』『万葉集抄』とも言う）―僧仙覚著　鎌倉時代中期成立『万葉集』の註釈書
⑫ 『旧故口伝略記』橘新宮神社口伝書　神主高橋出雲守　享保十二

高尾神社

年の口述　現存は明治写本　高橋重美氏蔵

⑬『源氏物語河海抄』『源氏物語』の注釈書　四辻善成著　室町時代初期成立

⑭『伊予の歴史（上）』愛媛文化双書　景浦勉著　平成四年改訂三版　愛媛文化双書刊行会

⑮『藤堂藩（津・久居）功臣録・分限録』（三重県郷土資料叢書　第８６集）中村勝利編昭和六十年二月　三重県郷土資料刊行会

⑯『宗國史　上巻』上野市古文献刊行會編　昭和五十四年三月

⑰高橋重美氏（西条史談会）よりご教示を得た。

結語

このように松山・道後を飾った珠玉の伝承地は、論証したように全てが越智国内、現在の西条市加茂川左岸一帯から朝倉までに在ったのである。しかも、「温湯碑」と称された石碑の主役・「神井」に比する泉なり井戸は道後温泉近辺には全く見当たらない。この存在の有無だけでも「温湯碑」が建立された地を道後には比定できないのである。また「伊予の高嶺」を詠った「いさにはの岡」道後説、そして後述する確たる地名遺存もない「熟田津」松山平野説もまた然りである。

ここでもう一つ知っておかなければならない重要なことがある。それは、道後という地名が出来たのは奈良時代の中期以降であり（『古代に真実を求めて』第九集所収、拙論『「上・下」「前・後」の地名考』で論述）、それ以前の地名が解っていないのである。また、「温泉郡」が出来たのは大宝元年（七〇一）以降であり、それまでは「湯評？」（第六編で論述）であり、「評」の施行は七世紀後半（古田説）と考えられている。そうなると、「温湯碑」建立の法興六年（五九六）当時のこの地の姿はどうであったか、ということになる。

ところで、「道後温泉は日本最古の温泉、三〇〇〇年の歴史」と松山市や道後温泉のキャッチフレーズとしてパンフレットなどで詠っている。

まず「日本最古の温泉」であるが、『伊予国風土記』には「大穴持命（おおなむちのみこと）が宿奈毗古那命（すくなひこなのみこと）を助けようとして、大分（おおきた）の速見（はやみ）の湯を、下樋（したび）により持ち度（わた）り来て助けた」とある。その真偽はともかくとして、これによると「伊予の湯（道後温泉とはいっていない）」より「速見の湯」が古いということになる。つまり、残念ながら〝文献上〟は「最古の温泉」ではなかったのである。

次に「三〇〇〇年の歴史」であるが、昭和五〇年代の市のパンフレットには、「道後温泉二〇〇〇年の歴史」となっていた（道後温泉旅館重鎮の話）。その後、温泉本館に隣接している「冠山」から縄文土器一片が採取されたことにより、三〇〇〇年の歴史とすることにした、ということであった。また、これとは別に最近になって温泉の隣接地（道後湯之町遺跡、二〇〇一六年六月十八日現地説明会）から縄文時代後期（四〇〇〇年前）・晩期（三〇〇〇年前）・弥生時代（二五〇〇年前）にかけての地層から「土坑」などが出土したことで（但し、住居跡は出土していない）、古くからこの辺りに人が住んでいたことは確かになった。

なお、道後温泉は日本屈指の〝名湯〟ではあるが、ただ温泉の湧出がいつ頃のことなのか、また道後以前の地名も不明のままである。

以上が道後温泉の〝歴史〟の実態である。

さて、聖徳太子・舒明天皇・斉明天皇行幸の地が松山平野・道後温泉に比定されたいちばんの要因は、既述の『伊予国風土記』に記載されていた「湯郡」、つまり行政区画の温泉郡にあった。そして、奈良時代以降道後温泉が盛んとなり、平安時代の後半から伊予の覇者が越智氏から河野氏へ移り、南北朝時代より松山平野が伊予の中心になったことによると思われる。その際、道後温泉にある伊社爾波神社の存在も大きく影響したに違いない。これらのことから、伊予の古代の輝ける伝承は、何が何でも松山平野・道後温泉に比定する、あたかも「道後温泉一元史観」とも言うべき状況を呈していたようである。

これについては、かつて私自身も誤っていた。それは、拙書『聖徳太子の虚像』において法王大王・阿毎多利思北孤の来湯は道後温泉である、としたからである。つまり、私も同様に「湯郡」にとらわれて、道後温泉のある温泉郡、と解釈したためであった。その後、越智国の研究を深める中で、様々な論点からその地は道後ではない、と考えるに到ったのである。顧みるに、『新説 伊予の古代』では〝清水(きよみず)の舞台から飛び降りる〟心境で、その地が越智国である可能性について論究した。次いで『古田史学会報』No.九〇以下の前掲書において、道後説を完全否定する結果になったのである。

聖徳太子ならぬ九州王朝の〝日出ずる処の天子〟(法王大王)阿毎多利思北孤が、その支配圏の中でも伊予国内での最強の国であった越智国を巡察するために来ていたのである。その一端を垣間見るに、越智国には聖徳太子が開基した(法安寺など)または関与したという伝承がある古刹が十数ヵ寺もあることから、多利思北孤は如何に人々から慕われ畏敬の念をもって迎えられていたのかが偲ばれる。そして、巡察の効果が絶大であったことも。これら寺院の伝承は、後の世に国策に従い多利思北孤を聖徳太子に置きかえた、と。

また後述する九州王朝の天子と考えられる舒明天皇・斉明天皇の伊予行幸の主要舞台、中でも「熟田津石湯行宮」は九州王朝と特別な関係にあった越智国にあった。しかも「伊予の高嶺望見の地・いさにはの岡」、「神井」が〝一体〟となって近接地にあった。そして、「予州温泉」の論証からも「温湯碑」と称された石碑の建立地は間違いなく越智国だったのである。

第三編　万葉集を彩る九州王朝の天子・中皇命とは

一、中皇命の人物像に迫る

私は、古田武彦氏の名著『古代史の十字路—万葉批判』「第七章　太宰府の〈中皇命〉の歌」に導かれて、右の表題について述べることにしたい。

それは、『万葉集』の第三歌で「舒明天皇の御代」の次の歌についてである。

天皇、宇智の野に遊獵したまふ時、中皇命の間人連老をして獻らしめたまふ歌

やすみしし　わご大君の　朝には　とり撫でたまひ　夕には　い倚り立たしし
御執らしの　梓の弓の　金弭の　音すなり　朝獵に　今立たすらし
暮獵に　今立たすらし　御執らしの　梓の弓の　金弭の　音すなり

反歌

たまきはる宇智の大野に馬並めて朝踏ますらむその草深野

（岩波書店『日本古典文学大系』万葉集一）

この歌の作者は「間人連老」であり、「中皇命」は古来、倭大后・斉明天皇・間人皇后などの近畿天皇家の女性に擬せられていたようである。

ところで、「やすみしし　わご大君の　朝には」の原文は「八隅知之　我大王乃　朝庭」であることから古田氏は大筋次のように述べておられる。

「八隅知之」は〝八方の領土を支配する〟の意であり、「朝庭」は〝天子〟のことなので、「我大王」は〝天子の下にいる大王〟となる。その訳は、中国を中心とする東アジア世界では、「天子」の下が「大王」であるからである。そして、「とり撫でたまひ」は「弓を執る」という弓の所持者たる男性の行為の表現であり、通説の女性の行為ではない。

結論として、「中皇命」は通説による女性ではなく男性で九州王朝の天子であり、「我大王」とは近畿天皇家の〝舒明天皇〟のことである。

この他に、「中皇命」の歌で『万葉集』に「中皇命紀の温泉に往しし時の御歌」として、天子の長期航海を示す「四首歌」がある。

「君が代もわが代も知るや磐代の岡の草根をいざ結びてな」（巻一―一〇）
「わが背子は仮廬作らす草無くは小松が下の草を刈らさね」（巻一―一一）

「わが欲りし野島は見せつ底深き阿胡根の浦の珠ぞ拾はぬ」（巻一—一二）
「或は頭に云はく、わが欲りし子島は見しを」（巻一—一二続）

この中で「阿胡根の浦」は伊勢の「英虞湾」のことであり、「珠」は「真珠」のことである。また「子島」は「吉備の児島」であり、「野島」は「淡路島の北端で明石海峡に面している所」である。

この「四首歌」の示す所は、吉備の児島半島から明石海峡を経て紀州の温泉そして伊勢の英虞湾までの一連の長期航海だった。

私は古田氏のこれらの歌の解釈について、また「中皇命」が九州王朝の天子であることについても異論はない。

そこで、特異な天子と思われる中皇命の人物像について、非力ながらもう少し究明したくなったのである。

なお、古田氏は「我大王は近畿の舒明天皇である」と述べておられるが、この点について私は違う考えを持っているので、これについても以下に論述を試みることにした。

二、「中皇命」は法名であった

九州王朝の天子名には「中国風一字名称」が数多く見受けられる。例えば、「壹與の與」「倭王・旨」や「倭の五王の讃・珍・済・興・武」、また「日十大王・年」「多利思北孤の矛」「歌彌多弗利─上塔の利」（いずれも古田説）などがある。

ところが、これらの天子は近畿天皇家とは違い、僧籍つまり法皇になってから「法名」があったというのである。

古賀達也氏によれば、「旨」は「初代・高良玉垂命」であり、それに続く「倭の五王」の「讃・珍・済・興・武」」も「襲名・高良玉垂命」であつたという①。

そこで思うに、「中皇命」も天子名ではありえず「法名」であつた、と。

但し、中皇命の時代は中国の冊封体制からは既に脱しており、中国とは朝鮮半島おいて一触即発の危機に瀕していたので、一字名称を名乗ってまでも〝おもねる〟必要はなかったと思われる。

注

①「九州王朝の筑後遷宮─高良玉垂命考」古賀達也氏論稿『新・古代学』第4集　所収　一九九九年十一月　新泉社

三、中皇命の天子名は舒明・皇后は斉明

次編で述べるが、七世紀中葉から後半にかけてのわが国歴史上の最重要人物であり、最もミステリアスな

女帝・斉明天皇に関して、古田氏の大胆かつ精緻な論証がある。

「『紀』が語る皇極重祚(ちょうそ)斉明ではなく、皇極は大和の大王であり、斉明(さいみょう)は皇極とは別人物で、白鳳年号時代の九州王朝の天子である。」

(『古代に真実を求めて』第十五集「九州王朝終末期の史料批判—白鳳年号をめぐって」—合田要約)

右の論証が拙論の「越智国・斉明論」を裏付ける決定打になった。言わば、単なる郷土史研究以上の〝我が国の古代史の歪みを糺す〟格段のお墨付きを戴いたことになったのである。

そのことから、『紀』が記す斉明の夫である舒明もまた伊予に五ヵ月滞在していることから推して、私は近畿の大王ではなく「九州王朝の天子」である、と『古田史学会報』No.132号で述べた。しかしながら、そこでの論証はまだ不十分であった。

ところが、古田氏の前掲書『古代史の十字路—万葉批判』を再読していて、「中皇命」が長期航海に出ていることを知り、この中皇命と舒明は時代も重なるので、この人物こそが『紀』に盗用され改作されたと考えられる「舒明」と同一人ではなかったか、と。つまり舒明が九州王朝の天子であるならば支配圏の伊予に五ヵ月もの長期滞在をしても何の不思議はないと考えたのである。

ところで、『紀』にある和風諡号「息長足日広額尊(おきながたらしひひろぬかみこと)」と後に名付けられた漢風諡号「舒明」であるが、独断を許してもらえば、伊予に遺る史書・伝承上の名前は全て「舒明」であることから、彼もまた伊予に遺る「天子・斉明」と同じく、九州王朝の天子時代の名前と思うのである。

つまり、「舒明」は九州王朝の天子時代の名前であり、「中皇命」は法王時代の法名であったと結論づけたい。そして、「舒明」と「斉明」は夫婦であったと思われる。

但し、それを示す直接証拠は何も無いが、二人とも同時代の人物であり、「舒明」の次代の天子が女性の「斉明」であったと考えられ、それに「中皇命」も「斉明」も同じく長期航海に出ていることがその一端である。また、後にも触れるが、『紀』では、近畿の「女王・皇極」と九州の「女帝・斉明」を合体させ、しかも彼女と近畿の大王としての「舒明」を夫婦として記述している。要するに二人とも盗り込んでしまったのである。『紀』は九州王朝を消し去るため、斉明だけではなく夫の舒明をも盗用した。

それ故に、中皇命＝舒明（田村皇子）を近畿の息長足日広額尊に、斉明（宝皇女）を近畿の皇極（天豊財重日足姫命）に合体させたのである（斉明の「宝」と皇極の「財」との合体の論証などは『古田史学会報』一三二号で詳述）。

これにより、『紀』は後世の漢風諡号とされた近畿の舒明・斉明天皇として、九州王朝の天子名をそのまま盗用し、はめ込んでしまったと考える。

従って、前掲「万葉三番歌」の古田氏の解釈で「我大王が近畿の舒明天皇である」とされていたのは、私の見解とは違ったのである。

それでは、「我大王」とは一体誰であろうか。断定はできないが、彼こそは天子・舒明と合体させられた近畿天皇家の大王「息長足日広額尊」ではなかろうか。

結論として、「万葉三番歌」の登場人物は、「中皇命＝舒明、我大王＝息長足日広額尊」という構図であった。なお、舒明の読みは斉明「さいみょう」と同じく、中国南朝音で舒明「じょみょう」であったかも知れない。

四、伊予における舒明の足跡―「温湯宮」

まず、通説の「温湯宮」の舞台は道後であるが遺構や伝承も何も無い。一方、越智国朝倉（今治市）の無量寺に伝わる『無量寺由来』[1]所収の「聖帝山十方寺（実報寺）由来之事」に、舒明天皇が桑村郡金谷村（庄内村実報寺―後・三芳村）に暫く逗留したとあり、この近くの「国山の湯」（現在の本谷温泉の奥）また楠窪之湯（鈍川温泉峡の近く）で湯治したとも記されていた。なお、「伊予三湯」の道後温泉でも湯治したと記されているが、この当時道後の名前はまだないので（命名は奈良時代中期以降）、「伊予三湯」の観点から後付けされたものと思われる。

また、楠窪之湯の近くに舒明天皇の御休息所跡として「象耕庵（ぞうこうあん）」も遺存している（天保年間に現在地へ移転、現建物は昭和四十年代建築[2]）。なお、実報寺は舒明天皇の直願寺。従って、ここに「温湯宮」が在った可能性が大である。

私が「越智国」について研究する切っ掛けとなったのは、『日本書紀』

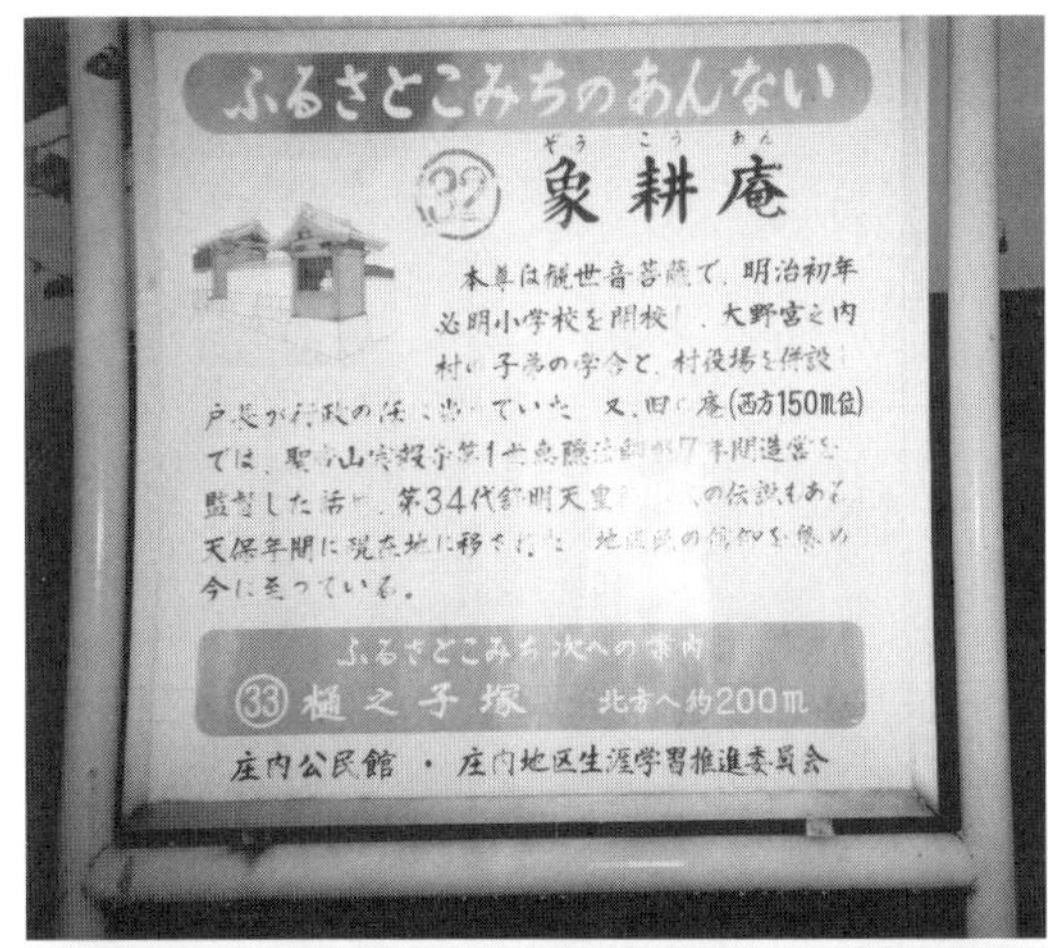

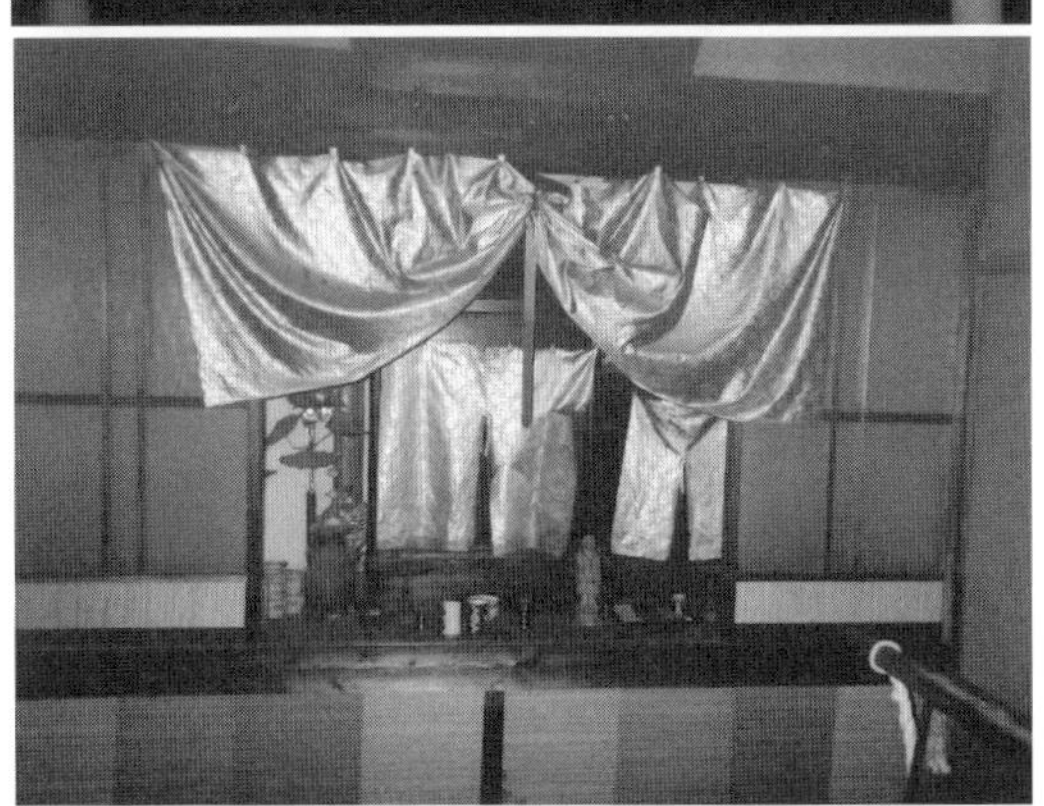

上　象耕庵の案内板　　　下　象耕庵内部

にある舒明天皇・斉明天皇の伊予国行幸記事であり、それも長期滞在して行宮を各所に築いていることに、何か引っかかるものを感じたことに始まる。

何故ならば、この書は言うまでもなく〝勝者の歴史書〟であるので、伊予での行幸記事は随所に散見する九州王朝や中国の史書から盗用して造作・改作しものと同じに考えられたからである。

それは、当時の日本列島の主権者は九州王朝・倭国であり、近畿天皇家はその支配下にあったということ、それと同じく『紀』での舒明・斉明両天皇が伊予で滞在した場所は越智国・宇摩国であり、ここも九州王朝の支配下の国であったことからの疑念である。

つまり、近畿天皇家の王国と越智国（旧朝倉村中心で現西条市一帯・新居浜市の国領川左岸まで・越智郡島嶼部を含む旧今治市全域）は規模の違いこそあれ、〝個別独立に存在〟していた〝同格〟の国であった。それなのに、他人の王国に「舒明」は約五ヵ月（『紀』舒明十一年〈六三九〉十二月～舒明十二年〈六四〇〉四月まで）、斉明は最低三回以上の来予で都合数年に亘り滞在して（『紀』及び郷土に遺る史書・遺構などから推して）、各所に「行宮」を築いていたのである。

そして、斉明の越智国行宮伝承地は、『紀』に記されている「橘広庭宮（たちばなひろにわのみや）（古地名は斉明（さいみょう）・現地名は才明）・木ノ丸殿（このまるでん）・石湯（いわゆ）行宮・矢矧神社・御所神社」などがあり、それに「伝・斉明天皇陵」まであった。

更に驚くことに広大な面積の「紫宸殿」（七四，八〇〇平方メートル）及び隣接して「天皇」地名（八一，〇〇〇平方メートル）まである③。

また、斉明の宇摩国（越智国の隣国、現在の四国中央市）の行宮伝承地が、『日本書紀』にある「娜大津の長津宮」④であることを論じて来た。

これら、右の伊予における舒明・斉明の足跡に関しては、近畿の天皇家の所業では〝絶対〟と言っていいほどあり得ない。そうなると、越智国や宇摩国の上国である九州王朝の天子ならば可能である、と考えた（以上のことは拙書『新説 伊予の古代』、『古代に真実を求めて』第十三・十四・十六・十七・十八集、『松前史談』、『東予史談』、『西條史談』などで論述）。

注

①『無量寺由来』 朝倉にある無量寺に伝わる『両足山安養院無量寺由来』の略　舒明・斉明天皇の記載有り　長沢天皇・長坂天皇・朝倉天皇の記載もある
②「古田史学の会・四国幹事」の今井久氏にご教示を得た
③今井久氏調査
④四国中央市津根にある村山神社

結語

『万葉集』の「中皇命」の歌から着想を得て、九州王朝の「天子・中皇命」と「舒明」について論述した。〝謎多き・異色の天子〞である「中皇命」の人物像に迫ってみたが、そこにこれまた〝謎多き〞「舒明」という人物が私の脳裏に〝重ね合わさって〞登場したのである。

しかし、「舒明」の名に「九州王朝の天子」としての直接的確かな証拠があるのか、例えば越智国には地名に厳然として遺っていた「斉明」のように。それ故に、「舒明」は越智国に数多くの足跡はあっても地名もなく全て状況証拠ではないのか、と見られる向きもあろう。しかし、仮にそうであっても、「舒明」のこの地における直接証拠を思わせる足跡の多さと、縷々論述してきた『紀』「斉明天皇紀」に九州王朝を〝なかった〞ことにするための〞苦肉の造作〞の記述を見た時、斉明の夫として同書に記述されていた舒明もまた、斉明と同じく〝盗作・改作・造作〟されたものと見なさざるを得なかったのである。

ところで、本稿の「中皇命＝舒明論」は私が初めてではないかと思っているが、混迷の時代の〝真実の解明〟の一助になればとの願いを込めてここに提起した次第である。

また思うに、これまで古田氏や私が論述してきた「九州王朝の天子・斉明論」では、何かしら片手落ちの気がしてならなかった。それは、『紀』では夫婦であるのに、その中を割き斉明だけを採り上げた形だったからである。

ここに、九州王朝の天子である中皇命＝舒明と斉明は事実夫婦であったと断じざるを得なかった。

第四編　九州王朝の天子・斉明（さいみょう）と熱田津（にぎたづ）

一、斉明は九州王朝の天子であり皇極と斉明は同一人物ではない

これについては古田武彦氏の画期的な論証がある。それは、「九州王朝終末期の史料批判―（白鳳年号を巡って）」[①]である。拙論の〝核〟となる極めて重要な論点を披瀝して戴き、それも明快に論証されていることから、少し長くなるが、提示しておきたい。

（一から六までは紙面の関係で省略）

七

（その一）日本書紀では「皇極（六四二〜六四五）」と「斉明（六五五〜六六一）」を同一人としているけれど、両者の「役割」は全く異なっている。

前者（皇極）は「天智と天武たちの母」である上、いわゆる「大化の改新（六四五）」のさいの「天皇」という〝晴れがましい〟立場である。これに対し、後者（斉明）は「狂心の渠（みぞ）」の主（ぬし）として、他に見られ

ぬ最悪の「役割」が〝振られ〟ている。

（その二） 従来のメディアの報道する飛鳥（奈良県）の溝など小さく整美なものであり、全くその〝そしり〟には当たらない（いわゆる「八角墓」も不当。十一月六日の八王子・大学セミナーで詳述）。

（その三） これに対し九州の（太宰府、筑後川流域を中心とする）神籠石群は、対敵（新羅、高句麗、隋・唐）軍事要塞として、壮大な建造物、水城や運河（筑後川沿い）も厖大な労力を費やした対敵軍事施設である。

「白村江の敗戦」のあと筑紫に追跡してきた唐軍（戦勝軍）に対して、右のような厖大な対敵軍事施設が「狂心の女王」のリードによるものとし、筑紫周辺の住民も〝迷惑していた旨の〟「責任者」としての「役割」を当てられた女王、それが「斉明天皇」なのであった。

（その四） 皇極（大和）と斉明（筑紫）この〝別人〟を「同一人物」として〝結合〟する手法は日本書紀の神功紀と同一である。そこでは「卑弥呼と壹与」という東アジア周知の「別人物」を、日本側の同一人物（神功皇后）を以て当てる、という手法が採られている。同じく「二人が一人」の〝構造〟なのである。

「九州王朝は存在しなかった」という「筑紫から大和への転換」の虚構の立場に日本書紀が立ったため、共に〝編み出され〟た苦肉の手法の一つなのであった。

八

本題に返ろう。

第一命題。「白鳳年号」のときの天子（そして天皇）は斉明天皇である（サチヤマは皇太子・摂政）。

第二命題。斉明天皇は最初「九州王朝の天子」として、白村江の戦いに臨む。敗戦のあと伊予の越智に移り、その地に紫宸殿を営む。

第三命題。唐の戦勝軍は「六六二〜七〇一」の間、三十九年の間に「六回」倭国に進駐した。書紀はこれを「天智の九年間」の中に〝まとめ〟て記した。

「屯倉(みやけ)」を「安閑」の周辺に集中し「詔勅」を「大化（孝徳天皇）の周辺に集中して記した手法と同一である。「同一事項」を〝まとめ〟て書く「事典(ことてん)」の手法だ。

唐軍の筑紫侵入の最後は〝七〇一〟直前の時期である（筑後風土記の古老の評言問題がしめす）。

第四命題。伊予の水軍は九州王朝の側に立って闘ったことが知られている。伊予の国越智郡の直(あたえ)の数奇な流人漂流譚は日本霊異記等にも伝えられている

（古田『壬申大乱』において、依拠史料と共に詳報した。木村賢司さんの報告と共に、第九章　越を恋うる孀(つま)の歌二七七〜二九三ページ）。

その要点は左の三点だ。

① 伊予は九州王朝の拠点とされていた。

② 伊予は「白村江の敗戦」後も唐軍や九州王朝との間に複雑な関係を持続していたようである。

③ その間において、著明の「事件」があった。先述の越智の直の「越における捕囚譚」である。「斉明七年（六六一）から天智三年（六七〇）の間、十年にわたる捕囚生活を「越の国」において過ごしたという。これは「白鳳元年（六六一）から白鳳十年（六七〇）」すなわち「斉明天皇」の治世の只中に当たっている。

④ その時期前後に伊予の国における「斉明の滞在期」があった。

そのため、伊予の国（愛媛県）に「斉明(さいみよう)」とか「朝倉天皇」などの一見〝不可解〟「地名」や「人名」が遺存している。その歴史上の『秘密』はここにあったのではなかろうか。

第五命題。書紀における「斉明天皇の在位年代」は当然ながら信用できない（新庄命題・『壬申大乱』第一章まぼろしの吉野　第五節参照）。

第六命題。相対する著明の三史料がある（いずれも続日本紀・国史大系本による）。

A　慶雲四年（七〇七）七月、山沢に亡命して軍器を挟蔵し、百日まで首せずんば罪に復すること初めの

如くす（元明天皇）。

B　和銅元年（七〇八）正月、山沢に亡命して禁書を挟蔵し、百日まで首せずんば罪に復すること初めの如くす（元明天皇）。

C　養老元年（七一七）十一月、山沢に亡命して兵器を挟蔵し、百日まで首せずんば罪に復すること初めの如くす（元明天皇）。

右の「禁書」は、当然「九州王朝を正統とする立場の書物」であろう（従来の通説では卜占の類の迷信的書籍、佐伯有清氏等）。

この「山沢」とは、「伊予」「信州」（松本、穂高近辺）、あるいは「阿蘇山周辺」等の各地であろう。それらの地には「紫宸殿」（伊予）、「八面大王・曲水の宴」（信州）、あるいは「井一族」（阿蘇山）、また「九州年号」などそれぞれの九州王朝の「残映」が存在していたのではなかろうか。

「七〇一」はそれが「近畿天皇家中心」へと公然と「移転」した「一線」だ。

公式の一大変動、その「画期」をなすもの、それが他ならぬ「評から郡へ」の一大転換であった。

（以下九〜十は略す）

素晴らしい論理展開であるので、これ以上のコメントは必要ないであろう。第二編の越智国の遺跡でも述べたが、次に述べる天子・斉明の越智国に遺る足跡が、その動かぬ「実証」である。それでは、それを見てみよう。

注

① 「九州王朝終末期の史料批判―（白鳳年号を巡って）」古田武彦論稿『古代に真実を求めて』第十五集所収　二〇一二年三月　古田史学論集　明石書店

二、天子・斉明の越智国における足跡

越智国内に天子・斉明に関する遺構や伝承は数多くある。前述のように、斉明の行宮伝承地が越智国内で五ヵ所あり、中でも朝倉（現今治市）の太之原（おおのはら）（旧名・皇之原（おおのはら））字（あざ）・才明（さいみょう）（旧名は斉明（さいみょう）、明治初年に替わったか）には「橘ノ広庭宮」跡（伏原正八幡神社鎮座）、行司原に「木ノ丸殿（このまるでん）」跡、朝倉北にある「矢矧神社」、更に朝倉の隣の西条には「熟田津石湯行宮」跡があり、古川には御所神社」もある。また、越智国の隣の宇摩国（現四国中央市）には「長津宮」跡（村山神社）まである。

これらの内、「橘ノ広庭宮」・「熟田津石湯行宮」・「長津宮」は『紀』「斉明紀」の最晩年に登場する行宮名であり、通説は九州博多湾岸・朝倉であったが、真実は越智国・宇摩国であったのである。そして字「斉明」には「伝・斉明天皇陵」まである[①]。

このほか「天皇(王)」の名の付く地名や名称が三〇ヵ所確認されている。右記明理川の天皇地名のほかに「中河天皇」（須賀神社の往古の呼称―旧・東予市）、「天皇塚」（旧・東予市北条）、「垂水天皇」（喜多留水神社の往古の

呼称―旧・丹原町来見)、「古田天皇」(貴布祢神社の往古の呼称―旧・丹原町古田)、「小松南川天王」(天王社の往古の呼称―旧・小松町の丸岡古墳の傍らにあったが現在消滅、この地の人達の組織「天王組」がある)、天皇社(往古「天皇村」と言われていた地にある丸山古墳上にあった〈『小松邑誌』〉現在は南川高鴨神社に遷座―旧・小松町)、「朝倉天皇」(須賀神社の往古の呼称―旧朝倉村野田)、「天皇橋」(旧・朝倉村野田)、「天皇宮」(野間神社の別名―今治市野間)、「天皇」(樟本神社の鎮座地の地名―今治市八町)がある。

また、『無量寺文書』(無量寺所蔵―旧・朝倉村)に、旧・周桑郡の川之内国山湯(現・本谷温泉の辺り、朝倉に隣接している)に、斉明天皇が入湯し近くの柳ノ本に宿泊、その後ここに宮が建立され(小社現存)その宮を柳ヵ内天皇と称した、とある。更に同書に、斉明天皇に関連して「長坂天皇」「長沢天皇」「朝倉天皇」などの天皇名が出来する。

『旧故口伝略記』(橘新宮神社所蔵―西条市)にも斉明天皇と思われる「橘天王」が出現している。

これ以外は「須佐之男命」を祀る「午頭天王」社が十九ヵ所である[②]。

そして後述するが『大安寺伽藍縁起並流記資財帳』(奈良市)には、『紀』の記述に関連して斉明天皇のこととされている「袁智天皇」が現れる。

このように数多の不思議な天皇(王)名が出現する越智国は、伊予国内では他に類例を見ないし(但し、前述の宇摩国には若干あり)、全国的にも特異ではないだろうか。

なお、前掲『無量寺由来』に〝謎の文言〟「朝倉天皇と長沢天皇の祭礼は斉明天皇を崇めこの両社を〝故有って〟牛頭天皇と号す」とあることから、十九ヵ所の牛頭天皇地名を検証することにより、斉明天皇関連地名がもっと増える可能性が大である。

また、後述する「越智国・宇摩国に遺る九州年号」で詳述するが、この地の神社・仏閣には斉明に関わる九州年号の「白雉・白鳳」がやたらに多いこともその証左である。

そして、最近明らかとなった越智国明理川（あかりがわ）に「紫宸殿（ししんでん）」地名（現地積七四、八〇〇平方メートル）と、隣接して「天皇」地名（現地積八一、〇〇〇平方メートル）があった。[③]

これについて古田氏は、「斉明天皇は九州王朝の天子でその年号は白鳳」、そして「白村江の戦い」での敗戦後首都・太宰府を追われ、ここ越智国明理川に「紫宸殿」を造営したと述べておられる。

すなわち、天子・斉明はこの地を「倭国の首都」にしたのではないのか。その後、隣国にある長津宮（宇摩国）からの帰途、朝倉の「橘ノ広庭宮」で崩御し「伝・斉明天皇陵」に埋葬された、と。

因みに、松山平野には斉明天皇の遺構は全く無いが、江戸時代に「オラが古里」から来る想いで語られたものはある。[④] なお、近年発掘された「久米評衙遺跡」（「久米評」の木簡出土）を比定する人もいる。

注

① 合田洋一論稿『「越智国の実像」考察の新展開』『娜大津の長津宮考』（『古代に真実を求めて』第十三集　明石書店）

② 今井久氏論稿『午頭天皇（王）社と天皇（王）地名について』

③ 今井久（古田史学の会・四国幹事）の調査による。

④『予陽郡郷俚諺集』（奥平貞虎編　宝永七年〈一七一〇〉）、『伊予古蹟志』（野田長裕編　文政年間〈一八一八～一八二九〉）『伊予旧記　神祇部』（明応三年〈一四九四〉　四条隆量編纂　所収で「大日本南海道伊予国神社祭神録」は明治時代の得能通義の偽書とされている）、他に『二名洲大鑑』など。

三、「熟田津石湯行宮（にぎたづいわゆのかりみや）」の比定地

それでは「熟田津石湯行宮」は一体何処に在ったのかを見ていきたい。

ここで論述するのは『紀』斉明紀の「熟田津石湯行宮」と前述の『万葉集』の山部赤人の「伊予之高嶺」を詠った飽（熟）田津のことであり、『万葉集』八番歌の額田王が詠ったとされる熟田津については次項で述べるがこれは「熟田津多元説」で別の場所と考えている。

従来の熟田津説は、主に松山平野の各所を比定していた。

ところで、西条の「橘新宮神社」にあるご神像の内部及び『旧故口伝略記』[1]に〝熟田津は西田なり〟とある。但し、同じ西条の保国寺に伝わる『萬年山保国禅寺歴代畧記』（保国寺縁起[2]）には「熟田津は橘島」（氷見・石岡神社の鎮座地）とある。それに、朝倉の岡家に伝わる『岡文書』の『伊予不動大系図巻』[3]には「石湯行宮の地は新居郡なり」とある。その比定地とされる所は具体的に西田・橘島の二ヵ所あるが、この両方とも西条市内の目と鼻の先である。このうち『保国寺縁起』については、古来より指摘されていることであるが、作者の誤解による記述の間違いが多く、信憑性に欠ける面があるという。私は、比定地として今のところご神像の文字を重視したい。そこに記された所は西田である。つまり、石湯八幡宮（現在は移転して橘新宮神社の境内にある）が在った所は現在の安知生（あんじゅう）（旧・西田村）の地に、「熟田津石湯行宮」が在ったということになる。松山平野には「にぎたづ」の確かな地名遺存はないが、ここにはあったのである。

なお、ご神像の制作年代が特定できれば、熟田津西条説の論証も強固なものとなるであろう。

次に石湯であるが、前出の今井久氏は「熟田津石湯行宮」の石湯は、この地方に数多く見られる〝石風呂〟であるという。そこで、この石風呂説を検証してみたい。氏の論証の概略は次のようである。[④]

橘新宮神社の『旧故口伝略記』に「橘天王石湯を造り」とあることから、自然の温泉ではなく、切石を積み上げて造った人工の湯であること。

『日本書紀』では、「舒明紀」にあるごとく温泉は「温湯または湯」と記されており、この「斉明紀」のみ「石湯」とあるので、これは通常の温泉とは思いがたいこと。この辺りの桜井・河原津・船屋・磯浦には石風呂があって、石風呂文化圏であったこと。

などである。そして、「石風呂」について、今井氏がご教示を受けた真鍋達夫氏[⑤]の解説は解りやすいので次に掲げる。

海岸淵の自然の洞穴や岩崖に穴を掘り、石を積み上げて石窟を造る。幅一メートル程度の出入り口を設け、濡れ筵を戸口にかける。その中で羊歯や柴木を燃やして室内を高温にし、濡れ筵を敷きその上に人は座って汗をかく。汗をかいたら海水に浸かりそれを繰り返す。要は原始的なサウナ健康法である。近年今治市の桜井海岸に復活したが、現在は休業している。

思うに『旧故口伝略記』に出現する〝橘天王〟とは、『紀』で「橘広庭宮」を構えたとされる斉明天皇の可能性が極めて大である。これにより斉明天皇来湯の有力な根拠となろう。

私は石湯とは岩の間から流れ出る温泉をイメージしていたのであるが、今井氏の石湯すなわち「石風呂説」は大変おもしろく説得力がある。私もこれに賛同する。なお、「石風呂」がその当時からそう言われていたのかは不明である。

以上から、「熟田津石湯行宮」は、西条の郷土の史料に遺り、先学の郷土史家[⑥]が論述している石湯八幡宮が在った所、すなわち西条市安知生（旧・西田村）に在ったと考えたい。

注

①『旧故口伝略記』 橘新宮神社口伝書　神主高橋出雲守　享保十二年の口述　現存は明治写本　高橋重美氏蔵

②『萬年山保国禅寺歴代畧記』（略して保国寺縁起）保国寺五十三世淵九峰叟著　享保十六年

③『伊予不動大系図巻』（『岡文書』）文明年間（一四八〇年頃）～明治初年までの記録。岡氏は平安時代より朝倉・行司原に舘して、南北朝時代は笠松山行司原城主、豊臣時代に帰農　『朝倉村誌』に収録　また一部は矢矧神社にある

④今井久氏論稿『熟田津村と石湯の実態とその真実』（『東予史談』第十七号所収　平成二十六年）先学の久門政雄氏『言葉の自然』、久門範政氏『西条市誌』、明比学氏『西条の歴史探訪』でも同様のことを述べている。

⑤真鍋達夫氏は西条市文化財保護審議会委員　「東予史談会」副会長

⑥『伊豫の高嶺　熟田津石湯行宮』　真鍋充親著　昭和四十四年八月　新潮堂書店

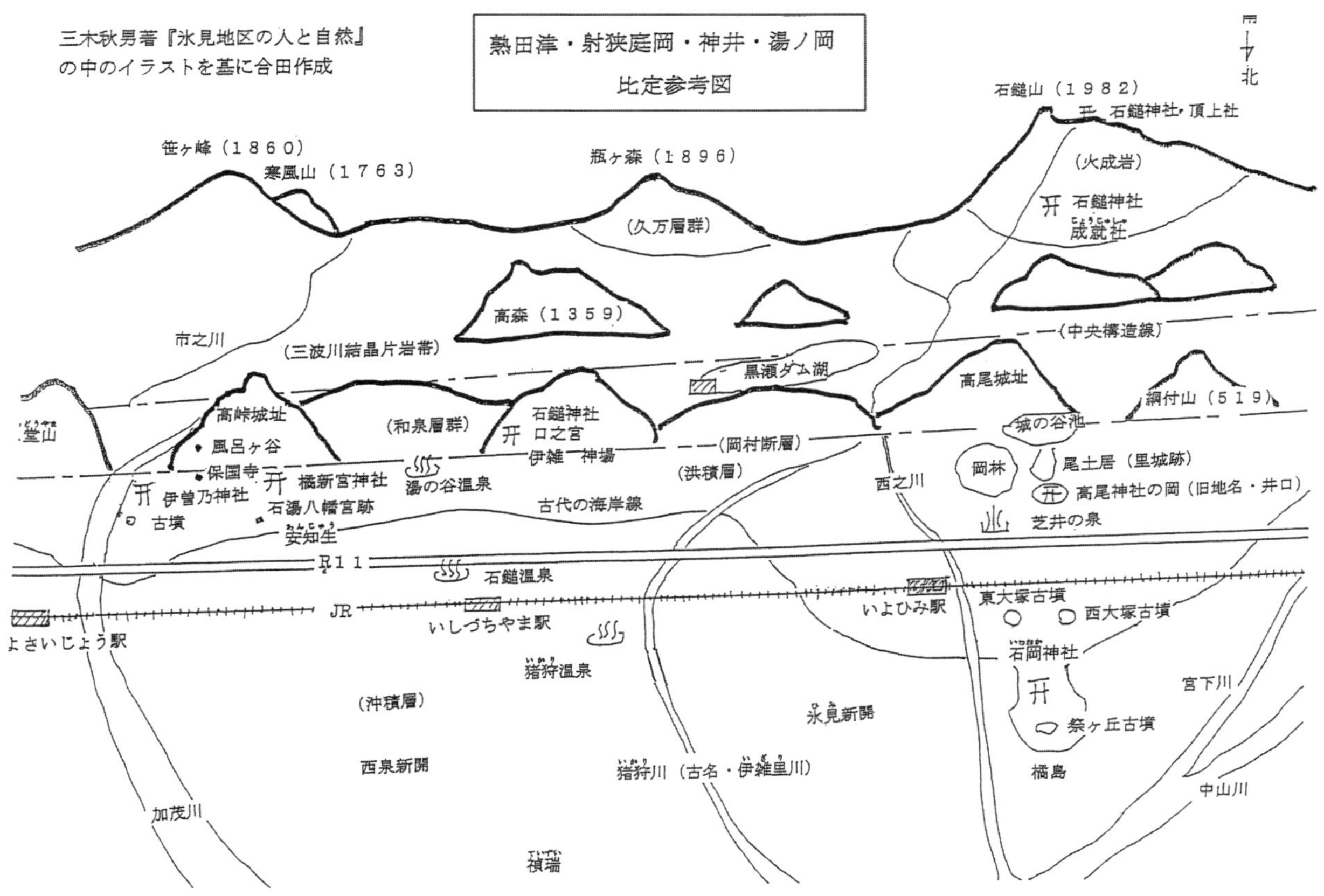
三木秋男著『氷見地区の人と自然』
の中のイラストを基に合田作成
熟田津・射狭庭岡・神井・湯ノ岡
比定参考図
北
石鎚山（1982）
石鎚神社・頂上社
笹ヶ峰（1860）
寒風山（1763）
瓶ヶ森（1896）
（火成岩）
石鎚神社
成就社
（久万層群）
高森（1359）
市之川
（三波川結晶片岩帯）
（中央構造線）
黒瀬ダム湖
高尾城址
綱付山（519）
高峠城址
（和泉層群）
石鎚神社
口之宮
伊雑　神場
（岡村断層）
城の谷池
堂山
風呂ヶ谷
保国寺
橘新宮神社
湯の谷温泉
（洪積層）
西之川
岡林
尾土居（里城跡）
高尾神社の岡（旧地名・井口）
伊曽乃神社
石湯八幡宮跡
古代の海岸線
古墳
安知生
芝井の泉
R11
石鎚温泉
JR
東大塚古墳
西大塚古墳
よさいじょう駅
いしづちやま駅
いよひみ駅
岩岡神社
猪狩温泉
宮下川
（沖積層）
氷見新開
祭ヶ丘古墳
西泉新開
猪狩川（古名・伊雑皇川）
橘島
中山川
加茂川
禎瑞

石湯八幡宮旧跡
現在州之内の橘新宮神社に遷宮している石湯八幡宮の旧跡
である。熟田津の伝説の地とされている

伝・熟田津行宮跡、石湯八幡宮跡

橘新宮神社所有「御神像」 藤沢徹氏撮影

橘新宮神社

同境内社・石湯八幡宮

四、「万葉八番歌」の熟田津

古今、「熟田津」研究の郷土史家の先達は、『日本書紀』斉明紀七年の「伊予熟田津の石湯の仮宮に泊る」の記事と、額田王（ぬかたのおおきみ）または斉明天皇の歌ともいわれる「万葉八番歌」を、同じ土俵で扱って来た。つまり、同じ場所で生まれたものと解釈して論じてきたのである。その結果、あちこちに矛盾を生み、こちらを立てればあちらが立たずとなり、それに「おらが古里」の「郷土愛のしばり」に遭って、その比定地も論証の帰結を見ないでいた。

さて、拙論は当初の『聖徳太子の虚像』の上梓の折には、まだ研究不足で「熟田津」は伊予に地名遺存はない、と記した。しかし、その後の調査・研究で、縷々論述してきたように伝承のある西条の西田を比定した。先述のように、ここは古代伊予国随一の強国「越智国」の中にあって、数多の「斉明天皇伝承の地」であり、近くに「石湯行宮跡」もあり、熟田津があっても不思議のない土地であった。少なくとも、地名遺存や伝承・遺構も全くない松山（道後）平野とは違うのである。

そこで、『日本書紀』斉明紀七年の「熟田津」は越智国（西条市西田）にあったとして，ここでは「万葉八番歌」の熟田津について述べることにしたい。

従来説として、「白村江の戦い」に参戦する途次、斉明天皇と一緒に道後に来湯したとされていたのが「額田王」である。その時、詠ったのが万葉八番歌とされている。

「熟田津に　舟乗りせむと　月待てば　潮もかなひぬ　今は漕ぎ出でな」


良く知られた歌である。但し、斉明天皇の御歌という説もある。

松山には「にぎたつの道」「にぎたつ会館」「仁喜多津」（酒名）などがあり、「聖徳太子道後来湯説」同様、松山市とは切っても切れない関係、正に歴史伝承の双璧として、人口に膾炙している。

郷土史家は言うに及ばず通説論者は、『紀』斉明紀七年、

「正月六日難波を出航し、十四日伊予熟田津の石湯の仮宮に泊る。」


とあるので、額田王が斉明天皇に同行して、伊予熟田津で詠ったと言っているのである。『紀』至上主義を採るならば、この記事から、伊予での熟田津探しは当然のことになるであろう。

しかしながら、道後平野には熟田津の地名遺存がなく、歌の情景がこの地に相応しくないということから、これらに疑問を持つ人たちの間で、この歌が額田王の歌であるのか否か、そして、この「万葉八番歌」の「熟田津」は伊予にあったのか否か、長年その論議・論争が盛んであった。

そうした中、故・力石巌氏（元古田史学の会・九州代表）は「万葉八番歌」①で、

『万葉集』に額田王の歌として、長歌三首・短歌十首の計十三首があるとされてきた。しかし、短歌のうち、この八番歌を含む四首（集七・集八・集九・集十八）は、歌の趣が違う。女の歌ばかりでなく男の歌もある。

額田王の歌ではない。

と詳しく論証しており、正に卓見として承った。

この八番歌を、額田王の歌だとしたのが、百年以上も後の『万葉集』の選者大伴家持とされている。

従来、前述しているが、熟田津の比定地として郷土史家は古三津・和氣・堀江・吉原・御幸寺山・南斉院（みなみさや）・小野川河口の松山市内、それに北条市・今治市桜井などを挙げてきた。そのような中にあって、これら多くの説を集大成した武智雅一著『熟田津乃歌私考』[2]は、熟田津研究にあたっての道標を与えてくれる、素晴らしい書であることを付言しておきたい。

しかしながら、松山説への疑問を呈している人たちは、熟田津の地名は松山市には見当たらないこと、瀬戸内海は干満の差があまりなく、二万七千人もの兵を運ぶ軍船を停泊させる港がないこと、朝鮮半島（白村江）に対する兵站基地・出動拠点としては地理的な面で無理があること、これらの理由からその地が松山ではない、と言う。

ところで近年、松山説を否定し、この論争に終止符を打つかのような二つの論文が発表された。

その一。故・下山昌孝氏（元「多元的古代」研究会・関東の副会長）は、『「にきたつ」考』[3]で詳しく論証し、結論として「その地は、有明海にそそぐ筑後川河口、吉野ヶ里に近い佐賀県諸富（もろとみ）町、旧・新北（にきた）村、現在の寺井津であり」、またその歌の作者は「額田王（ぬかたのおお）という船団の長官（男）である」と述べている（これについては後で触れる）。

確かに「今は漕ぎ出でな」は、命令口調の勇ましい男の歌に思われる。「潮もかなひぬ」は、「潮位」と見るか「潮流」と見るかで解釈が違ってくるが、中島久喜氏（愛媛県東温市、当時・古田史学の会員）の指摘に従えば、「大和から来て潮の状況など解るはずはない。土地の者でなければ解らない情景」である。

古田氏はその著書『人麿の運命』[4]の中で、中小路駿逸氏（元・追手門学院大学教授、愛媛大学教授）の見解[5]として、「万葉の中には、九州と瀬戸内海の人が作った歌がない」と記して、およそ次のように述べている。

> 瀬戸内海を舞台にした、数々の名歌はある。しかしそれらは、「瀬戸内海で」作られたものであっても、「瀬戸内海の人」が作った歌ではない。九州の場合も同様、それらはほとんど、近畿や東国、つまり中部地方や関東地方の人が「九州へ行って」そこで作った歌だ。少なくとも「九州の人の作」として、明記された歌はないであろう。これは変だ。では、瀬戸内海や九州の人は、歌が嫌いで、歌を作る趣味がなかったのだろうか。—考えられない。
>
> 従来の万葉学者は語らなかった。「万葉集には、こんな不可解なことがある」と中小路さんは指摘した。この一大欠落は、何によるのか。何のせいか。これは、従来の「近畿中心」、「天皇家一元」の史観からは、結局解くことは出来ないのである。

付言しておくが、古田氏はその後、『万葉集』の中には「九州太宰府関係の作者の歌が少しは認められる」と述べておられる。

これらの意味することは、『万葉集』においても九州王朝の制度の「評」を近畿（大和）王朝の制度である「郡」（七〇一年「大宝律令」により施行）に書き替えており、熟田津の歌もまた近畿（大和）朝廷に結びつけるがために、「九州」の額田王の歌を、「大和」の額田王の歌として〈書き替えた〉と、いうことも考えられるのである。

その二。右の下山説に先立ち、熟田津を福岡県鞍手郡鞍手町新北（新分）に比定する福永晋三・伸子共著『万葉集の奇跡Ⅱ』⑥がある。

それは、古代の北九州にあっては、遠賀川流域が湾をなして鞍手町辺りまで海が入り込んでいたと考えられることなどを種々論証した上、結論としてこの地が「熟田津」であったとするものである。

しかも最近になって、この地に「伊予の地名」があり、また「伊予の石湯」があった可能性があるとさえ述べている。

このことに関して、福永氏に直に電話で伺ったところ、氏の論稿『伊豫の石湯探し』⑦を送って下さった。それによると、「鞍手町に〈小牧イヨ谷遺跡〉があり、大正時代の地図に小字として〈伊予〉が認められ、また宮田町の千石峡の景観が『伊予国風土記』逸文の〈温湯碑〉の描写に良く似ていることから、この辺りの冷泉が〈伊予の石湯〉であった可能性がある」、とのことであった。

確かに、鞍手郡辺りは贄田物部氏の発祥の地との説もあり、伊予国内風早国に贄田物部氏が入っており、この鞍手郡の「伊予」が古代にまで遡ることができれば、「伊予国」命名とも関連が出てくる大きなテーマとなる。そして、「温湯碑」そのものが伊予国には存在せず、「上宮法王多利思北孤」も来湯していなかったことになる。

しかし、これに関しては「温湯碑」が『伊予国風土記』に記録されていること自体を、検証しなければならないであろう。

私が鞍手町歴史民族資料館（高倉富恵氏調査）に確認したところ、

「小牧イヨ谷遺跡」は平安時代の火葬墓遺跡であり、「イヨ谷」の地名は『明治前期全国村名小字調査書』⑧

に小字（こあざ）として「イヨ谷」があり、『剣村誌（つるぎ）』[9]地名考（昭和三年剣村編纂）に小字として「伊豫谷」があるが、これについては同村誌に、「小牧―後鳥羽帝の御代建久年間（一一九〇〜一一九八、筆者注）中山と小牧の境に伊豫と云ふ武士、牧場を開いて馬を牧せしより自ら小牧の名を稱ふるに至つた事を村内古書に傳へられて居る」。「伊豫谷―中山と小牧の境にある古書には廣さ東西一町南北三町位の地を伊豫谷と稱し往昔伊豫と云ふ士、馬を牧せし地にして、この牧地より南方谷を隔て三畝歩余の平地あり伊豫屋敷と云ふ云云」

とある。

以上のことから鞍手町の「伊予」は、検証を古代に遡ることなく、後世の人物に由来した地名であったので、福永説はその根拠を欠いている。しかも「温湯碑」が記録されている『伊予国風土記』そのものの存在を否定することになり、そこに無理があることも明記しておきたい。

また、福永説に対して、古賀達也氏が『熟田津論争によせて』[10]において、「鞍手郡の海岸線の検証などにより、古・遠賀湾は存在し得なかったと思われることなどから、鞍手郡説は無理がある」と述べている。

右の二人の説に立ち返って、この万葉八番歌の「熟田津」の比定地及び歌の作者について、下山氏や力石氏の佐賀県諸富町、旧・新北（にきた）村説、および両氏を支持する人たちの説をまとめてみたい。

イ、道後平野には熟田津の地名遺存がない。それに対して、新北は古くは「ニキタ」であり、奈良時代にはこの地名は既にあった。新北神社あり（下山説。但し、前述しているが、西条に伝承地があった）。

ロ、島の多い瀬戸内海で、夜に船を出す危険性。拙論の斉明の熟田津比定地は越智国であるが、ここから歌の通り〝月を待っての出航〟となると、多島海で潮流が激しく所々に渦が巻いているため、当時船団での夜の航行は無理と思われるからである。

ハ、「潮もかなひぬ」は潮位と見るか潮流と見るかの議論はあるが、潮位で見た場合瀬戸内海は干満の差が少ない（有明海は干満の差六〜七メートルで世界三位、ちなみに世界一は英国のリヴァプール、二位が韓国の仁川）。

ニ、潮の状況は土地の者でなければ解らない。

ホ、山部赤人の歌「ももしきの大宮人の飽田津に船乗りしけむ年のしらなく」とあるが、「昔の人が飽田津で船乗りしたということだが、何時頃のことなのか（その場所も）良く解らなくなっている」の意と解し、伊予では七〜八〇年前のことも解らなくなっているということなので、この熟田津は伊予とは関係ないことではなかったか（下山説）。

ヘ、「万葉八番歌」は力強い男の歌で、九州王朝の一員・船団の司令官額田王の歌である、額田の地名は博多湾岸（現在の福岡市西区野方）にあった（下山説）。

ト、「王」を「おうきみ」と読むのに無理がある（古田武彦説）。

チ、吉野ヶ里は九州王朝の軍都（古田説）、その下流にある新北は軍港であった（古賀達也説）。

リ、博多湾岸（太宰府）に外国使節が逗留していた鴻臚館（こうろかん）があるので、軍事機密上博多を軍船の終結地とすることを避けた（古田説）。

ヌ、朝鮮半島に船出をするには、北九州沿岸部からは逆流であり、有明海からの船出は潮の流れが順流であるので容易となる（古田説）。

以上概略を示した。筆者の見解として、当時の瀬戸内海で夜間に多数の船を出す多島海の危険性を重要視すると、これらの説に賛同せざるを得ないのである。そのようなことから「万葉八番歌」の比定地は通説の

「伊予熟田津説」ではなく、有明海の諸富町「新北説」を支持したい。

そして、この歌の作者は少なくとも女性の「額田王」や「斉明天皇」ではない。

なお、前述の通り『紀』斉明紀の「熟田津」と山部赤人が詠う「飽田津」の比定地は、「伊予西条説」が最も相応しいと考えている。

注

①『新・古代学　古田武彦とともに』第七集所載　多元的古代研究会　二〇〇四年一月　新泉社
②『熟田津乃歌私考』　武智雅一著　昭和五十二年二月
③①に同じ
④『人麿の運命』　古田武彦著　一九九四年三月　原書房
⑤『日本文学の構図―和歌と海と宮殿と―』　中小路駿逸著　昭和五十八年六月　桜楓社
⑥『新・古代学　古田武彦とともに』　第六集所載　多元的古代研究会　二〇〇二年七月新泉社
⑦高見大地・福永晋三共著　『古代史最前線』所載　二〇〇四年四月号
⑧明治前期全国村名小字調査書』第四巻に収録されている　ゆまに書房
⑨『剣村誌』地名考　昭和三年剣村編纂
⑩①に同じ

五、袁智天皇とは

『紀』孝徳紀白雉元年十月条に、

是月、始造丈六繍像・侠侍・八部等卅六像。

（是の月に、始めて丈六の繍像・侠侍・八部等の卅六像を造る。）

とあり、この注に次のようにあった（「岩波文庫本より」棒線筆者）。

天平十九年大安寺資財帳に、「合繍仏像参帳〈一帳高二丈二尺七寸、広二丈二尺四寸、二帳並高各二丈、広一丈八尺〉」とあり、そのうち、はじめの一帳について「一帳、像具脇侍菩薩八部等卅六像、右、袁智（斉明）天皇、坐難波宮而、庚戌年（白雉元年）冬十月、始、辛亥年（同二年）春三月造畢、即請者」とある。本文これと合致する。

「岩波注」では、『紀』孝徳紀白雉元年の記事と『大安寺伽藍縁起並流記資財帳』①（略して「資財帳」という）にある丈六繍像の記事は一致しており、また「後岡基宮」（斉明天皇）がこの寺の創立に関わっていることから、「資財帳」に出現する袁智天皇は斉明天皇のこと、としているようである。

この袁智は「オチ」と読むのであろうか。『紀』天智紀七年二月条に蘇我山田石川麻呂の女・遠智娘が出ている。また、私は大山祇神社にある『三島宮御鎮座本縁』に出てくる「遠土宮」を「オチノミヤ」と読むことを論じているが、岩波でもこの「袁」は辶がなくとも「遠」と同じとしている。斉明天皇は飛鳥の「小市岡（おちのおか）」に葬られたという説もあることから、袁智天皇と言われたとしたのであろう。

この飛鳥の「小市岡」についておもしろい伝承がある。それは河野氏の出自といわれる一柳家（旧・伊予小松藩主）に伝わる『播州小野藩一柳家史料　由緒書』に、

老年之後、豫州ハ遠国行路遠懶カルベシ迚、大和国ニテ老休之地ヲ賜、禁衛之餘隙ニハ爰ニ行給假ノ御舘有、依レ之此所ヲ小市里ト云う也、（中略）或説ニ益躬大和之内ニテ五百町賜ル、此所ヲ越智郷ト申ト云云、或説ニハ大三嶋社巽ノ角は若宮也ト云ヘリ。

即ち（推古天皇の御宇に越智益躬が新羅の鐵人を退治したご褒美として）年老いたら伊予は遠国ゆえ行路は難儀するであろうから大和国の土地を与える。その土地を小市里あるいは越智郷という、とある。②

この記事をそのまま是認するわけではないが、これの示すところ大和の「小市（越智）」は、伊予の越智に因んで名付けられたということである。なお、越智国朝倉には「小市岡」もある（朝倉ふるさと古墳美術館の所在地）。

また、「資財帳」に「仲天皇」が出現する。これは天智天皇のことを指しているようであるが、どうも「中皇命（なかのすめらみこと）」のことが気にかかる。前編で論述した「中皇命」のことである。これについては今後の研究課題としたい。

話は変わるが、孝徳紀大化二年三月条に「朝倉君」が数カ所に出現する。これに対する「岩波注」は、

在地豪族。和名抄に、上野国那波郡朝倉郷（今、前橋市朝倉）があり、朝倉君は、上毛野公の一族か。万葉集四四〇五に上野防人朝倉益人、続紀、延暦六年十二月条に朝倉公家長が陸奥に軍粮を送るとある。

としている。

『紀』では在地豪族の王に対しても「君・公」称号を付けているようであるが、「袁智天皇」が「斉明天皇」であるならば、越智国朝倉にある『無量寺由来』に出来する「朝倉天皇」「長坂天皇」「長沢天皇」あるいは須賀神社にまつわる「中河天皇」が気になる。彼らは全て斉明天皇のことであろうか。今後の研究課題である。

注

① 『大安寺伽藍縁起並流記資財帳』『寧楽遺文』所収　竹内理三編　一九六二年九月　東京堂　古田史学の会・関西正木裕氏（現・事務局長）よりご教示を得た。

② 高橋重美氏よりご教示を得た。

六、娜大津（なのおおつ）の長津宮（ながつ）考 ― 斉明紀・天智紀の長津宮は宇摩国長津に在った

『紀』斉明紀に「娜大津の長津」があり、また天智紀に「長津宮」が出現する。そしてこれら比定地の通説は、博多湾岸にあったとされている。ところで、私は拙書『新説 伊予の古代』①を上梓後、伊予の古代を飾る越智国についての研究が更に発展をみて、「〈温湯碑〉建立の地はいずこに」②を発表したのであるが、そこでは私も右の通説を容認していた。しかしこれまでうかつにも、『釈日本紀』③に「娜大津の長津宮は伊予国宇麻郡也」の記述があって④、更に郷土史にもそこは「宇摩国津根・長津の村山神社（現・四国中央市）」であった、ということを知らなかったのである。そこで、これらを検証した結果、通説は大きな間違いであり、これにより「斉明天皇の実像」が、従来像とはかけ離れたものとなった。このことからも「斉明は九州王朝の天子」という帰結に至ったのである。わが国の古代史が根底から覆させられる要因の一つであった。

1．史料の検証

まず史料を掲げる。

（イ）『紀』斉明天皇七年（『岩波文庫』五冊本より。～線筆者）

春正月丁酉朔丙寅、御船西征、始就于海路。（中略）庚戌御船、泊于伊豫熟田津石湯行宮。熟田津、此云儞枳柁豆。三月丙申朔庚申、御船還至于娜大津。居于磐瀬行宮。天皇改此、名曰長津。

（七年の春正月の丁酉の朔丙寅に、御船西に征きて、始めて海路に就く。〈中略〉庚戌に御船、伊豫の熟田津の石湯行宮に泊つ。熟田津、此をば儞枳柁豆といふ。三月の丙申の朔庚申に、御船、還りて娜大津に至る。磐瀬行宮に居ます。天皇、此を改めて、名をば長津と曰ふ。）

（ロ）『紀』天智天皇即位前紀

七年七月（中略）皇太子遷居于長津宮。

（皇太子長津宮に遷り居します。）

（ハ）九月、皇太子御長津宮。以織冠、授於百濟王子豐璋。復以多臣蔣敷之妹妻之焉。乃遣大山下狭井連檳榔・小山下秦造田來津。率軍五千餘。衛送本鄕。於是、豐璋入國之時、福信迎來、稽首奉國朝政、皆悉委焉。

（九月に、皇太子長津宮に御す。織冠を以て、百濟の王子豐璋に授けたまふ。復多臣蔣敷の妹を妻す。乃ち大山下狭井連檳榔・小山下秦造田來津を遣して。軍五千餘を率て。本鄕に衛り送らしむ。是に、豐璋が國に入る時に、福信迎へ來、稽首みて國朝の政を奉て、皆悉に委ねたてまつる。）

以上である。これら比定地の通説は、「岩波文庫」の注釈に示されている。即ち、

『紀』岩波文庫五冊本の四―三、二三一頁

那津―博多大津の古名。和名抄に筑前国那珂郡中島郷（今、福岡市博多）。斉明七年三月条に娜大津を長津と改めたことが見えている。

また、同　四―四、三六九頁

娜大津―博多港。那津。

長津―那珂津に好字を宛てたものか。那珂津・娜大津・那津、みな同じ。

磐瀬行宮―延喜兵部式の筑前国の駅名に石瀬がある。

とあり、娜大津は那津で、長津は那珂津であり、磐瀬は石瀬であったとしている。

今に考えれば、那津がなぜ娜大津となり、また那珂津が長津になったのか、これは無理しての単なる語呂合わせとしか思えなくなったのである。

ところが、『釈日本紀』に、

（二）皇太子遷二居于長津宮一。斎明天皇紀曰。七年三月。御船還至二于娜大津一。居二于磐瀬行宮一。天皇改二此名一曰二長津一。兼方案レ之。于娜者。伊豫國宇麻郡也。長津宮者。伊豫國也。

とあって、卜部兼方は娜大津・長津宮の比定地を伊予国宇摩郡であるとしている。拙書『新説 伊予の古代』でも論じているように、兼方の古書に対する取り組みの姿勢は、数多の史料を客観的に集大成しており、その「史料性格」「史料価値」に見るべきものが多く、古代史研究にはなくてはならないものである。そのようなことから、宇摩郡に比定したのは、後述する『村山神社記』や、他の史料を検証した上でのものと類推する。

また、『日本書紀通證』⑤で谷川士清は、

（ホ）至于娜大津

娜作㆑娜恐‐誤娜當㆑訓㆒那可㆒即筑前國那珂郡神功紀引㆒儺河ノ水㆒儺亦訓㆒那可㆒宣化紀所㆑謂那津蓋同○釈日
于娜者伊豫國宇麻郡也長津宮在㆒伊豫㆒磐瀬行宮
延喜式曰筑前國驛馬石瀬五疋属㆒遠賀郡㆒

娜は那可、筑前国那珂郡、神功紀の儺河、宣化紀の那津と同じであるとしながら、『釈日本紀』の兼方の注釈をそのまま載せている。

そして、天智紀の長津宮については、

（ヘ）子長津宮

子是于之誤寫長津宮見㆒斎明七年紀㆒

谷川は、この記事は斉明紀七年にあるのでこの天智紀の記事は誤写であるとしている。

これは百済の王子・豊璋に関するものであるが、斉明紀六年十月の条は天智紀よりも克明に記述されている。そして、この時点では長津宮はまだない。また、斉明紀の記事は古田武彦氏や正木裕氏によっても明らかにされていることでもあるが、一年から数年ずれており、遡らなければならないという。従って、そのことからも谷川の注釈〝誤写〟の記述は、結果的には間違っていない。長津宮は斉明紀だけに存在し、天智紀は全くの〝はめ込み記事〟であったのだ。

2．郷土史に見る「娜大津の長津」

（イ）『萬年山保国禪寺歴代署記』

西条市の保国寺に伝わる『萬年山保国禪寺歴代署記』[6]に、南北朝時代の貞治六年（一三六七）、伊予を守る南朝方河野通直と、攻め寄せる北朝方の讃岐の細川典厩との合戦模様が克明に記されている。そこに、次の記事がある。

「越[二]關川[一]、猶相追至[二]于長津宮之邊[一]」

ここに長津宮が出現する。ここでいう関川は土居町（現・四国中央市）を流れる川であり、長津宮に比定されている津根の村山神社に近い。

（ロ）『西条誌』

次に、『西条誌』（儒学者日野暖太郎和煦遍述）[7]に

津根村―宇摩郡・津根郷・大津庄・土居組

当辺を、昔は大津の庄と言いしという。当村は、津の根本という義にて、津根と名づく、津は難波津、安濃乃津の津の如し。

村山神社（延喜式内名神大社）

当社の林、昔は八町四方に広がり、一の鳥居は、ここより二里東なる中之庄村にありしという。右等慥なるよりどころ無けれども、社家の持てる怪しげなる伝記の内より、その概略を抜き書き出すなり。当所を椿の森と称うるは、誤りにて、津の傍らにあるを以て、津脇の森なりという。又伊和世の宮ともいう。後長津の宮と、斉明帝の時、改めらるるともいう。もっとも後に村山神社と新たむ。往事悠々として、誰かその真を知らん。ただ聞こゆるを録して、後人の是正をまつ。

そして、『社伝』に記されていた『釈日本紀』の兼方の注釈を載せ、更に『紀』斉明紀七年の記事、及び『保国寺縁起』にある記事を載せた次に、

村内に皇子塚というあり。
天智天皇駐驛の時、皇子の薨じ給いたるありて、その陵墓の墟なりという。また東宮という地あり。是も天智の太子の宮居の跡なりという。これ等牽合附会かも知れざれども、村山社伝のままを記す。その余空々として、水中の影の如く、奇怪仏説に似たるものは、省きて載せず。

とあって、何ともはや儒学者ならではの几帳面な論述である。津根の往古は大津の庄であり、村山神社は

当初伊和世宮といわれ、のち長津宮に改名したといっている。

ここでいう『社伝』いわゆる『村山神社記』には、不思議な記録が多々あったようであるが、現在は行方知れずになっており、『西条誌』に記されている以外は知ることはできない。誠に残念極まりない。『西条誌』は天保十三年（一八四二）成立なので、『村山神社記』は幕末近くまでは在ったことは確かである。もしかすると、明治以降の支配的な「皇国史観」に相容れられない記述があったので、そのため権力に没収されたか、あるいはどこかに隠されてしまったように思えてならない。現宮司さんは、失われた経緯については知らない、とのことである。

ところで、娜は「ナ」、つまり水辺の意である。それも「おんなへん」が付いていることから、女性らしく〝たおやか〟で優雅な水辺を連想するので、『諸橋大漢和辞典』をひもといて見たら、やはり娜は〝たをやか〟の意であった。そして大津の「ツ」は港の意であり、大津は大きい港を意味する。ここ土居町津根の古代は、海岸線が現在の陸地に深く入りくんでいて、「娜」の字を形容する如く、〝たおやか〟に湾曲した大きな湾だったようである。

また、長津の地名については、『土居町誌』⑧に、昭和十五年に津根村と野田村が合併して長津村となったとあるが、津根村の小字地名に「長津」「長津坂」があった。この隣接地が村山神社となっている。小字地名は古くからのものではなかろうか。

3．長津宮

そこで、村山神社がなぜ長津宮であったのか、これについて論じたい。

当初私は、『紀』天智紀の長津宮の記事は〝はめ込み記事〟だったとは思いも寄らずに、長津宮が宇摩国にあるならば、百済王子豊璋に織冠を授けるような行事ができるはずはない、あり得える話ではないと考えた。また斉明天皇が何故にここ宇摩国（当時は九州王朝の評制が施行されていたので、実際は宇摩評である）に来て行宮を定めたのか、不思議でならなかった。単に郷土史を飾るための地名合わせに過ぎなかったのでは、との想いがよぎったのである。

そもそも「宇摩国」（七〇一年以降は宇摩郡）は、拙書『新説 伊予の古代』で論じているが、「宇摩評」（「馬評」と書かれた須恵器出土―岡山県立博物館所蔵）があった所である。領域内に前方後円墳もあることなどから、評以前は国、つまり「宇摩王国」があったことを私は疑わない（但し、「国造本紀」[9]には〝クニ〟の王であったと考えられる「宇摩国造」は出現しない。古田武彦氏は「国造」とは、宮のある海岸・津の長官であると言っている[10]）。しかしながら、宇摩国（評）は隣の越智国（評）から見れば極めて小国である。その小国に何のために立ち寄ったのか、不可解だったのである。

現在の村山神社のパンフレット（長津宮―伊豫国宇摩郡大津長津鎮座とある）に次のように記されている。

斉明天皇は御代の七年正月丁酉の朔壬寅の日（正月六日）難波の港をご出発海路西に向われ、庚戌の日（正月十四日）九日目に伊予の熟田津の石湯の行宮に御到着、温泉に御入浴御休養をとらえ、朝廷の命を受けて宇摩郡津根（常）の里に派遣され砂金の採集に活躍中の阿部小殿小鎌を訪ねられるため、三月丙申朔庚申の二十五日伊予の石湯の行宮（道後温泉）より御船を東にお還えしになられ、宇摩郡津根の里即ち娜の大津の磐瀬の行宮（村山神社の神域）に行幸遊され地名を長津と改められ、しばしこの地に御滞在の後筑紫に向われたと推察される。

とあり、砂金の採集に活躍中の阿部小殿小鎌を訪ねられるため、当地へ行幸したと言っている。ところが、これについて『朝倉村誌』[11]では、

孝謙天皇二年（七五〇）三月の『続日本紀』[12]によれば、「難波長柄朝廷（孝徳天皇）、大山下阿部小殿小鎌を伊予の国に遣わして、朱砂を採らしめた。小鎌はそこで、秦の首（朝倉村古谷に、秦の長者屋敷、及びそのほか、玉川町畑寺などの地名の遺跡残っている。）の娘を娶り、子、伊予麻呂を生む（後略）。

とあって、砂金ではなく朱砂を採るとなっている。そもそもこの『続日本紀』の記事は、孝謙天皇二年ではなく、称徳天皇の天平神護二年にあるので、これについては『朝倉村誌』の記事は天皇代を間違っている。しかしながら、朱砂については、朝倉近辺の壬生川・丹原などは丹生土（朱砂を含んだ水銀朱を持つ赤土）の採掘地として知られ、それに伴って秦氏・丹氏などが住していたこともまた知られているので、この記事は的を射ている。そこで、村山神社のパンフレットに記されている事柄については、砂金は関係ないことと思われるので、間違っているのではなかろうか。

それにしても、大山下とは『紀』孝徳天皇大化五年二月の条に書かれている官位十九階（大和朝廷が制したものではない、九州王朝の制度）のうちの十二番目の位なので、このような身分の者に会うために、天皇がわざわざ来るとは、とても考えられない。

ところで、村山神社の宮司榊田嘉津雄氏にお目にかかり、次のようなお話を伺った。

実は違う伝承もあった。それは、近畿の難波を出航した斉明天皇のご座船が、夜間に島影の一つもない燧

灘で嵐に遭い難破した。ところが、そこへ真南にある高い山（赤星山〈一四五三〉）から一条の明かりが差し込み、それに導かれて娜大津に入港することができた。ちなみに娜大津から村山神社それに赤星山は、真南に一直線上にある。船の修理のためか、しばらく村山神社に滞在した。

なるほど、〝一条の明かり〟云々はさておき（これが『西条誌』にいうところの〝奇怪仏説〟の類か）、難破ならば納得できる。これが事実としたら、宇摩国行幸は全く偶然の出来事だったのである。正木裕氏が「九州年号で見直す斉明紀」[13]で論述した牟呂温泉行幸の帰りだった可能性もあるのではなかろうか。

そうなると、『紀』の斉明天皇七年春正月の記事中の「還」が問題となる。「再び娜大津に還る」ということなのか。

そこで、山田裕氏が『紀』にある「還」の用法について調査してくれた。紙面の都合上、事例検証の詳細は省くとして、それを要約すると次のようである。

『紀』の記事中に、一六五例の「還」があった。その「還」の意味は、

（イ）帰る､元に戻る､復帰（生還）。（ロ）返す､元に戻す（返還）。（ハ）かえって､あべこべに､反対に。（ニ）めぐる。（ホ）めぐらす。（ヘ）また。（ト）転ずる､まわる。（チ）動作がはやい。（リ）すなわち､すぐに､などがある（『漢和中辞典』三省堂）。

それで、一六五例を右の意味に当てはめて分類すれば、概ね次のようになる。（イ）は一二七、（ロ）は十三、（ハ）は八、（ニ）は三、（ヘ）四、（リ）は十例があった。

という。

大変なご苦労をおかけした。深甚の謝意を表したい。

ところで、この「斉明紀」七年の記事についてであるが、これはどうみても（イ）の帰るの意となろう。そうであるならば二度津根へ来たことになる。

一度目は難破により滞在した。そこが磐瀬宮（伊和世宮）であった。そして二度目は、磐瀬宮改め長津宮での百済の王子〝豊璋〟に織冠を授ける儀式と後述の宝塚築造のための行幸と考えられる。

そのようなことから、このあと越智国熟田津石湯行宮へ行幸し、そこから朝倉へ赴いたと考えたい。そこで斉明天皇は崩御された（これについては後述する）。

4．宝塚

次に、村山神社の社前にある宝塚について述べたい。前掲『西条誌』に、

社前に宝塚というものあり。方五間位に小高く築く。これはかの天皇、祭事終わりて、神器を埋めたる跡なりという。一柳家の時、掘らしめたるに、怪異あるに怖れて、その事止みぬという。その時少々出たるなりとて、左に図せるが如きもの数多本社に蔵む。この外古鞍・古鐙・高麗犬の類、朽敗して、千幾百年外の物という事を知らざるあり。皆ここに図して、当社の古きを顕わす。


とある。

宝塚は、二の鳥居をくぐると神社本殿の真ん前にある立派な塚である。私は、このような神社の構図は、

他に見たことがない。また、神域に入ると、その趣は何とも言えぬ荘厳なたたずまいで、身が引き締まる思いがする。さすが式内大社だけのことはある。

幸いにも、榊田宮司さんからこの塚の由縁をお聞きし、発掘されたお宝を拝見、カメラに収めることができた。それによると、二度の発掘が行われたが、現在遺っているお宝は、鉄剣・槍の穂先など十二本、鏡一面、香合七個であり、『西条誌』に記載されていた古鞍・古鐙・高麗犬などは、朽ち果てたものかは定かではないが、失われてしまっていた。また、宝塚は斉明天皇陵との伝承もあるようであるが、ここからは石棺・木棺・人骨などは発見されていない。真のお宝を埋めた塚であった、という。

思うに、この塚があるのは、ご座船が難破したにも関わらず、無事上陸できたことへのお礼のため、再度来て、神事を執り行い、お宝を奉納したものではないのか。

5．磐瀬宮（いわせのみや）

さて、斉明天皇行幸の行宮になったという磐瀬宮（伊和世宮）について考察を試みたい。

言うまでもないが、「宮」とは天子または天皇が居する宮殿のことである。

ところが、『紀』にはこの宮の築造年の記述がない。不審である。そこで思うに、初めから「宮」の名が付いていたとは考えられないが、ここ「磐瀬（伊和世）」は当初宇摩王国の王の居する所であり、その後宇摩評の評督が居た評衙だったのではなかろうか。何故なら、村山神社の神域が広大であったこと、また土居町津根は宇摩国の中心域と考えられること、などからである。

この「磐瀬宮」は前述のように、一度目は斉明天皇の御座船難破による行在所となり、二度目は「宝塚」築造のための行幸で、長津宮に改名した。そして大宝律令（七〇一年施行）により、この評衙も廃止されて、新制度の郡衙が別の場所に造られたのではなかろうか。由緒ある場所でもあるので、その後ここが村山神社となったと考えたい。なお、この近辺の考古学的遺構の発掘調査が待たれる。

以上論じてきたが、娜大津の長津宮、また磐瀬宮は、通説の博多湾岸ではなかった。そこは宇摩国津根・長津、現在の村山神社だったのである。

6．皇子塚・東宮

また、『西条誌』に記されていた皇子塚・東宮は、土居町野田にあった。皇子塚は小さな塚で現存しており、東宮は集落名として遺っている⑭。

同書ではこの遺跡について、天智天皇の皇太子時代（中大兄皇子）にまつわる伝承としているが、皇子は斉明天皇と一緒に来たのか、単独かは定かでない。

なお、東宮は西条市内にもあった。『西条誌』の荒川山村の項に東宮がある。現在の西条市大保木字松之木であるが、ここには東宮神社が鎮座している。創建は延文二年（一三五七）と新しく、地名の起こりについては明らかではない。また、西条市飯岡に皇子池もあった⑮。

これらについては、本題から外れるのでこれ以上は立ち入らない。

注

①『新説 伊予の古代』　二〇〇八年十一月　創風社出版

② 「＜温湯碑＞建立の地はいずこに」『古田史学会報』No.９０所収　二〇〇九年二月　古田史学の会
③ 『釈日本紀』卜部兼方編　鎌倉時代中期成立『日本書記』の注釈書　国史大系第八巻所収　吉川弘文館
④ 山田裕氏（元古田史学の会・四国幹事）にご教示戴いた。
⑤ 『日本書紀通證』谷川士清著　明和三年（一七六六）昭和五三年十一月　臨川書店
⑥ 『萬年山保国禪寺歴代畧記』『保国寺縁起』ともいう　淵九峰叟著　享保一六年（一七三二）
⑦ 『西条誌』天保一三年（一八四二）西条藩主松平頼学の命により、同藩儒学者日野暖太郎和煦遍述。当該書は『注釈西條誌』で見ることができる。矢野益治著　昭和五十七年七月　新居浜郷土史談会編
⑧ 『土居町誌』昭和五十九年二月　土居町教育委員会
⑨ 「国造本紀」『先代旧事本紀』所収　国史大系　黒板勝美編　吉川弘文館
⑩ 「九州王朝論の独創と孤立について」古田武彦論稿『古代に真実を求めて』第十二集所収　二〇〇九年三月　明石書店
⑪ 『朝倉村誌』朝倉村誌編さん委員会　昭和六十一年　朝倉村
⑫ 『続日本紀』六国史の一つ　文武天皇の六九七年から桓武天皇の延暦十年（七九一）まで九十五年間のわが国の歴史書　宇治谷孟　講談社学術文庫
⑬ 『古田史学会報』No.８０所収　古田史学の会編　二〇〇七年六月
⑭ 四国中央市教育委員会文化図書課野村尚明氏による。
⑮ 西条史談会会員萬條克己氏による。

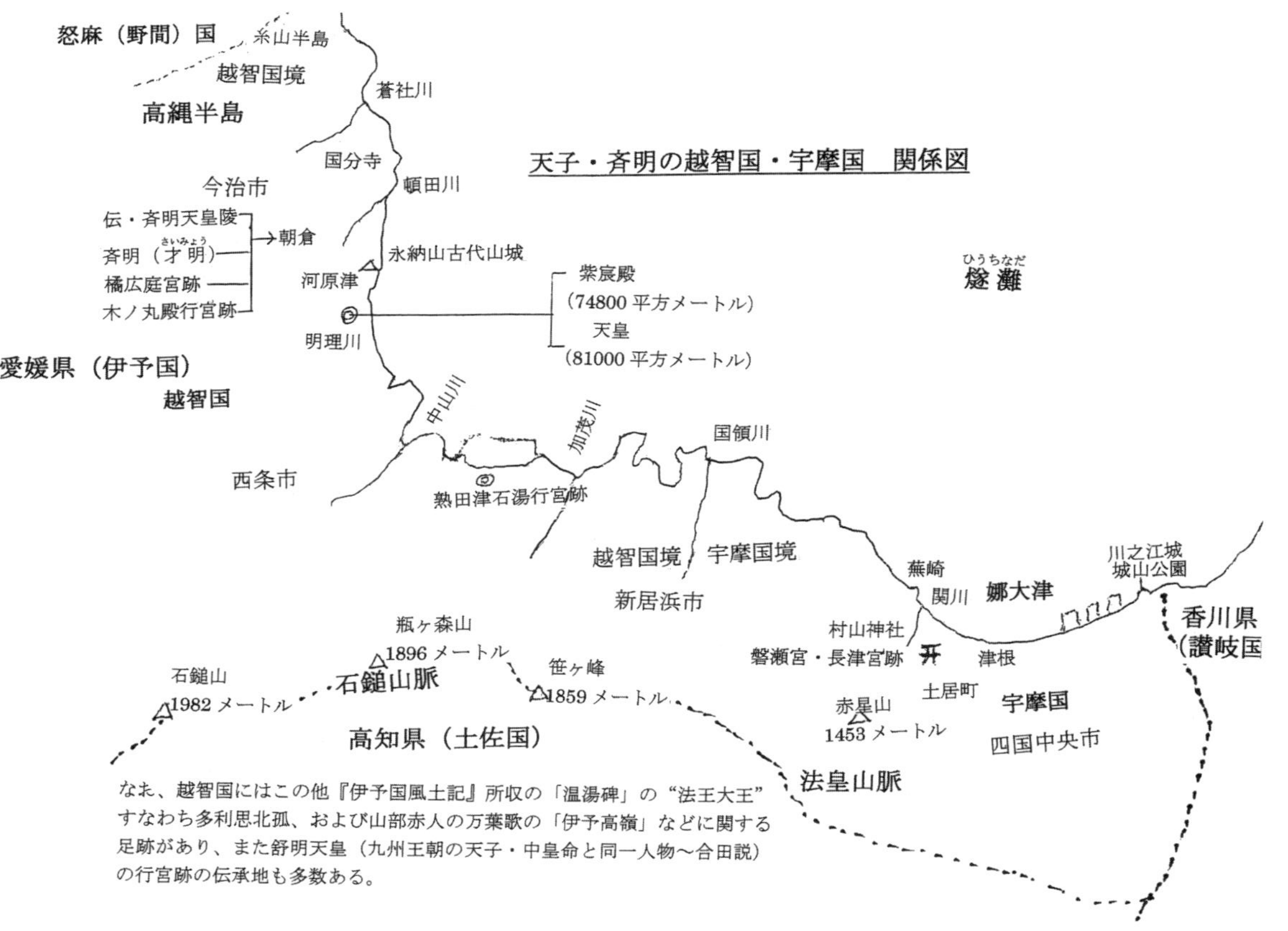
天子・斉明の越智国・宇摩国　関係図
怒麻（野間）国
糸山半島
越智国境
高縄半島
蒼社川
国分寺
頓田川
今治市
伝・斉明天皇陵
斉明（才明）
橘広庭宮跡
木ノ丸殿行宮跡
→朝倉
永納山古代山城
河原津
明理川
紫宸殿
（74800平方メートル）
天皇
（81000平方メートル）
燧灘
愛媛県（伊予国）
越智国
中山川
加茂川
国領川
西条市
熟田津石湯行宮跡
越智国境
宇摩国境
新居浜市
蕪崎
関川
娜大津
川之江城
城山公園
香川県
（讃岐国
瓶ヶ森山
1896メートル
笹ヶ峰
1859メートル
石鎚山
1982メートル
石鎚山脈
村山神社
磐瀬宮・長津宮跡
津根
土居町
宇摩国
赤星山
1453メートル
四国中央市
高知県（土佐国）
法皇山脈
なお、越智国にはこの他『伊予国風土記』所収の「温湯碑」の"法王大王"すなわち多利思北孤、および山部赤人の万葉歌の「伊予高嶺」などに関する足跡があり、また舒明天皇（九州王朝の天子・中皇命と同一人物～合田説）の行宮跡の伝承地も多数ある。

村山神社　筆者撮影

宝塚　筆者撮影

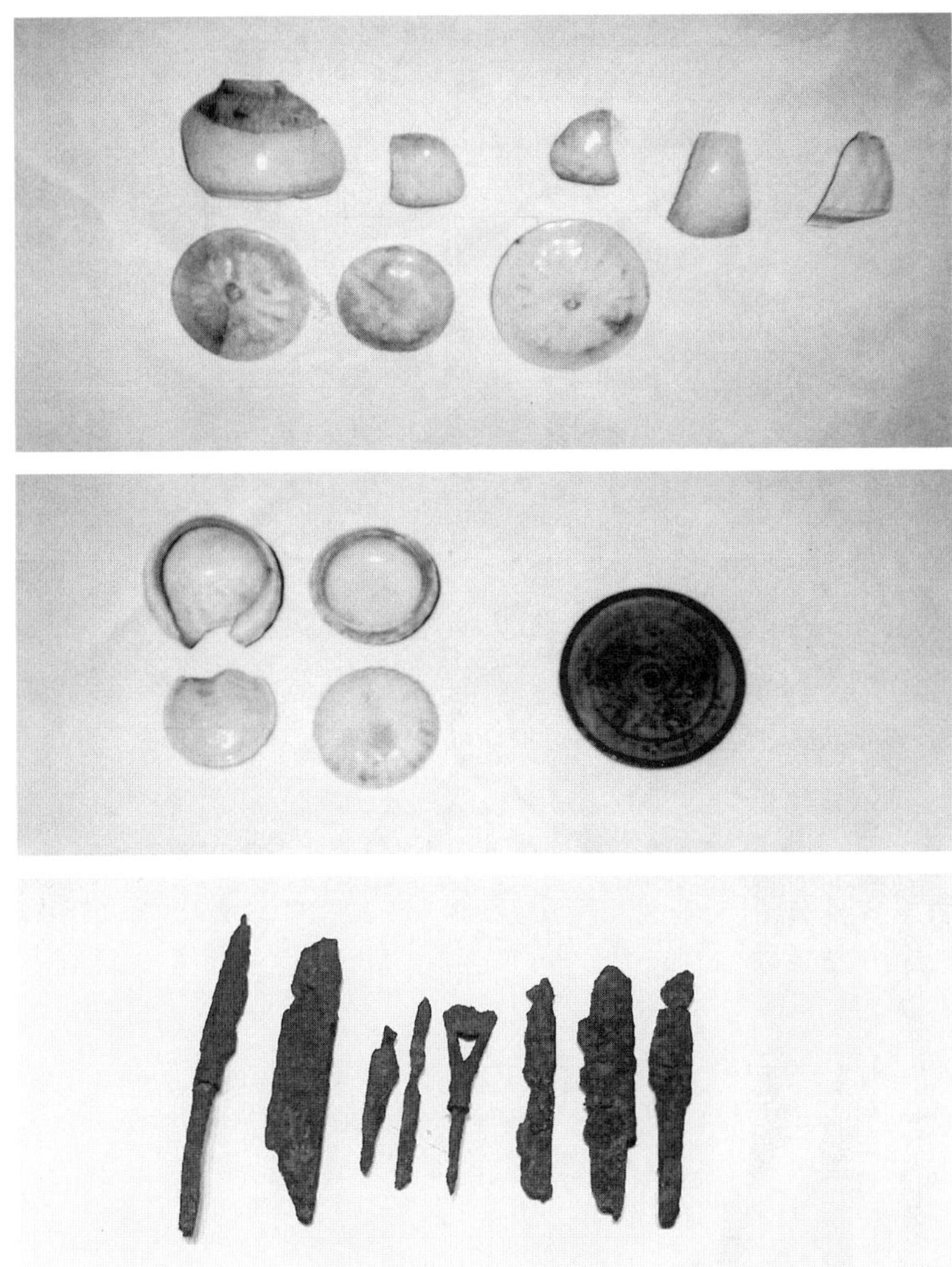

宝塚埋蔵品　筆者撮影

七、越智国・宇摩国に遺る「九州年号」

伊予の越智国・宇摩国には多くの「九州年号」が遺っている。そこで、これについて纏めてみたい。

1．越智国の史書・伝承に遺る九州年号

①『伊予三島縁起』今治市大三島―大山祇神社、『大山祇神社史料　縁起・由緒篇』所収。
「端政元暦・二暦」「金光三暦」「願轉（転願）元年」「常色二年」「白鳳元年」

②『三島宮御鎮座本縁並寳基傳後世記録』今治市大三島―大山祇神社、『大山祇神社史料　縁起・由緒篇』所収。
「端政二」「大化四年」

③『三島宮社記』今治市大三島―大山祇神社、『大山祇神社史料　縁起・由緒篇』所収。
「端政二」「大化四年」「白雉二」

なお、この他に、古賀達也氏の「洛中洛外日記」第五七〇話（二〇一三年七月十日）によると、内閣文庫にある『伊予三島縁起』には「大（天）長」年号があるとのこと。

④『無量寺文書』今治市朝倉上―無量寺、無量上人が斉明帝に供奉しこの地で開基する。
「白鳳十四」

⑤『聖帝山十方寺縁起』今治市朝倉上―無量寺『無量寺文書』所収。

「白雉二年」

⑥『十寺院縁起』西条市─古名・桑村郡吉岡庄旦之上村、初めの名は正徳寺、白鳳十三年に小千（越智）玉興が寺領を寄進、天武天皇の勅願寺となる。

「白鳳十三年」

⑦『歓喜寺縁起』今治市朝倉古谷─歓喜寺は後に移設して樹之本浄録寺となる。

「白鳳二年」

⑧『佐礼山仙遊寺縁起』今治市朝倉新谷─仙遊寺、開祖は小千（越智）守興で白鳳十三年に逝去、天智天皇行幸・山遊の内裏と号す。

「白鳳十三年」

⑨『竹林寺縁起』今治市朝倉古谷─当初は真如坊と号す、聖武天皇天平七年に五台山竹林寺と号す、白鳳二年創始の伝承あり。

「白鳳二年」

⑩『極楽寺縁起』西条市大保木─石鎚山真言宗総本山、白鳳八年役行者が開いた龍王山にあった天河寺が前身、戦国時代に焼亡、現在地に移設。

「白鳳八年」

⑪『法安寺縁起』西条市小松町北川─推古天皇四年即ち法興六年聖徳太子伊予行幸の折小千（越智）益躬創営、往古は七堂大伽藍、天正の乱にて焼失、推古末年日本現存四六ヵ寺の一つ（寺伝要約）その後再建、伊予での最古の寺。

「法興六年」

⑫『横峰寺縁起』西条市石鎚─役小角が小堂を建てたのに始まる、本尊は六十年毎にご開帳。

「白雉二年」

⑬『長桂寺大徳院縁起』西条市安用—白雉二年、山伏修験僧玄徳の開基と伝わる、延暦七年僧心雅七堂伽藍建立、火災により焼失、現在地に移し大徳院と号したが廃寺となる。

「白雉二年」

⑭『光明寺縁起』西条市三芳中村—白雉四年、恵穏の弟子恵空上人の開基、当初大明神川の河口にあったが洪水により現在地に小千（越智）玉興が再建、天武天皇の勅願寺となる。

「白雉四年」

⑮『興隆寺由来』西条市丹原町古田—『伊予温古録』に大化以前に天竺の空鉢上人が古田村の西山に一宇を造営西山寺ともいう。飛鳥時代の「金銅佛」は県指定の文化財となっている。

「大化年間」

⑯『道安寺縁起』西条市楠—小千（越智）守興創建、恵顕上人開祖、当初は鵬成寺という、天武天皇の時道安寺と改める、布目瓦出土。

「大化三年」

⑰『円福寺由来』新居浜市新須賀町—白雉年間に僧行基開祖の伝承遺存。

「白雉年間」

⑱『河野家譜・築山本』河野百男ノ段、崇峻天皇時とある。

「端政二年」

⑲『予章記・長福寺本』西条市北条—長福寺、「文武天皇御宇大化五年巳亥役優婆塞」とある。

「大化五年」

なお、『伊予国風土記』（逸文として『釈日本紀』所収）にある「温湯碑」の建立地について、私は越智国氷見であるとの見地からそこに記されていた「法興六年」も越智国遺存である。

2. 宇摩国の史書・伝承に遺る九州年号

⑳『真観寺由来』四国中央市富里―白雉年間に僧行基が霊夢により開創との伝承遺存。
「白雉年間」

㉑『豊受神社由来』四国中央市豊岡町大町―天武天皇大友皇子と戦い後伊予に下り津根長津宮にて即位、豊受大神を豊岡に奉齋、白鳳元年九月十三日と伝える。
「白鳳元年」

㉒『村山神社縁起』四国中央市土居町長津―斉明天皇崩御ノ時ハ天智天皇御親祭アリ、天智天皇ハ白鳳八年三月奉祭ス。
「白鳳八年」

㉓『井守神社由来』四国中央市土居町中村―往古出湯あり、天智帝湯座衣掛岩の伝承もあったが、白鳳十二年に冷泉となり、爾来清泉として伝わる。
「白鳳十二年」

史書上は以上である。なお、④～㉓までは『愛媛県（東予地方）遺存の九州年号』（今井久調査書）を合田が要約して引用させて戴いた。

3．奉納面に遺る九州年号

『福岡八幡神社』西条市丹原町今井に「翁面」がありその裏面に、

「奉納　白雉二年九月吉日」

の文字がある。これについては『古田史学会報』No.九〇（二〇〇九年二月十六日）で正木裕氏が、次いでNo.九一（二〇〇九年四月十四日)で古賀達也氏が書かれているのでご参照戴きたい。なお、同年四月四日に西条市教育委員会の係長三浦執氏・古賀氏・正木氏をはじめ私達古田史学・四国のメンバーも大勢立ち会いのもと資料を採取し、専門機関に送って「放射性炭素C14」により年代測定をしたのである。その結果は江戸時代初期頃のものとされた。何分にも当該面は相当使い古されていたようであり、字も不鮮明であったが「デジカメ」で漸く確認できたくらいである。

そこでこの面を考えると、これは再製されたものではないのか、と。何故なら、わざわざ「九月吉日」まで書かれているからである。神社での舞の必需品でもあったようなので、一度ならず二度三度と作り替えられて来たのではなかろうか、と思っている。当初の「翁面」は白雉二年の奉納であったと信じたい。

他に、「天永二年」（一一一一）の能面も遺存している。

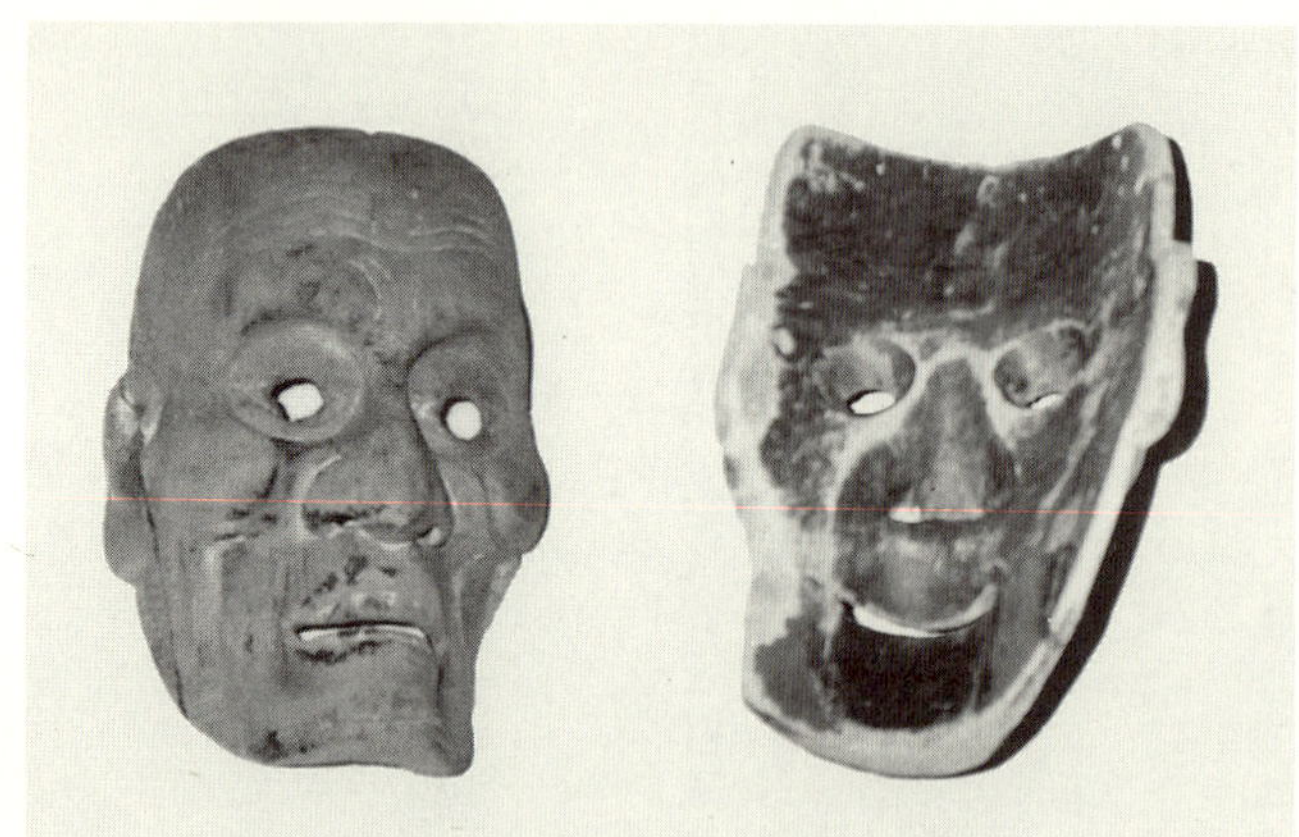

福岡八幡宮所蔵「白雉」奉納面　筆者撮影

4．墓碑（宝篋印塔）に遺る九州年号

樹之本古墳（今治市朝倉下）上に尼僧の墓碑がある。そこに白鳳年号が刻まれていた。

先ず、樹之本古墳について述べると、この古墳は朝倉古墳の中では最大で（高さ五㍍・直系四〇㍍）二重に堀を巡らしていた円墳である。築造は五世紀中葉とされている。明治四一年に発掘され、出土物は白銅製の鏡「漢式獣帯鏡」一面、硬玉製の勾玉一個、碧玉岩製の管玉七個、砥石一個、銅製の笄一本、銅製の薬師之像一体、他に青銅の刀身、青銅の鎗身があった（東京歴史博物館所蔵、レプリカが朝倉ふるさと古墳美術館にある）、また古墳の周域に円筒の埴輪が巡らされていた。

正に「三種の神器」を供えた王墓であった。

鏡の銘文は「長・相・思・常・忘・毋・楽・未・央」（長く相思い常に忘る毋れ楽しみ未だ央ならず）とある。

次に、墓碑であるがそこに刻まれていたのは次のようである。

正面　　輝月妙鏡律尼墓
右側面　樹之本山浄禄寺開基
左側面　白鳳十三年七月十五日
裏面　　なしか、不明

とあり、斉明天皇当国へ下向の時、朝倉浅地に車無寺を建立。その末寺尼坊として、小千（越智）玉興の助力で朝倉下の水無之所（樹之本古墳の近く）に建立した。樹之本山浄禄寺といい、その尼坊の住持が輝月妙鏡律尼であった。

ところが、白鳳十三年（六八四）の西日本一帯の大地震により大きな被害に見舞われ尼坊も倒壊、尼も遷化した。尼僧の指導のもと治水工事で水の無い所に水を引き込んでもらったとの伝承があり、恩恵を受けた

土地の者達により、後世になって尼僧の徳を讃えるため古墳上に墓碑を建立した（以上『朝倉村誌』『朝倉村の文化財』による）。

墓碑は後世のものであるが、伝承は白鳳当時からのものと信じたい。

また、前述しているが古墳の被葬者は、伝承として越智益躬、守興、玉興いずれかの墓と言われているが、彼らは六〜七世紀の人物であるので築造年代とは合わない。

樹之本古墳

墓碑「宝篋印塔ー輝月妙鏡律尼墓

以上見てきたように、越智国・宇摩国にはやたらと「白雉」「白鳳」年号が遺っている。古田武彦氏は、「白鳳年号」は九州王朝の天子・斉明の年号であると述べておられる。私は「白鳳」に加えて「白雉」も斉明の年号ではないかと思っている。何れにしても、越智国・宇摩国には斉明の足跡が大変多い。六ヵ所の行宮に「紫宸殿」地名まで遺っているのである。また、聖徳太子に擬せられた阿毎(天)多利思北孤の年号と考えられる「法興」「端政」「願転」もある。これらの縁起・伝承に遺る年号は、全てが真実とは言えないにしても、彼ら九州王朝天子の当地への行幸は間違いないものと確信できる。それに伴い寺院も建立されたのである。

なお、伊予の他の地区、つまり中予・南予には九州年号は見られない。従って、このことからも、遺構・遺物・伝承も全く無い道後地区において、聖徳太子（多利思北孤）や斉明天皇などの「道後来湯説」は全くは成り立たないのである。

八、斉明天子崩御の地

『日本書紀』「巻二十九・天武下・三月丁亥（七日）」及び『釈日本紀』「巻十五・述義十一・天武下」に次の記述がある。

「天皇幸二於越智一。拝二後岡本天皇陵一。」

天武天皇が越智に行幸して後岡本天皇（斉明天皇）陵を拝した、という記事なのである。この斉明天皇陵については、山田裕氏の『斉明天皇陵考』①に詳しいので、その一部を引用させて戴く。

通説の斉明天皇陵は、宮内庁の『陵墓要覧』によると、奈良県高市郡高取町車木にある車木ケンノウ古墳（円墳・四十五メートル）が「越智崗上陵（おちのおかのえのみささぎ）」として指定されている（蒲生君平の『山陵誌』を参考に明治政府が認定）。

ところで、『紀』の記述は「天智天皇六年二月の条に、斉明天皇と間人皇女を小市崗上陵に合葬した」とある（斉明天皇崩御―六六一年）。ところが、ここには合葬の形態はなく、間人皇女の墓は、近くの別の場所にある。また、『記』は「小市崗」であるが、現地名は「越智岡」である（一九五四年までは高取町越智は越智岡村の大字地名）。このようなことからも、研究者の間では、斉明天皇陵として、明日香村村越の岩屋山古墳、同村越塚前牽午子塚（けごしつか）古墳、橿原市の小谷古墳などを挙げている（フリー百科事典「ウィキペディア」による）。そして、九州の朝倉市には、恵蘇宿所在の恵蘇八幡宮地内にある「御陵山」が、斉明天皇陵であるとの伝承がある（『恵蘇八幡宮由来記』）。

このように各所の古墳が斉明天皇陵として取り沙汰されている。なお、前述しているが、越智国朝倉にも「伝・斉明天皇陵」の近くに「小市崗」がある。

そこで私は、この越智岡行幸の記事は、越智国の朝倉にある「伝・斉明天皇陵」を拝したということではないのか、と。どうも、近畿にある斉明天皇陵と言われている所は確実性に乏しく、そして斉明天皇の九州王朝天子説が出たことからもこのように考えるのである。そのようなことから、越智国朝倉にある「伝・斉明天皇陵」は真実の女帝の陵墓であったのか否かに突き当たる。この墓について、古田武彦氏からは斉明天皇の供養塚であった可能性もあるとご教示戴いていた。もし、この記事でいう「越智」が越智国であるならば、天武天皇が遠路はるばる越智国に行幸して墓参したことになるので、本物の陵墓であったということになるのではなかろうか。

ところで、橘新宮神社にある『旧故口伝略記』「高外樹城家傳之事」に次の記述がある②。

時」天皇當国熟田津之石湯洲之橘新殿神宮」行宮シ玉也又是自而越知朝倉宮ニ遷座也爰於テ天皇崩玉也干時先祖等奉人馬而越知之朝倉宮宇广之津祢宮ニ於両宮ニ奉供而當時之公事ヲ勤ル也

即ち、斉明天皇崩御の地は越智国朝倉であった。そして、この時〝先祖が宇摩の津祢宮と越智朝倉宮で人馬を奉り公事を勤めた〟という。

これにても、女帝崩御の地は九州の朝倉ではなく、越智の朝倉であり、そしてこの地に埋葬されたことになる。そうであれば、越智国朝倉にある「伝・斉明天皇陵」(所在地・朝倉上)は真実の陵墓だったことになるのではなかろうか。

なお、『紀』の斉明天皇崩御の記事は夏八月である、当時はまだ火葬がないことから(火葬は持統天皇から)、通説の九州の朝倉から奈良まで夏の暑い盛りに遺体をどのようにして運んだというのであろうか。通常は大型船で二十日以上はかかることからとても考えられない。

また、奈良の明日香村にある八角形墳の牽牛子塚古墳が、斉明天皇陵として定説化されつつある。これに対して古田武彦氏は「八角形墳は天皇陵の形式」との説に対して、

「八角形墳は全国至る所にあることから、これは豪族の墓と同じであり天皇陵の形式ではない、牽牛子塚古墳は斉明天皇の陵ではない」

と述べておられることも付言しておきたい。

伝　斉明天皇陵　「朝倉村の文化財」朝倉村教育委員会

注

①『斉明天皇陵考』 二〇〇九年五月二日　古田史学の会・例会での山田裕氏の発表論文

② 西条史談会会員の高橋重美氏にご教示戴いた。現本は天正の陣で焼失、のちに西条藩の命により享保十二年に口伝として再編纂された。しかし、これも失われて現存は明治写本。

結語

『紀』斉明紀の記事は、数年の「ズレ」が指摘されている。そして、斉明天皇は伊予滞在三ヶ月とあるが、その間に行宮を朝倉に三ヵ所、西条に二ヵ所、そして宇摩国津根も含めると六ヵ所も設宮している。その上、「白村江の敗戦」のあと「紫宸殿」まで造営していると思われる。この行宮伝承地の全てが真実であったとは言えないにしても、多すぎる。『紀』のいう「三ヵ月間」に成せる業ではないであろう。

また、前述のように越智国・宇摩国には天子・斉明の年号と思われる「白雉・白鳳」年号が神社・仏閣に数多く遺存していることから、行幸は数度に亘り、年月も数年に及ぶと考えたい。それは瀬戸内海航路の中心地・越智国へ、つまり九州王朝の一、二を争う強力な支配下の国へ。

本編において、「斉明は九州王朝の天子であり皇極と斉明は同一人物ではない」とし、伊予の古代における〝珠玉の伝承〟であった「熟田津石湯行宮」の比定地は、道後温泉・道後平野ではなく越智国内・現在の西条市であったことを論じた。また、「万葉八番歌の熟田津」は「熟田津多元説」で佐賀県有明海の新北であったことも。そして、博多湾岸が定説であった斉明紀・天智紀の「娜大津の長津宮」は「宇摩国津根・長津の村山神社だった」と。

更に「斉明天子崩御の地」も通説は博多湾岸朝倉であったが、これも越智国朝倉であったことを論じた。越智国は強大であった。前述のように地下資源も豊富であり、塩の生産、海上交通の支配権・越智水軍の活躍等々、それに伴い人口密度も伊予国内随一と思われる国であったのだ。

なにしろ、次に述べる「永能山古代山城」の築城、「白村江の戦い」に五千人？の派兵、そして「紫宸殿」も造営して倭国の首都だったとも考えられる一大軍事国家であったのだ。そのため「新生日本国」の近畿王朝には簡単には服さなかったものと思われるのである。

第五編　永納山古代山城築造の背景

一、神籠石城・朝鮮式古代山城・水城

越智国研究に際し、謎の一つとして、「永納山古代山城」の存在がある。そこで、この山城築造の背景について考察を試みる。

山城は、「白村江の戦い」以前に築かれたとされる神籠石系山城と、戦い以後築かれたとされる朝鮮式山城の二種類があり、いずれも大和朝廷が築かせた、というのが今までの考えである。

これについて、内倉武久氏は『太宰府は日本の首都だった』[①]で詳しく論述されているので先ずこれを示す。

それには、場所が特定できている城として、

福岡県久留米市に高良山神籠石城・山門郡瀬高町に女山神籠石城・前原市に雷山神籠石城・嘉穂郡頴田町に鹿毛馬神籠石城・行橋市に後所ヶ谷神籠石城・朝倉郡杷木町に杷木神籠石城・築上郡大平村に唐原神籠石城・大野城市に大野城・太宰府の南に阿志岐山城の九ヵ所。佐賀県武雄市におつぼ山神籠石城・佐賀

市に帯隈山神籠石城・三養基郡基山町基肄城の三ヵ所。熊本県鹿本郡菊鹿町に鞠智城。長崎県対馬に金田城。山口県熊毛郡大和町に石城山神籠石城。広島県府中市に常城・福山市に茨城の二ヵ所。岡山県総社市に鬼の城・岡山市大廻小廻城の二ヶ所。大阪市に高安城。四国は、香川県小豆郡池田町に星ヶ城・高松市に屋島城・坂出市に城山城の三ヵ所。そして愛媛県旧・東予市に永納山神籠石城。合計二十四ヵ所ある。

古田武彦氏は、この永納山神籠石城について、現地調査（筆者も同行）の上、

神籠石は長方形に切り出したもので、ここは自然石を使用しているので、厳密に言うと神籠石城ではない。そして、この山城は形態として九州の神籠石城より古い可能性がある。

と述べておられる。

いずれにしてもこれらの山城は、九州に圧倒的に多く、それも太宰府を取り巻くように築かれている。

『紀』天智天皇四年八月（六六五年）の条に、

達率答炑春初を遣して、城を長門国に築かしむ。達率憶礼福留・達率四比福夫を筑紫国に遣して、大野及び掾、二城を築かしむ。

同じく天智天皇六年十一月（六六七年）の条に、

是(こ)の月に、倭国(やまとのくに)の高安城(たかやすのき)・讃吉国(さぬきのくに)の山田郡(やまだのこほり)の屋嶋城(やしまのき)・対馬国(つしまのくに)の金田城(かなたのき)を築(つ)く。

とあり、この記事から通説が生まれたのである。

それは、「白村江の戦い」[②]で、唐・新羅の連合軍と日本・百済の連合軍が戦い、日本と百済が負け、そのため外敵から国土を守るべく大和朝廷が各所に朝鮮式古代山城を築かせたというものである。

そして、伊予の永納山古代山城について、郷土史家の中には、この頃に伊予の国府の「逃げ込み城」目的に築かれた、との説を唱える人もいる。果たしてそうであろうか。

そもそも、戦ったのは九州王朝倭国であり、日本国ではない。中国の『旧唐書』[③]で明らかな通り、「倭国と日本国は別国」としている（また「旧小国が倭国を吸収した」とも記されていた）。この歴史認識がなければ一連の真実を読み解けない。次にその一端を示す。

七世紀初頭、朝鮮半島に勃発した百済と新羅の戦争は、七世紀中葉には東アジア世界を巻き込んだ大戦争に発展した。当時の日本列島の主権者・九州王朝倭国も座視しているだけでは済まされなかった。それは、わが国と親密な関係にあって国消滅の危機に陥っていた百済の応援要請と、また朝鮮半島南端部にあった〝失われたわが国の領土〟「任那」を回復すべく、百済に加担したのである。一方、新羅には唐が加担して両国軍の全面戦争となった。だが、百済と倭国の連合軍は四度戦って全て負け完敗となったのである。この戦いには「九州王朝」の摂政〝薩野麻(さちやま)〟の応援要請により、その分家王朝であった「大和（近畿）王国」（のちの日本国）の皇太子であった中大兄王子（後の天智天皇）は唐と戦うことを止め、大和の兵を一兵も渡海させることなく戦線離脱した。[④]つまり大和王国は本家を裏切り、参戦しなかったのである。『紀』の記述は「斉明天皇が九州の朝倉で崩御したため、その喪に服するため参戦しなかった」としている。

ところで、最後の戦いとなる「白村江の戦い」（六六二年―古田説）で九州王朝の摂政・薩野麻、越智国主・越智直守興、風早国主?・物部薬なども捕虜となり、九州・中国・四国それに関東の多くの将兵が海底に沈んだ。この後、古田説によると、

「郭務悰（かくむそう）・沙宅孫登（さたくそんとう）率いる唐と新羅の戦勝軍数千人が、当時の日本列島の首都・太宰府や博多湾岸、それに軍都・吉野ヶ里などに三十九年間で六回に亘り進駐して来た（但し『紀』では九年間に纏めて記載）。この辺りの王墓⑤はそれら進駐軍により徹底的に破壊し尽くされたと見られるが（敵の屍を暴くのは中国の慣習）、唐の味方となった大和王朝の領土には危害を加えなかったのである」⑥

唐の進駐軍が監視の目を光らせている状況下で、壮大な古代山城を幾つも築くなどとは荒唐無稽の話である。私も遺構が良く残っている大野城や大水城を実際に見た。そのスケールの大きさには目を見張る。決して一朝一夕にできるものではない。相当の年月を要することは言を待たないであろう。完敗のあとに、これらを築城するための膨大な財力や人力が一体どこにあるというのであろうか。先の大戦後を見れば良く解る。また、敗戦前築城との説がある高良山神籠石城・鹿毛馬神籠石城なども、実際に見て廻ったのであるが、これらの九州にある神籠石城・山城・水城は前述のように太宰府を取り巻くように築かれていた。つまり太宰府を守るためであって、大和を守るためのものではなかったのである。その証拠に、近畿地方にはたった一ヵ所、『紀』に高安城が記載されているだけである。加えて、日本海側の山陰道や北陸道には一ヵ所もない。となると通説に従えば、九州北部と瀬戸内海沿岸に築かれた山城の配置から、敵である唐軍や新羅軍の大和への進入路は、九州北部を経て瀬戸内海のみを想定していたことになる。如何であろうか、これが通説の

実態である。

更に、太宰府を取り囲むように築かれた神籠石城については様々な説があり、中には「斉明女帝の行宮を守るために築かせた」とあるが、これについて内倉氏は次のように述べている。

どこに置くかもわからない一時の仮宮を守るために、何十年もかかって途方もない労力を必要とする山城をいくつも築くということが考えられるだろうか。もし、仮宮が攻められそうになったら放棄して本拠地の大和に逃げればすむことではないか。とても理解できない。

大和のことは別として、正に卓見である。

次に築城年代について述べることにしたい。これについても前掲内倉氏の著書に詳しく記されてある。概略すると、大野城の城門の柱に使われた丸太の「年輪年代法」による測定値は六四八年、『書紀』の六六五年より古い。金田城の土塁から見つかった炭化物二点の「放射性炭素14.C年代測定法」による測定値は、①五四〇年～六三〇年、②五九〇年～六五〇年と出て、長期にわたり土塁が築かれたことを示している、としている。

また、太宰府の周りに築かれた「水城（みずき）」についても、『紀』天智天皇三年十二月（六六四）の条に、

筑紫に、大堤（おおつつみ）を築きて水を貯（たくは）へしむ。名（なづ）けて水城（みずき）と曰（い）ふ。

とあるが、実際に築かれた年代についても、確認されている六基のうち、太宰府にある大水城の木樋の最新データによる年代測定値は五四〇年と出ているようである。

次に古田説を示す。

築城の上限は〈四世紀後半から五世紀〉と考えられ、下限は建設途中で中止された福岡県の唐原(とうばる)神籠石城である。これは白村江での敗戦により中止されたものと考えられる。

これらのことから『紀』の虚偽を、お解り戴けるのではないであろうか。

重ねて述べるが、太宰府の周りにある神籠石城・山城・水城は大和朝廷が築かせたのではなく、九州王朝倭国が、白村江の戦い以前に、その首都太宰府を守るために築いたのである。

注

①『太宰府は日本の首都だった』　内倉武久著　二〇〇〇年六月　ミネルヴァ書房
②『書紀』は六六三年、古田説は六六二年
③『旧唐書(くとうじょ)』は中国二十四史の一つで唐の歴史書。五代後晋の劉昫らの撰。
④吉備国で集めた二万の兵も参戦させず解散させた（『備中国風土記』）。
⑤特に、わが国で最初の年号「継体」を作り、「律令」を定め「天子」を名乗り、中国の北朝に敵対した〝磐井〟の墓とされる「磐戸山古墳」などは徹底的に破壊された。
⑥蘇我氏が新羅との戦いに積極的であったと考えられることから、唐および大和王国から蘇我馬子の墓と目される「石舞台古墳」が近畿では唯一破壊の標的にされたと思われる。

二、永納山古代山城

それでは、永納山古代山城は「誰が・いつ・何の目的」で築いたか。これについて述べることにしたい。

「誰が」は―この地方の古代豪族として景浦勉氏の『伊予の歴史（上）』①に、宇摩郡に凡氏、神野郡に賀茂氏、周敷郡に多治比氏、桑村郡に凡氏、越智郡に越智氏、野間郡に中原氏などが居たことが記されている。しかし、六～七世紀前半の古代、この地の有力首長（王）で山城を築ける氏族となると、強大な領国を有していた越智氏である。私にはそれ以外考えられない。

「いつ」は―正確なところは、遺物の出土により「放射性炭素C14年代測定法」などの科学的測定をしなければ解らないが、かなり古い時代に築かれたと思われる。遅くても九州の山城と同時期、それは六～七世紀前半の頃であろう。また、『紀』に記載されていないのは、近畿（大和）朝廷の政治的配慮によると考えられる。

古田氏は、「低い山であることから、弥生時代の<高地性集落>の跡地利用ではないか。また、石組みの観点から相当古い時代のものと思える。」と述べておられることを付言しておきたい。

「何の目的」については―その頃、九州王朝倭国は、朝鮮半島にあった倭国領土の経営が手詰まり状態にあり、そのため九州王朝の支配下にあった瀬戸内海沿岸の有力首長も、九州王朝倭国と同様、外敵から自分の領土を守るために築いた。そして、現実に朝鮮半島からの瀬戸内海侵略があったのである。

それは鎌倉時代初期に編纂された『二中歴』（この内「年代暦」は平安時代成立）[②]に、「鏡当四年（九州年号、西暦五八五年）、新羅人来従筑紫至播磨焼之」（新羅人来る。筑紫より播磨に至り之を焼く）とある。

また、『予章記』[③]にも鉄人に率いられた百済軍数千人が侵略して来たので、越智益躬が敵を欺くため降人となり、播磨国で計略をもって鉄人を葬り、敵を掃討した、という話が出ている（但し、倭国と百済の良好な関係からすると、百済人は変である、新羅人の間違いと思える）。

これらのこともあって、越智氏はわが聖地、即ち越智国「朝倉」を守るために、自らの手で築いたものと思われる。それも、越智氏の領国のちょうど中間点の海岸に位置している。従って、従来説の「国府の逃げ込み城」ではなかったのである。何故ならば、国府は「大宝律令」（七〇一年）による「国郡制」で定められたのであるから、時代が全然違っている。なお、後述する「紫宸殿」が近くに築かれたのは、この山城があったればこそとの思いに至る。

（追記）

二〇一七年十一月三日に「伊予国府を考える」というシンポジュームが開催された（於、今治市総合福祉センター）。そこで、講師の大橋泰夫先生（島根大学法文学部教授）が「各地の国府と伊予国府」と題して述べられたあとの討論会で、注目すべき発言があった。それは「永納山古代山城は伊予国府に対して向いているのではなく（防御施設としてではなく）、桑村郡方面に向いていて、これは何故なのか分からない。」と述べられた。

これは当然のこと、永納山古代山城の石垣群は国府側に築かれていて、裏側すなわち桑村郡側には築かれていない。つまりこれは国府の防御施設ではなく、越智国の王都で聖地であった「古谷」、次の王都の「新谷」を防御するためのものであり、その後「紫宸殿」（在、桑村郡明理川）が造営されてからこれを防御するためのものなのである（「紫宸殿」と「永納山古代山城」との距離は、当時の海岸線は内陸に相当入り込んでいたと考えられているが直線距離にして二〜三キロメートル程であろう）ことを付言しておきたい。

注

①『伊予の歴史（上）』 景浦勉著　平成四年十二月改訂版　愛媛文化双書刊行会
②『二中歴』平安時代中期に編纂され、多くの九州年号が所載されている書。
二〇〇八年六月七日　古田史学の会・四国での古賀達也氏講演録より引用。
③『予章記』・『水里玄義』・『河野分限録』 景浦勉編　昭和五十七年八月　伊予史談会双書

結語

朝鮮半島の高句麗の好太王碑が、背後に高大な山城をもっていることは著名であるが、近年百済などでも、次々と山城群の存在が報告されている。いずれも五世紀前後である。好太王碑や倭王武の上表文（『宋書』倭国伝）の示すところと一致し、対応している。わが国の古代山城もこの頃造られた、と考えるべきである。

そして、これらの神籠石城・朝鮮式古代山城・水城の大半は九州王朝の首都・太宰府と筑後川流域を中心領域として、そこを守るため、取り巻くように築かれていること、明白である。

それに対して、大和や難波を取り巻く「山城群」は全く存在しない（『紀』に高安城の記載があるが、遺跡は不明である）。対馬海流を下って、舞鶴湾から大和盆地へ向かう道筋（京都盆地通過）にも全く築城されていない。そこがわが国の中心領域でなかったことの証左である[①]。

また、「白村江の戦い前後の築城」に関しての通説には、次のことにも留意する必要がある。

（1）この戦争（四回戦って全て負けた）は多くの将兵が死亡や捕虜となっていて、倭国が完敗した戦いであること
（2）築城には途方もない期間・労力・財力を必要とすること
（3）戦勝軍が数千人も三十九年間駐留し、復員兵が溢れかえっている目前で築城など出来るはずはないこと
（4）九州王朝の天子・斉明は太宰府を逃げ出し越智国明里川に居を移していること
（5）九州王朝の摂政・薩野麻が八年間も捕虜になっていて、権力の基盤が衰微の状況下にあること

などである。

従ってそのような中にあって、この期間にそれらを幾つも築くなどは到底考えられない。それも大和ではなく、太宰府を取り巻くようにである。通説は全く整合性がないと言わねばならない。

これらの遺跡群こそは九州王朝時代を物語る最たる残影であったのである。

注

①前掲『なかった』創刊号。最近「高安城」の遺構が発見されたというニュースがあった。

永能山全景　東予郷土資料館提供

永能山山頂より瀬戸内海を望む・筆者撮影

東予郷土資料館提供

永能山石垣・筆者撮影

第六編　九州王朝存在の証(あかし)──「評(ひょう)」による証言

一、郡評問題

「郡評問題」について、古田武彦氏は次のように述べておられる。

所謂「郡評論争」は、坂本太郎・井上光貞の両氏を中心に、昭和二十六年～四十三年の間行われた。この論争は、藤原宮の木簡・伊場木簡（浜松市）の出土で終止符を打った。

「七世紀末までは評、八世紀初頭から郡」これは行政区画名の一大変化だ。井上氏の指摘通りだった。真の行政区画は「評」であったのに、『紀』はなぜそれを隠し、大和関係の史書上から「評を全て消し去り」、「郡に書き換えた」のか。もし、これが大和の行政区画であったのなら、「郡を評に替えた」と書けば良いのに、それを消し去るのは、自らのものではない、これを作った権力そのものを消し去る、ということに他ならない（孝徳・斎明・天智・天武・持統の間）。

「評」は九州王朝の行政区画であり、八世紀以降の新王朝（近畿天皇家）は、これを「消し去った」歴史を「新造」したのである。それが『紀』作成の主目的の一つである。[①]

注

①『日本のはじまり』古田武彦著　一九九六年九月　東日流中山史跡保存会

二、筑紫都督府

この「郡評問題」を正しく理解することが、「九州王朝」存在の確固たる決め手ともなり得るので、ここで、古田氏の見解を具体的に示しておきたい。

「評から郡へ―廃評建郡」という制度の移行は、自然発生的に生じ得るものではない。必ず、権力者からの「命令」、すなわち「詔勅」によってのみ可能となる。しかし、『続日本紀』の文武五年頃、或はその前後に、全くその「気配」すらない。なぜ、「重大不可欠の一大詔勅」を〝消し去る〟必要があったのか。それはとりもなおさず、「九州王朝を否認し、近畿天皇家のみを中心権力とする」。この一語に尽きるのである。

従って、「評制度」は大和朝廷のものではない。消し去られた前王朝、すなわち九州王朝の制度である。

そして、「都督」という用語を原点として評の長官「評督」という称号（金石文等に出現）が〈新造〉された。そのように見なす他ないからである（「評督」は七世紀後半）。そして、その上の長官は「都督」（地域・民族を代表する国の主権者）である。「都督」の統括する中心官庁は「都督府」である。

都督は中国を中心として、朝鮮半島・日本列島に及んだ官職名であるのに対し、評督はメード・イン・ジャパンである。

この都督の称号は「倭の五王（讃・珍・済・興・武）」が中国の南朝（宋・斉・梁・陳と中国南部に続く王朝）から苦労して戴いたこと、『宋書』の「倭王武の上表文」などにより知ることである。四〜五世紀頃には、存在したことが確認できる。

それでは、都督が居る所、いわゆる「都督府」は一体何処か。それは、太宰府である。

そこには「都府楼」跡が存在している。『日本書紀』にも、天智六年十一月「筑紫都督府に送る」とある。大和の天皇家によって作られた歴史書に「大和都督府」「飛鳥都督府」「難波都督府」「近江都督府」等の名は一切出現しない。また、近畿の地名遺称にもそれらは全くない。

従って、日本全国、都督府のあった所はただ一ヵ所、太宰府の「筑紫都督府」だけである。

また、同じく太宰府には「紫宸殿（ししんでん）」「大（だい）（内）裏（り）」「大（内）裏岡」「朱雀門（すざくもん）」等の地名遺称がある。天子の拠点の存在した証拠である。なお、大和には天武の「飛鳥浄御原宮」、持統・文武の「藤原宮」には「大極殿」の地名遺称はなかった（学者―岸俊男氏等の「認定」による）。

これによっても、当時、我が国の統一政権の中心地・いわゆる首都は、太宰府にあったこと明白である。

これにより、「倭の五王」は筑紫の都督府に居たこと、論を待たない。

「歴史学の本道」に立つとき、右の帰結は疑う余地がないのである。

「評制」は筑紫の都督府なる倭王（筑紫の君）を原点として発布し、施行された行政区画である。

従来の歴史学者は〈一元主義の枠〉の中に縛られているため、この問題に対し、有効な対案を提出し得ないでいた。[①]

また古田氏は『万葉集』の中でも評を郡に書き換えていた。「公的資料」から抹殺していたことが明らかとなった、[②]とも述べておられる。

ところで、この「都督」に関して新たな見解が示された。それは、正木裕氏の次の説である。[③]要約すると、薩夜麻が唐の捕虜となってからのち、唐の高宗の「封禅の儀」に「倭国酋長」（四国〈新羅・百済・耽羅・倭〉の酋長の一人）として扈従し、「倭国の都督」として帰された。百済王子扶余隆が「熊津都督」、高句麗の宝蔵王が「遼東州都督、新羅の文武王が「鶏林大都督」になったように、薩夜麻も「倭国都督」となったとし、太宰府が「都督府」となった。

ということであり、正に注目すべき論証であると思っていた。

従来、太宰府市にある「都府楼跡」は何故に都督が政務する都督府の名称として遺っているのかが不明であった。一つの説として、中国の南朝から都督に任命された「倭の五王」が居たからではないのか、と言われている。しかしながら、「倭の五王」の宮殿は、筑後の三潴・久留米付近にあったと言う説（古賀達也氏『新・古代学』第四集「九州王朝の筑後遷宮」）[④]が出るに及んで、益々太宰府都府楼跡は不可解ということになった。また、『日本書紀』にも天智六年十一月の条に突如として「筑紫都督府」が出現する。そうなると、考古学上も文献上からも太宰府に都府楼があったことは明白であるが、その史料根拠の決定打がなかったと考えていた。そうしたなかでの、この度の正木説はそれを裏付けるものと思われた。
古田氏も「四国の酋長」の一人として「倭国酋長は薩夜麻」（『古田武彦の古代史百問百答』一七五頁）と述べておられる。但し、古田説の薩夜麻は九州王朝の摂政で、天子は斉明としており、正木説の薩夜麻天子説とは異なる。

ところが、古賀達也氏の『洛中洛外日記』第一三七五話の「七世紀後半の〈都督府〉」を見て、気が付いた。正木説は古賀氏が指摘しているように「評制度」の発布・施行は「何時・誰が・何処で」ということが明確ではない。つまり、薩夜麻が「都督」として帰還してからでは「評」の施行は遅すぎるのである。あくまでも「評」は「都督」の下位称号であるからである。アイデアとしては大変素晴らしいが、これを解決しなければ論証としては成り立たない。言うまでもなく、多利思北孤から斉明までは「天子」であり「都督」ではない。しかも、太宰府が首都である。

もしかすると、九州王朝は「都督」称号とは関係無しに「評制度」を施行した可能性は〝なきにしもあらず〟ではなかったろうか。そうなると、薩夜麻帰還後の「都督」説は妥当のように思える。アイデアとして述べさせて戴く。

なお、評制開始時期について、古田氏は七世紀後半とされていたが、氏の没後古賀達也氏は七世紀中葉を提言している（『多元』No.一四五など）。付言しておきたい。

注

①『なかった　真実の歴史学』創刊号　古田武彦直接編集　二〇〇六年五月　ミネルヴァ書房
②『新・古代学』第七集　「新・古代学」編集委員会　二〇〇四年一月　明石書店

③『古代に真実を求めて』第二十集「失われた倭国年号」所収　正木裕論稿「<近江朝年号>の研究」二〇一七年三月　明石書店
④『新・古代学』第四集「九州王朝の筑後遷宮」古賀達也論稿　一九九九年十一月　明石書店

三、評が示す伊予国

イ,「久米評」―松山市の「久米官衙遺跡群」から、「久米評」と線刻銘のある須恵器の破片が出土①。また、奈良県藤原京跡から「久米評」の木簡が出土②。

これにより「久米官衙遺跡群」の一部は、「評督」が治めていた「評衙」だったことが判明した。その後、大宝元年（七〇一）大和朝廷発布の「大宝律令」により、「国郡制」が定められ、それに基づき遺構は「郡衙」となった、と見做したい。

なお、松原弘宣氏（愛媛大学教授―当時）は、その著書『熟田津と古代伊予国』③で、この「評」の遺物の出土により、「久米評」は大和朝廷の行政区画として早い時期から畿内政権との結び付きがあった、と強調している。

しかし、前項でも述べている通り、これは間違いであり、大和王朝とは関係がないと考える。


ロ,「湯評」―奈良の「飛鳥池遺跡」出土の木簡に「湯評伊波田人葛木部鳥」と書かれていた④。

また、藤原京跡から「湯評」の木簡が出土⑤。

これにより、前掲書では温泉郡道後にも『評』があったとしている。しかし、この「湯評」の木簡は、果たして道後を指しているのか。温泉は全国どこにでもあるので、湯＝道後とは一概には言えないかもしれない。もし「湯評」を示すものが道後地区から出土すれば、全く問題はない。さすれば、ここにも「評衙」があったことになる。なお、最近道後に隣接する祝谷から王墓と見られる古墳が出土していることから、ここにも豪族が割拠していた可能性が出てきた。

ハ、「別評（わけひょう）」―「日本三大古系図」（新居・海部・和氣）と言われている中の一つに『和氣系図』（『円珍系図』とも言う）がある⑥。

この系図には次のように記されている。

倭子乃別君―評造小山上宮手古別君―評督大建大別君―郡大領追正大下足国乃別君
加祢古乃別君―猨子乃別君―評造小乙下意伊古乃別君―大山上川内乃別君―□尼年□乃別君

この系図について、松原弘宣氏は前掲『熟田津と古代伊予国』で詳しく論証している。それによると、この「別」が「和氣」であり、『倭名類従抄』に記されている和氣郡（現在は松山市内）を指しているとしている。

これを見ると、「国造」の後の「評造」そして「評督」と、九州王朝の行政区画の職制、その後、大和朝廷の「郡大領」となる、その変遷がよく解る。

また、「君」称号を名乗っているところを見ると、この家系は古の「王」の跡とも推察できる。

但し、「王」の跡の「国造」が記録されている『先代旧事本紀』巻十「国造本紀」には、和氣郡に「国造」は認められない。

以上、松山市内で「評」の所在が正式に確認できるのは久米と和氣であり、未確定の道後を含めると三ヵ所である。また、この他にも「国造本紀」に「久味（久米）国造」と同じく「伊予国造」が記されていることから、ここにも評があった可能性が大である。なお、私はこの「伊予国造」が置かれた所は、伊豫豆比古神社（椿神社）の辺りにあったと考えている。

ニ，「馬評」―岡山県立博物館所蔵の須恵器に「馬評」と書かれていた。

この「馬」が「宇摩」であり、愛媛県宇摩郡（旧川之江市・旧伊予三島市・旧土居町・旧新宮村）に評が置かれていたとされている[7]。

これにより、愛媛県東予地方にも「評」があったことになる。ここには前方後円墳もあり「国造」の記録はないが、「古代王権」の存在を垣間見ることが出来る。

ホ，「宇和評」―藤原宮出土の木簡に「宇和評小口代熟」と書かれていた[8]。

この木簡によって、愛媛県南予の宇和地方（現西予市）にも評があったことになる。「国造本紀」に、宇和地方には「国造」が見当たらない。しかし、宇和盆地を囲むように、周辺には現在確認された古墳が一六〇ヵ所、そのうち前方後円墳が三ヵ所で、笠置峠古墳は、標高四一一メートルの笠置峠（西予市～八幡浜市へ抜ける峠道）の頂上に築かれた西南四国最古の王墓であるという（三世紀末～四世紀初頭築造、全長四七メートル）[9]。他に小森古墳（宇和町山田、全長六一メートル）・ムカイ山古墳（宇和町清沢、全長五三メートル）がある。また、坪栗遺跡（宇和町山田）から前漢鏡（舶載鏡―異体字銘帯鏡）の破片と大量の木製品（鍬・鋤・斧など）が出土。河内奥ナルタキ古墳群（宇和町岩木）は、古墳時代後期の円墳が十基確認されている。一号墳からは装飾太刀や銀製の空玉の装身具が出土。⑩

このように弥生時代後期には既にこの地方にも「クニ」があったことが窺われ、その延長線上に「宇和評」が設けられたのであろう。このことからも、宇和地方における「古代王権」の存在が確実視されることになった。

注

① 松山市埋蔵文化財センター
② 愛媛県歴史文化博物館展示
③『熱田津と古代伊予国』松原弘宣著　一九九二年四月　創風社出版
④『愛媛県の歴史』県史38
⑤ ②に同じ
⑥ 滋賀県園城寺蔵　愛媛県歴史文化博物館パネル展示
⑦ ②に同じ
⑧ ④に同じ
⑨ 西予市教育委員会のパンフレット
⑩ 愛媛新聞二〇〇七年四月二十九日・五月三日報道　『宇和盆地の主要な遺跡マップ』

結語

以上伊予国に関する「評」の遺物を見てきた。大宝元年（七〇一）の「大宝律令」により「郡」の施行、それまでは「評」であった。従って、日本国（大和朝廷）成立（七〇一年）以前の伊予国は、「評」が示す通り九州王朝の支配圏であり、大和王国の勢力外であったのである。

このことは、伊予国内に分立した国々（古くは部族国家から国造、そしてこの頃は評）と、大和王国とは規模の違いこそあれ、同じ九州王朝内の一員として〝個別独立に存在〟していたのである。

それなのに『愛媛県史』・『愛媛県の歴史』（県史38）などの郷土史は、通説の「大和朝廷一元史観」に基づき、伊予国は早い時期（例えば『愛媛県史』では「国造」「部民」制の頃）から大和朝廷の支配圏であった、と記している。

そして、「久米官衙遺跡群」からの「久米評」と書かれた須恵器の破片出土により、畿内政権との結び付きがなお一層強固に裏付けられたとしている。

しかし、私は縷述して来た経緯によりこれを否定する。伊予国内のすべての「評衙」（評督が治める役所）は九州王朝の行政区画であり、その支配圏にあったのである。

第七編　越智国に「紫宸殿（ししんでん）」あり
九州王朝の幻の首都だった

一、越智国の「紫宸殿」と「天皇」地名

天子・天皇の宮殿を紫宸殿という。この畏れ多い宮殿地名が実は愛媛県西条市壬生川（にゅうがわ）の明里川（あかりがわ）にあった（古代の越智国の領域）。明治二二年の「地積登記台帳」でその地名が確認できる。東予市の壬生川町時代（平成十三年十二月八日）に表土採取で須恵器二点が得られたことから（但し、現在行方不明）「地名遺跡」として登録された。しかしながら未だ発掘調査されていない。そこは、「永納山古代山城」に守られた豊穣の地にあり、地積台帳にある紫宸殿は縦三四〇メートル・横二二〇メートルで面積は七四、八〇〇平方メートルの長方形である①。

更に、この「紫宸殿」に隣接して、広大な「天皇」地名があった。その場所は、新川という川を挟んで「紫宸殿」が北側に、「天皇」が南側にある。現在の「天皇」の地積は約八一、〇〇〇平方メートルの長方形で「紫

宸殿」よりも広い。

また、その後の調査で明治九年の桑村郡明理川村『合段別畝順牒』（愛媛県立図書館所蔵）に、「紫宸殿」・「天皇」地名があるが、そこには、その地番の登記者及び面積が記載されていたのである（古田史学の会四国・大政就平氏よりご教示戴いた）。

この「天皇」地名には、柳森素鵞神社が鎮座している（神社鎮座地の地番は「明理川天皇七九番地」）。神社の「旧記」には、天正年間に洪水があり上流から「ご神体（木片か）」が流れてきて柳の木に引っかかったことから、ここに神社を建立し「柳天皇宮」とした。創建時は不明であるが、祭神として須佐之男命を西条の高尾神社から勧請し合祀した（『東予市誌』、以上の研究次第を最初に提起したのは古田史学の会四国・今井久氏である）。なお、この神社に因み地名が「天皇」になったという説もあるようであるが、私はそうは思わない。何故ならば、この神社は八一、〇〇〇平方メートルの地籍の一番奥の端にこぢんまりと鎮座しており、明治九年の『合段別畝順牒』の神社の登記地番は神社鎮座地だけであるからである。もし神社に因むのであれば、堂々と真ん中に鎮座しても良いし、地籍は全域になってしかるべきである。それに、「紫宸殿」という天子の宮殿があるのに役所が全く無いというのも変である。従って、この「天皇」地名は政庁があったことの名残ではないかと思っている。いずれにしても、この「天皇」地籍も未発掘であるので、両所の早急な発掘・調査が待たれる。

注

① 西条市東予支所農業委員会・中路忠信氏測量

② 今井久氏はこの地名発見の論稿を『古田史学会報』№98で発表している。

二、「紫宸殿」名称がわが国へもたらされたのはいつか

〝いつわが国へもたらされたか〟が判明すればおのずと明里川の紫宸殿造営の時期も論証できるのではないかと考えた。

先ず、このような地名はその地方の人間が勝手に付けられるものではなく、そこに紫宸殿がなければ付けられる筈もない。しかも、大宝元年（七〇一）以降の「近畿（大和）王朝」になってからは、天皇がそこに居るならともかく居ない所にそのような施設はあり得ない。そうなると、そこの主人公が現天皇家の王朝とは全く関係ない別の王朝、つまり「近畿王朝」に先立つ「九州王朝」の天子の宮殿であったことになるのではないか。それは、取りも直さず、「九州王朝」が日本列島の宗主国（但し、北海道・東北・沖縄を除く）として、厳然と存在した証しでもある。

さすれば、「紫宸殿」がこの地に存在し、命名された時期は限られて来る。

ところで、紫宸殿の名称は唐の「皇帝の宮殿」として名付けられたのが始まりと言われている。その紫宸殿の初見は『旧唐書』高宗の龍朔三年（六六二）という（元・古田史学の会・四国山田裕氏にご教示を戴いた）。

しかしながら、この施設の最初の造営時期は不明のようである。これに関して、中国の文献に大変な学識をお持ちの安藤哲朗氏（多元の会・会長）に以下のようなご教示を戴いた。

『梁書』の用例として、「宸極不可久曠、民神不可乏主」（武帝中）、「紫宸曠位、赤縣無主」（元帝、王僧弁上表）、「宸

極不可以久曠」（元帝陳への禅譲）などで、現存している建物というより、天子の所在に対する理念的な表現と考えた方が適切だという結論になりました。天子の位を「紫宸」と表現する習慣は以前からあったようで、ことにこの場合、「天子の位」が危殆に瀕したときに使っているので、そう考えざるを得ないことになります。諸橋漢和では「紫宸殿」は『唐会要』と『水径注・穀水』を引いて、龍朔三年または開元五年としていますが、「この時にできた」と断定できる書き方ではありません。『大唐六典』を見ますと、「龍朔二年に高宗が大明宮を作った」として、その一群の建物の中に、紫宸殿が含まれている、という書き方をしています。それが短期間に全部完成したとは考え難いのですが、それ以上詳しい情報はありません。

これによると中国では「紫宸」の言葉は古くから有るらしいが、肝心の「紫宸殿」がいつ造営されたのかは解らないようである。そして、この名称がわが国へもたらされた時期もまた不明なのである。

そのような中で、取り敢えずの作業仮説ではあるが、ここ越智国の「紫宸殿」の造営時期とその主人公について以下に論述する。

なお、わが国で「紫宸殿」地名及び建物が遺存している所は、九州王朝時代の太宰府（福岡県）と大和朝廷の平安京（京都府）、そしてこの明里川を含めてたったの三ヵ所。奈良の平城京にもなかったのである。

三、越智国「紫宸殿」の造営時期と主人公

それでは、この「紫宸殿」は、「いつ」建てられたのか、「誰の」宮殿なのかについて話を進めたい。しかし、残念なことに、この「紫宸殿」の地は、まだ発掘がされておらず（過去に表土採取で須恵器二点が得られたが、それは現在行方不明）、正確な年代の確定には至っていない。そのため、「いつ・誰の」宮殿かについては、あくまでも推測の域を出ないことを、予めお断りしておきたい。

私は、この問題を『古代に真実を求めて』第十四号に書いた。この「紫宸殿」を「斉明」が造ったとするならば、その治世七年の間に越智国・宇摩国に伝承とはいえ行宮が六ヵ所もあることから推すと、とても無理ではなかろうかと述べ、これが論証の帰結に至るポイントとなった。

また、古賀達也氏（古田史学の会代表）が述べている「大宰府政庁Ⅱ期跡」の造営年代（六六二年以後）・「前期難波宮」の造営年代・『紀』にある天武一二年の「副都の詔」（「都を二・三ヵ所造れ」）、及びこの「詔」の時代は「三四年ずれている」という正木裕氏（古田史学の会・事務局長）の説、などから考察して、越智国の「紫宸殿」は「誰が・いつ」造営したのかを論じ、そしてここは太宰府の「副都」であった可能性が高いとも述べた。

しかしながら、行宮と紫宸殿の置かれた時期について古田氏より大変問題があるとのご指摘を受けたのである。

更に、「斉明」の治世が七年間ではなく、「二三年間またはそれ以上」が事実となると、様相は一変する。「白

鳳年号」が「斉明」の年号であるとなると、崩御年は六六一年ではなく六八三年またはそれ以降となる。つまり、「斉明」が六六一年に崩御せずに、次の「改元」された年号まで在位していた場合は、その治世期間は六八三年ではなく、更に延びるからである。

即ち、それ以後の「九州年号」である朱雀─六八四年に、或いは朱鳥─六八六年の「改元」にも関わっていればのこととなる。

そして、「大宰府第二期政庁跡」の考古学上から見ての造営年代、つまり、「白村江の戦い以後築造」説を重視して考察することに、無理があると思ってきたのである。その訳を次に記す。

第一は、この「第二期政庁跡」だけで全ての太宰府政庁の規模を推定し、かつまた「紫宸殿」の造営時期を推しはかることは如何かと思えてきたこと。つまり、早計過ぎはしないか、と。まだまだ発掘が続いているのである（蔵司など）。

これに関しては、古田氏も二〇一〇年十一月六～七日の第八回八王子セミナー「日本古代史新考自由自在」で、この頃の九州王朝の都については、太宰府だけを考えるのではなく、表は太宰府、実際は久留米近辺、そして博多湾岸全体であると述べておられる（『TOKYO古田会NEWS』一三八号三十一～三十二頁参照）。

それに、井上信正氏（太宰府教育委員会）の『大宰府条坊区画の成立』などの論文にもある「大宰府第二期政庁跡や観世音寺よりも条坊都市が先行して造営されていた」（『古田史学会報』一一〇号所載、古賀達也氏論稿「観世音寺・大宰府政庁Ⅱ期の創建年代」で紹介）という画期的な研究にも注目しなければならなくなった。

第二は、「紫宸殿」は唐の初代皇帝・李淵の崇高な宮殿名であり、また古田氏が言われる「唯一・無二の中心を意味する」となると、敗戦の後に唐の進駐軍の居る中で（『古田史学会報』一〇一号及び『古代に真実を求めて』第十五集古田氏論稿「九州王朝終末期の史料批判」—白鳳年号をめぐって—)、しかもこの時期、戦地からの敗残兵の復員でごった返して混乱の極みにあったと思われる「首都・太宰府」に、「紫宸殿」を造営することなどは到底無理ではなかろうか、ということ。

第三は、中国で「紫宸殿」という名称がいつ頃からあるのか明確でないこと。因みに、「紫宸殿」の初見は『旧唐書』龍朔三年（六六二）であるが、天子の位を「紫宸」と表現する習慣は古くからあった（多元の会会長・安藤哲朗氏よりご教示を得た）という。となれば、中国での「紫宸殿」初造営の時期を、龍朔三年に絞って当てることも、無理と思えてきたのである。

そこで、これらのことを検証した上で、古田氏の論稿（前掲『古田史学会報』一〇一号）をもとに、次のように考察し直した。

越智国での斉明の「行宮」の造営は「白村江の戦い」前であり、「紫宸殿」は戦時中もしくは敗戦後の造営となる。即ち、戦勝国の唐軍の進駐により、斉明は「首都・太宰府」に居れなくなったため、「紫宸殿」を「越智国明理川」の地へ移したのである。

なお、太宰府の「紫宸殿」の造営時期は明確ではないが、唐の進駐軍駐留前であることが前提となる。何分にも駐留後はあり得ないのではないか。わが国は完膚無きまでの敗戦であり、財力・労力ともに尽き果てている状況下であり、唐・新羅の進駐軍が居たその目前でこのような造営・命名ができるはずはない、と思うからである。これは、『紀』の「白村江の戦い」前後に「神籠石城（こうごいしじょう）」「朝鮮式古代山城」「水城（みずき）」などを築いたとする記述に対して、この時期ではあり得ないとする考え方と同じである。

以上のことを踏まえると、私は、大阪にある「前期難波宮」の「九州王朝副都説」（白雉元年〈六五〇〉造営―古賀達也氏説）に関して、異説を述べざるを得なくなった。というのは、この宮殿がこの時代に既に築かれていた九州王朝の「副都」であったならば、何故、「天子・斉明」が太宰府を脱出して、真っ直ぐ「前期難波宮」へ入らず途中の「越智国明理川」に「紫宸殿」を築いたのか、これが問題となる。何とも解せない。越智国の「紫宸殿」の発見により、「前期難波宮」副都説との整合性が無くなるのでは、と考えざるを得なくなったのである。そして、現状での「前期難波宮」造営年代を決定づける考古学上の出土物（土器や木簡等）については、まだ検証の余地があるのではなかろうか。

しかも、「白村江の戦い」後を考えると、ここ難波が九州王朝の副都であるならば、当然のことながら唐の進駐軍が駐留するはずなのに、その〝気配〟が無い。これもおかしいことではなかろうか。

更に、古田氏から電話にて直接ご教示戴いたことであるが、

「前期難波宮が、もし九州王朝の副都であるならば、周囲に神籠石城がなければならない。これは近畿の天皇家の宮殿である。」

と。また、『紀』天武紀巻二十九・天武十二年（六八三）十二月十七日の「副都の詔」、「難波に都をつくらむと欲ふ」の記事は、真実、この時点で発せられた「詔」であり、それは取りも直さず「前期難波宮」は天武天皇の宮殿であったことになる。

更に思うことは、この「前期難波宮」と天武天皇の宮とされている「飛鳥浄御原宮」との関連はどうであろう。

この「飛鳥浄御原宮」について次編でも再述するが、古田氏は次のように述べておられる。

この宮殿の所在は、通説の奈良の「飛鳥」ではなく、筑紫の小郡（おごおり）の「飛鳥」である（二〇一〇年十一月六日、八王子・大学セミナーハウスでの講演）。

そして、『古事記』「上つ巻　序を幷せたり」に出現する「遠飛鳥（とおつあすか）」は、同じく小郡の飛鳥のことである（二〇一二年十月六日、松山での古田史学の会・四国の勉強会百回記念講演）。

『紀』「巻二十九天武二年（六七二）二月条」では、この「飛鳥」の宮において大海人皇子（天武天皇）が即位したとされていたが、古田氏の「飛鳥小郡説」に従えば、即位の地は九州であったことになる。これは「淑（よ）き人の論証」唐の進駐軍司令官・郭務悰（かくむそう）の庇護のもとでの「即位」である。太宰府に居たと見られる郭務悰の存在、また大海人皇子の後ろ盾となった継父の胸形君徳善（大海人皇子の妃・尼子娘（あまこのいらつめ）の父、宗像大社宮司）のお膝元でもある〝小郡説〟は、実に整合性があると私は思っている。

なお、その時は、九州王朝倭国の天子・斉明が越智国へ移っていて、摂政・薩夜麻も唐に抑留されていたことが前提となる。その後、天武十二年（六八三）以降に近畿の難波に「遷都」し「前期難波宮」を造営した、となるのではなかろうか。但し、この場合次編で詳述するが、あくまでも近畿天皇家の大王としての格式である。

更に述べておきたいことがある。それは、「難波長柄豊崎宮」についてである。通説のこの地は大阪の難波である。しかしながら、古田氏はこの宮は博多湾岸であるという。確かに『記・紀』には、大下隆司氏が述べているように、当時の大阪の地は「浪速・浪花」と記されているが「難波」は無い（『古田史学会報』一〇七号）。博多にも「難波」はあるのだ。

これについて古賀達也氏は、平安時代の書『皇太神宮儀式帳』「神宮雑例集」（延暦二三年〈七九七〉成立の伊勢神宮文書）にある「評制発布―難波朝廷天下立評給時」により、「難波朝廷とは前期難波宮・九州王朝副都」のこととしている。これを古田説に照らしてみると、この「評制発布」の地は大阪にある「前期難波宮」ではなく、博多の「難波長柄豊崎宮」であったことになる。

なお、この「前期難波宮」造営の考古学上の年代確定ができていない現状から考察することをお許し戴きたいが、ここは近畿天皇家の施設として初め小規模であったものが段々拡張されてきて、天武に到って現在見られる「前期難波宮」の遺構に成った、と考えている。

余談に多くを割いてしまったが、「前期難波宮・九州王朝副都説」に関して、一応、疑問に思ったことを提起した。

それでは話を元に戻す。「天子・斉明」が越智国へ居を移した理由であるが、それは次のようなことになるであろう。

越智国は博多と近畿の中間点でもあり、移動の拠点として最も条件が良かったと考えられること。ここは、「斉明」の数次に亘る行幸があって、その上、以前には「日出ずる処の天子・多利思北孤」の行幸もあるので、九州王朝傘下でも両国の関係は最も良好となっていたこと。しかも、「永納山古代山城」を築くだけの「富国強兵の国」であったと思われること。そのことは、「白村江の戦い」に「越智国主・越智直守興」率いる多くの将兵が参戦したことでも明らかである（河野氏の記録である『予章記』などは五千人の派兵）。

また、この地は「斉明」にとっては、極めて居心地が良かったのではなかったか。その訳は、格別の友好関係の上、気候温暖・風光明媚、そして〝お気に入りの石湯（「石風呂」？―前掲今井久氏説）〟もあったからではないだろうか。

四、その後の「紫宸殿」

さて、越智国の「紫宸殿」や「天皇」地名の発見により、〝驚天動地の論点〟に直面した。それは、

「越智国明理川が、当時の日本列島の宗主国・九州王朝倭国の首都（都）だった」

という〝命題〟である。

そこに「紫宸殿」と、その近接地に広大な「天皇」地名が存在していることを考えると、もしや天子の住居ばかりでなく、政庁もあったのではないか、と思うのである。

何分にも、遺構の発掘はまだであり、また行政機構の移転についても仮説の域は出ないが、今までは到底考えられなかった歴史の実態が急浮上してきたので、向後、この地が古代史ファンの耳目を集めることになってくると思われる。

ところで、天子の宮殿である「紫宸殿」名称がわが国で遺存している所は、前述のように平安時代に京都御所内に築かれるまでは、太宰府と越智国だけであって、その二ヵ所の主は何れも「九州王朝の天子・斉明」であったと思われる。

ところが、その「斉明」は唐の〝逆賊〟となったため、『紀』「斉明紀」では「恐心の渠（たぶれごころのみぞ）」で象徴される〝狂

人〃扱いにしなければならなくなった。

そしてまた、唐側から見れば、「世界で唯一人の天子」の崇高な宮殿名称を、「夷蛮の王」がその宮殿に冠するなど〃絶対〃に許されざることだったのではないだろうか。

私は、『紀』が、「九州王朝」だけではなく、同王朝と最も関係の深かった「越智国」もまた、歴史上から抹殺したと考える。それ故、「紫宸殿」の存在は〃在ってはならない〃ことだったのではなかろうか。「九州王朝」が滅びた段階で、「近畿王朝」は越智国の「紫宸殿」を早々に破却の対象にしてしまったように思える。

その一方、太宰府の「紫宸殿」は、白村江の敗戦のあと「唐・新羅」の進駐軍司令官・郭務悰に率いられた連合軍に摂取され、倭国駐留の「司令部」として使用されたのではないのか。その後、近畿王朝になってからは、九州の要の政庁として使用された。その建物は「藤原純友の乱」により、天慶四年（九四一）に焼失したようであるが、その名称だけがそれ以後も今日まで遺存したと思われる。

また思うに、近畿天皇家の持統天皇の「藤原京」（六九四年）、政権掌握後の元明天皇の「平城京」（七一〇年）、聖武天皇の「山背恭仁京（やましろくにきょう）」（七四一年）・「難波京」（七四四年）、その何れにも「紫宸殿」の遺構や現存地名が無いのは、その頃はまだ中国・唐朝の〃権威〃に抗しきれなかったためではなかろうか。

なにしろ古田氏が述べておられることであるが、唐の初代皇帝・李淵が、主君である隋朝にクーデターを起こした「大義名分」は、あの「多利思北孤」の「日出ずる処の天子…」の「国書」にあったようである。即ち、「夷蛮の王」が「天子」を名乗る所謂中国から見ての「二人天子」などはもっての外のことであったからである。また、抑も近畿天皇家は唐の庇護の下に日本列島の覇者（但し、北海道・東北・沖縄を除く）となったと思われるだけに、初期の近畿王朝においては唐の威に服さなければならなかった。

そして、近畿王朝の「紫宸殿」造営には、唐の影響が薄れてくる七九四年の「平安京」まで待たなければならなかったのである。

結語

それにしても、越智国に「紫宸殿」や「天皇」地名が遺っていたこと、その当時から今日に至るまで、地名を温存してくれた当地の人々には〝感謝々〟である。

この畏れ多い地名が遺存している「越智国明理川」は、一時「九州王朝倭国の天子」が住み「同王朝の首都だった」。これが、この地域の人々の〝誇り〟であったに違いない。そのため、名誉ある崇高な「紫宸殿」と「天皇」という二つの名称を思慕し、地名に託したのではなかろうか。

いずれにしても、愛媛県西条市にとっては無上の誇れる「地名遺跡」であり、この地は「当時の日本列島の宗主国・九州王朝倭国の首都だった」という「至宝」なのである。それを明らかにするためにも西条市による発掘・調査が待たれる。

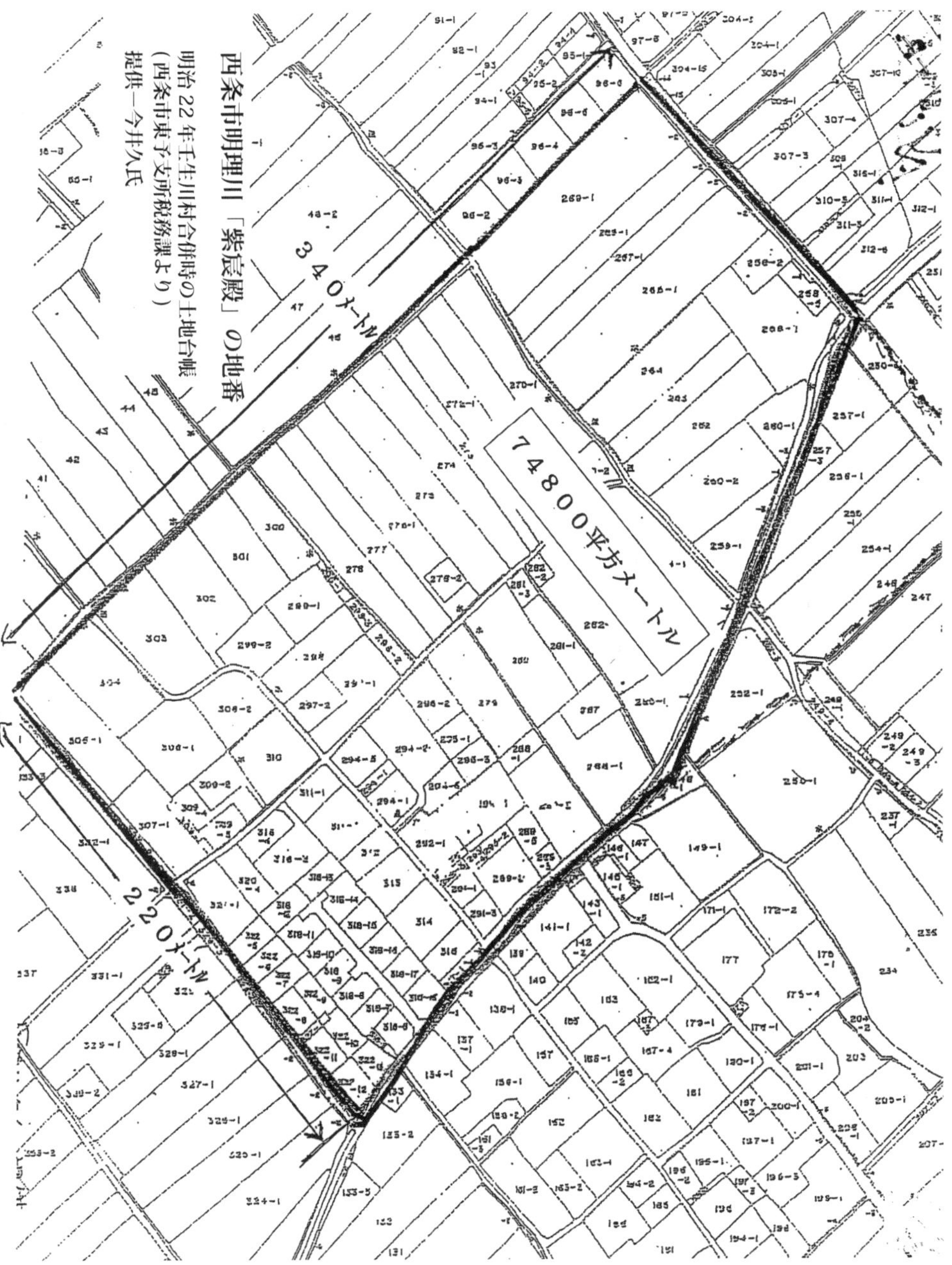
西条市明理川「紫宸殿」の地番
明治22年壬生川村合併時の土地台帳
（西条市東予支所税務課より）
提供―今井久氏
３４０メートル
７４８００平方メートル
２２０メートル

壬生川町全図　保乃木（小字名）入り

西条市明理川「紫宸殿「天皇」地名
日・小松町農林水産課(所蔵)　昭和7年作成
提供ー今井久氏

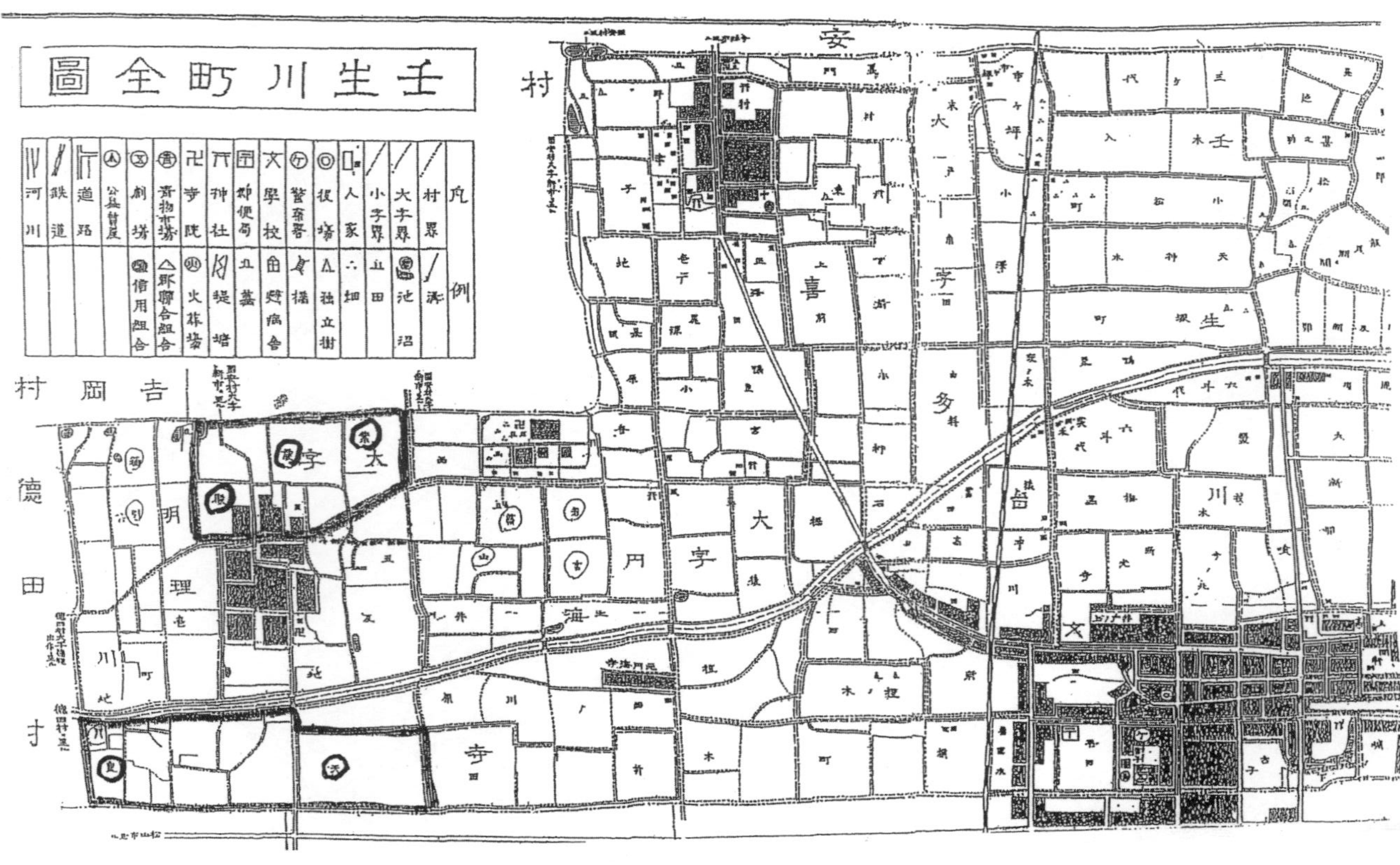

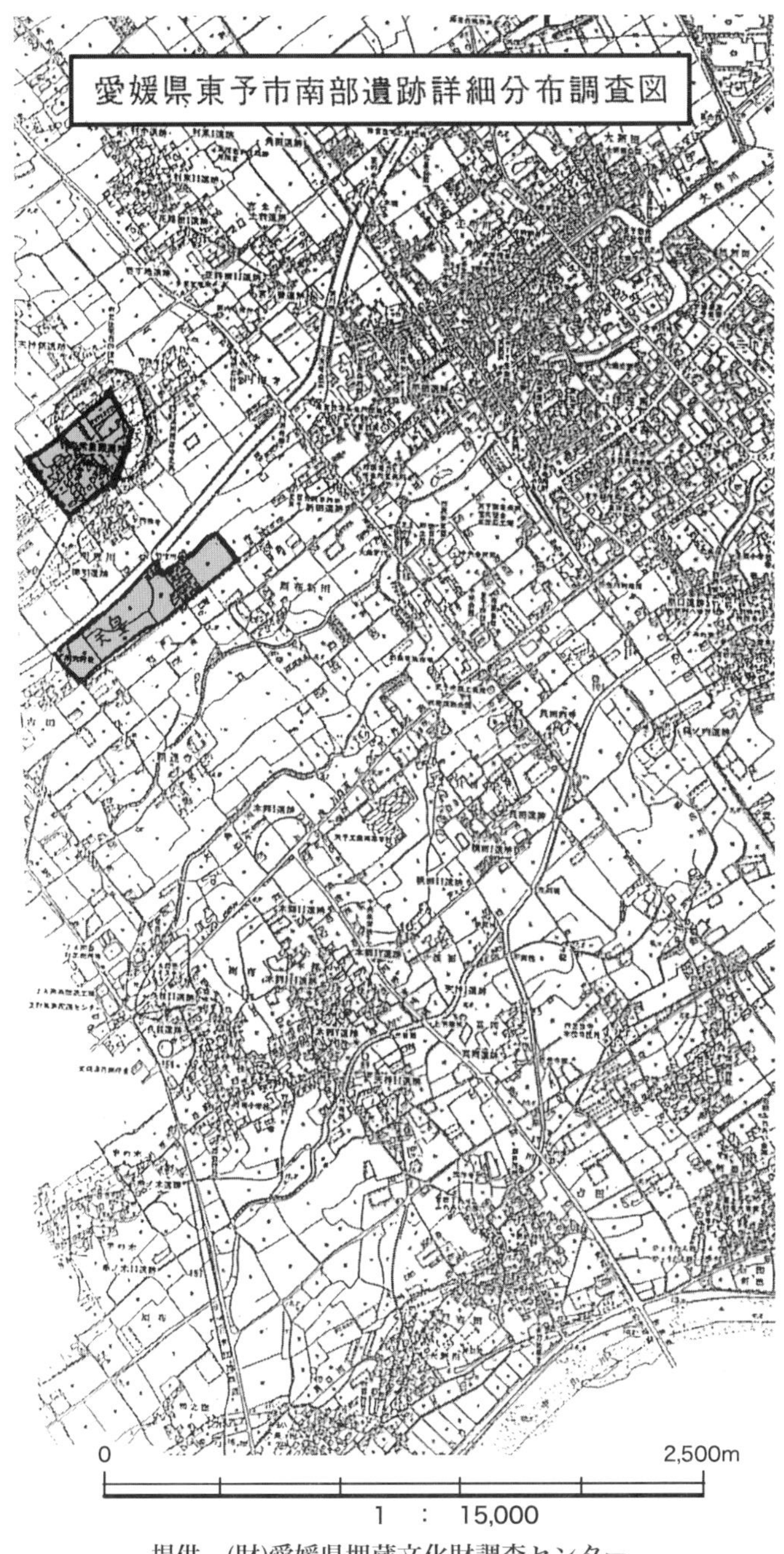

提供ー(財)愛媛県埋蔵文化財調査センター

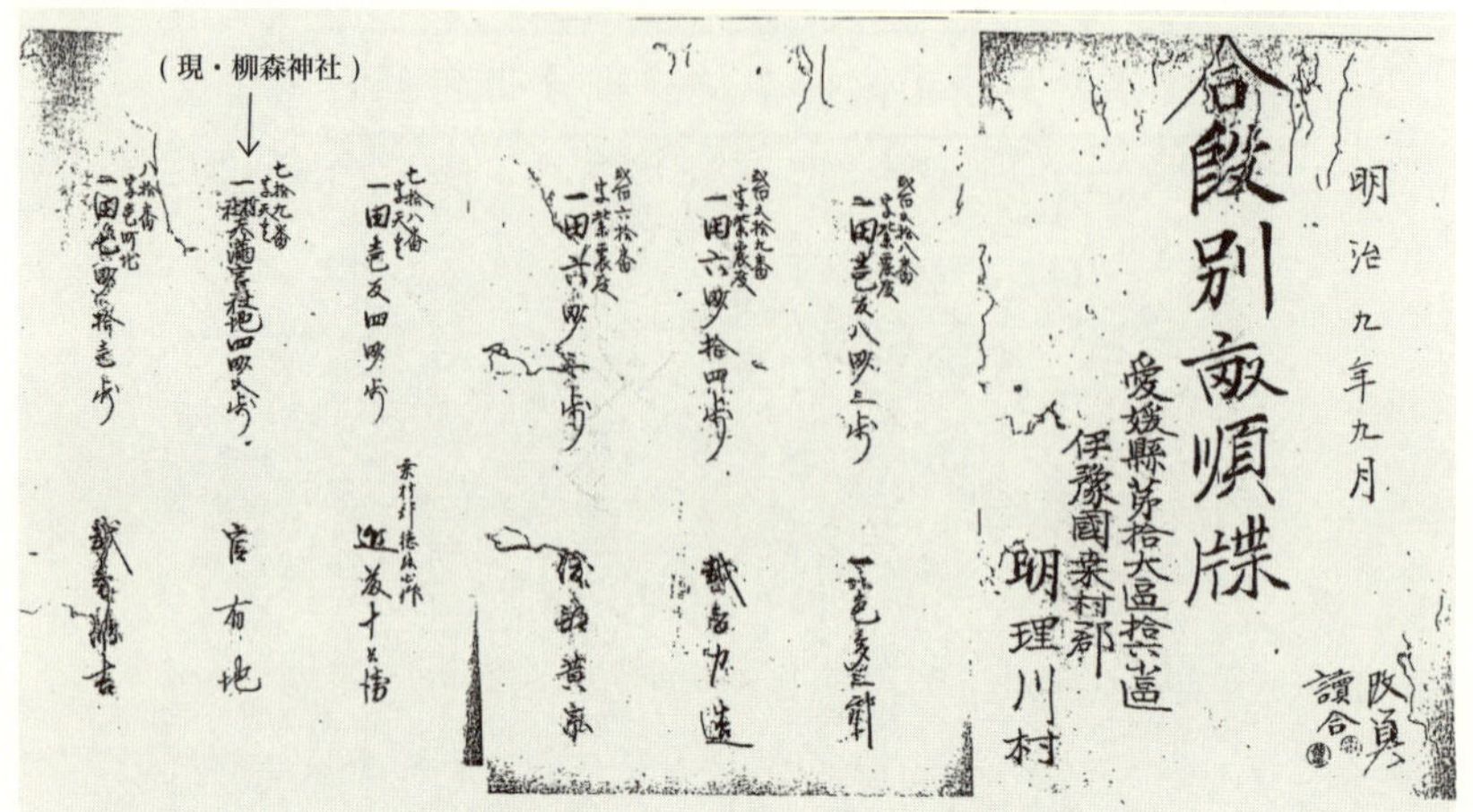

合段別畝順牒
明治九年九月
愛媛縣第拾大區拾六小區
伊豫國桑村郡
明理川村

合段別畝順牒　　愛媛県立図書館所蔵

紫宸殿地名遺跡

天皇地名

天皇地名の外れに建つ柳森神社

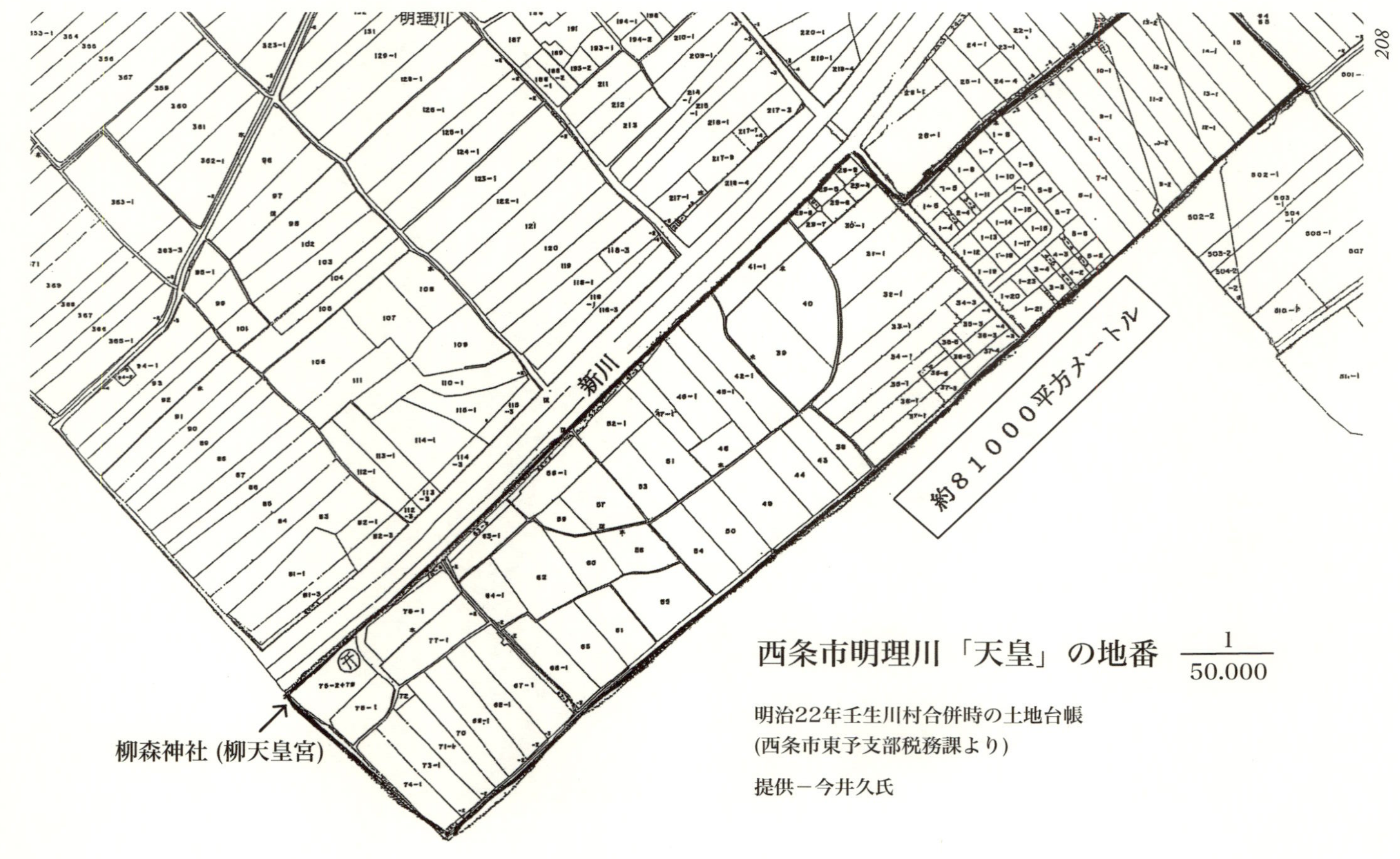

西条市明理川「天皇」の地番　$\frac{1}{50.000}$

明治22年壬生川村合併時の土地台帳

（西条市東予支部税務課より）

提供―今井久氏

第八編　天武天皇の謎―「万世一系」系図作成の真相

一、天武天皇通説の人物像

「天武天皇」の人物像の〝通説〟は、となると次のようである。

第四十代天武天皇は諱を天渟中原瀛真人天皇と言い、天皇になる前は大海人皇子で大皇弟とも呼ばれた。天武の名は後世の天皇諡号。父は第三十四代舒明天皇、母は第三十五代皇極天皇（のち重祚して第三十七代斉明天皇）。第三十八代天智天皇の五歳下の実弟。都は飛鳥浄御原宮。皇后は天智の娘・鸕野讚良皇女（のちの第四十一代持統天皇）。天文・遁甲（占星術）・方術（占いの術）を能くした。実兄・天智の死後「壬申の乱」を起こし、甥である天智の息子・大友皇子（明治時代に諡号された第三十九代弘文天皇）を死に至らしめ、政権を掌握した――。

ところで、この時代は、「九州王朝の終焉と新生・日本国の成立」の過渡期で、わが国では未曾有の動乱期であった。

そのような中で、政権移譲に伴う九州王朝と新生・日本国の主となる近畿天皇家との関係はどうであったか、またそこに主役として登場した天武天皇とは一体如何なる人物であったのか。天武の出自や事績などは〝謎〟が多く、未だ確論に至っていないと考えられることが数多くあるように思う。

しかも、古田武彦氏が明らかにされた「斉明天皇は九州王朝の天子であり、白鳳年号（六六一〜六八三年）は斉明の年号であった」[①]となると、右に掲げた天武天皇の通説は、根幹から覆ってしまうのである。

そこで、私は古田説をもとにこの時代の〝闇〟を少しでも切り開くことができればとの想いから、表題のテーマのごく一部ではあるが、これに敢えて挑戦することにした。

なお、論述にあたり〝用語〟での混乱を避けるために、次のように表記した。

イ，「近畿天皇家」と「近畿王朝」という使い分けをしているが、「王朝」は〝宗主国の朝廷〟と看做し、王朝交代の文武天皇の大宝元年（七〇一）を境として、前を「近畿天皇家」とし、後を「近畿王朝」としている。

ロ，「天皇」称号は、これも文武天皇の大宝元年に始まるとされている。それ以前の近畿天皇家の称号は「大王」であり（古田説[②]）、また「天皇諡号」も奈良時代以降であるが、当小論では便宜的に通例の――天皇としておく。

注

①「九州王朝終末期の史料批判―（白鳳年号を巡って）」古田武彦論稿『古代に真実を求めて』第十五集所収　二〇一二年三月　古田史学論集　明石書店

②古田氏は当初、氏の著作『法隆寺の中の九州王朝―古代は輝いていたⅢ』（朝日文庫・一九八八年六月）の第四部第二章において薬師仏の後背銘（金石文）に記されていた「大王天皇」とは推古天皇のこととしていた。最近の古田氏は、『魏書』（北魏）に書かれていた北魏の系図が、初代太祖道武帝以前の先祖二七人を全て皇帝にしていたことから、

『紀』はこれを模倣して、政権掌握後文武天皇以前の先祖の大王を天皇にした、と検証。そして実際の天皇位は文武天皇からであったとしている（第十回古代史セミナー　二〇一三年十一月九～十日　八王子・大学セミナーハウスでの講演）。

二、『日本書紀』は天武天皇のために編纂された

『日本書紀』（以下『紀』と言う。岩波文庫全五冊本から引用）全三十巻のうち二十八巻と二十九巻が天武天皇の事績、そして次の三十巻目は妻の持統天皇の事績である。『紀』の編纂は天武の生前に企画され、孫の元正天皇の養老四年（七二〇）、天武の息子・舎人親王（とねりしんのう）により完成をみた。

事績の記述について砂川恵伸氏は次のように述べている[①]。

天武は『紀』全文中六八七行で第一位、第二位は欽明四四五行・第三位孝徳三七五行・第四位持統三三六行・雄略三一〇行・以下二〇〇行代が五人・一〇〇行代が十一人・あとは二桁・一桁代が二十人である。

これを見て解る通り、巻数・行数ともに天武は断トツで、『紀』は天武のために作られたことは事実であろう。勿論、この時代は〝現代史〟であるので天武に関する史料事実が多く、力が入るのは当然としても、私が見る限り『紀』はこの時代の勝者である天武を称揚し、かつ〝政権簒奪〟を正当化するために作られたのであ

る。そのため、天武に都合の良いように〝好き勝手〟に編纂されたものと思われる。そして、後述するが「万世一系・近畿王朝一元史観」を創出するために、同王朝に先立つ九州王朝やその支配下の全国に数多あった諸国を〝なかった〟ことにして抹殺した。その結果、この時代が全く矛盾だらけの訳の解らないものになってしまったのである。

（なお、当小論で度々用いている〝なかった〟の語は、古田武彦氏の「九州王朝説をなかったことにしている」という近畿王朝一元史観学派に対する古田氏の基本的な揚言に従っている）。

注

① 『天武天皇と九州王朝』砂川恵伸著、二〇〇六年、神泉社

三、天武天皇の后たち―天智の娘四人が天武の妻となった

『紀』には、天武の妃と子供を詳細に記している。これを天武の妃・その子供・妃の父を婚姻順に並べると次のようである。

一、額田媛王（ぬかたのおおきみ）―十市皇女（とをちのひめみこ）（弘文妃）―鏡王（かがみのおおきみ）
一、尼子娘（あまこのいらつめ）―高市皇子（たけちのみこ）―胸形君徳善（むなかたのきみとくぜん）～九州の大豪族（皇族）・宗像（むなかた）大社主

一、檝媛娘—忍壁皇子・磯城皇子・泊瀬部皇女・託基皇女—宍人臣大麻
一、大田皇女—大来皇女・大津皇子—中大兄皇子（のちの天智天皇）
一、鸕野讃良皇女（持統天皇）—草壁皇子—天智天皇
一、大江皇女—長皇子・弓削皇子—天智天皇
一、新田部皇女—舎人皇子—天智天皇
一、氷上娘—但馬皇女—藤原大臣
一、五百重娘—新田部皇子—藤原大臣
一、太蕤娘—穂積皇子・紀皇女・田形皇女—蘇我赤兄大臣

なお、天智の娘四人のうち大田皇女と鸕野讃良皇女は、天智の生前に娶り、大江皇女と新田部皇女は天智の没後に娶ったようである。

当時、叔父・姪の婚姻は問題ではないが、それにしても、『紀』において実の兄とされた天智天皇の娘四人も弟の妃にすることは、あまりにも異常である。裏を返せば、天武は天智の最大の政敵だったことになる。これは、天智と天武の兄弟説に大きな疑問を投げかける一つのポイントなのである。

そして、ここで注目すべきことは、胸形君徳善の娘を娶っていることである。「胸形君は九州王朝の天子の系列」とも考えられており、大海人皇子の最大の支援者で、近畿天皇家〝簒奪〟のための原動力が彼にあったのではないかと思われる。そのことは、徳善の孫にあたる高市皇子が後に太政大臣（或いは天皇～後述）になっていることからも推測できる。

四、天武天皇は天智天皇の実弟ではない

『紀』の舒明天皇の条に

「二年の春正月の丁卯の朔戊寅に、宝皇女を立てて皇后とす。后、二の男・一の女を生れませり、一を葛城皇子と曰す。近江大津宮御宇天皇なり。二を間人皇女と曰す。三を大海皇子と曰す。浄御原宮御宇天皇なり」

とあるが、ここには大海皇子（大海人皇子）後の天武天皇の生年月日が書かれていない。『紀』のどこにも書かれていないのである。従って、崩御の年齢が不明であるため、兄とされる天智との年齢差もまた不明なのである。

ところが、鎌倉時代成立の『一代要記』①や南北朝時代の『本朝皇胤紹運録』②に、「天武の没年齢は六五才」とあって、『本朝皇胤紹運録』には「天武は推古三一年（六二三）誕生」とある。

そのようなことから、大和岩雄氏は、「天武は天智より四才年上」であると論述している（『天智・天武天皇の謎』③。なお、これについては佐々克明氏の先行論文『天智・天武は兄弟だったか』があるという）。また、井沢元彦氏も、

「没年齢六十五歳（数え年）なら、天武は六二二年生まれということになる。しかし、その「兄」のはずの

天智天皇は、六二六年生まれだ。すなわち、弟の天武の方が天智より四年早く生まれたことになってしまうのである（『逆説の日本史』２「古代怨霊編」）[④]。

と述べている。私も、これに関しては後代史料に基づいているとしても諸兄の説に賛同したい。

更に私なりに付け加えると、前述したとおり天智の娘四人を天武の后に差し出していることから（但し、天智の生前に二人、没後二人）、実の弟とされる者に政略の〝具〟として大切な娘を、なのである。不思議を通り越しているといっても過言ではない。また、後述する「大皇弟」の検証及び前述している天智・天武の母親であるとされた〝斉明（さいみょう）天皇は近畿の天皇ではなく九州王朝の「天子」だった〟（古田説）ことから、天武は天智の実弟ではなかったことが明白である。

なお、中国には「天子」の下位称号として「天王」がある。日本の「天皇」はこの「天王」と同格のようである。これは、唐の意向に従い、天子称号を使用できなくなったための代用と考えられる（古田説）。即ち、九州王朝の「天子称号」は、近畿天皇家の「天皇称号」より格上であった。

注

①『一代要記』年代記の一つ　著者不詳　後宇多天皇の時成立　鎌倉時代末から南北朝初期まで書き継がれた（ウイキペディア）

②『本朝皇胤紹運録』天皇・皇族の系図　後小松上皇の勅命により洞院満季が編纂　応永三十三年（一四二六）成立（ウイキペディア）

③『天智・天武天皇の謎』大和岩雄著　一九九一年　六興出版

④『逆説の日本史』２「古代怨霊編」井沢元彦著　一九九八年・小学館文庫

五、天武天皇の前称号「大皇弟」の真実

通説では、「大皇弟」とは天皇の弟を意味するので、天武は天智天皇の弟であることからこれにあたる、としている。しかしながら、『紀』で「大皇弟」と記されているのは大海人皇子（後の天武）ただ一人である。初見は、天智天皇三年（六六三）の条に、

三年の春二月の己卯の朔丁亥に天皇、大皇弟に命して、冠位の階名を増し換ふること、及び氏上・民部・家部等の事を宣ふ。

とある。

そこで、『紀』で他の記述を見てみると、用明天皇二年四月の条に「皇弟皇子」、孝徳天皇の白雉四年の条に「皇弟等」、白雉五年の条に「皇弟」が出現している。

従って、「大皇弟」は大海人皇子ただ一人なのである。

ところで、拙論「続・越智国にあった〈紫宸殿〉地名の考察」①でも「皇弟は天皇の弟を意味し、大皇弟は天子（天皇より格上）の弟を意味する」と簡単に触れておいたが、『紀』に記されている「大皇弟」をもって、果たして大海人皇子が天皇（天智）の弟として良いのだろうか。

『紀』に記されている年次の中には信憑性に疑義があるものも多々あるが、ここでは『紀』の記述に従い

論述すると、先ず問題となるのは、『紀』の天智天皇三年条の時、天智はまだ天皇になっていない中大兄皇子の時代であり（『紀』によれば、天智の即位年は天智七年の正月）、そうなるとこの時点では、大海人皇子は天皇の弟すなわち「皇弟」を意味しないのである。

更に、抑も当時の近畿天皇家はまだ「天皇」ではなく「大王（おおきみ）」の時代なので、天智が即位していようがいまいが、実のところ「大王」の弟は「皇弟」ではないのである。

従って、七〇一年以前の『紀』の「皇弟」記事は、天皇を名乗って後の『紀』編纂時の後付となる。つまり、これも単なる〝権威付け〟にほかならないのである。

一方、大海人皇子の異例とも言うべき「大」の付いた「大皇弟」の呼称は、次の理由から正しい。

それは、『隋書（ずいしょ）』「俀国伝（たいこくでん）」[2]に登場する俀国王〝阿毎（あま）（天）多利思北孤（たりしほこ）〟はその国書に、

「日出ずる処の天子、書を日没する処の天子に致す。恙無（つつがな）しや云云」

として、九州王朝の主は「天子」を名乗っており、天智三年の時に大海人皇子が仮に天皇より格上の天子の弟だとしたら「皇弟」の上に「大」の字がついても不思議はない。

また、「大皇弟」という呼称は、『紀』の天智天皇三年の条以外には、他の史料からも見つけることはできないが、九州王朝には伝統的に「兄弟統治」[3]があったのでこれを考慮する必要がある。

それは、この「兄弟統治」から推すと、九州王朝の天子の弟だからこそ、特別に大切にされて「大」の字がついても、これまた不思議ではないと考える。

更に、大海人皇子は九州王朝の姓である〝天（あま）＝海士・海人〟を名乗っている。これは、生まれもった名前であり、多利思北孤の「天」を継承していて、諱（いみな）（死後に言う生前の名前で姓ではない）ではないのである。

その上、後に付けられた諱にまで「天」が付いている。それも「天渟中原瀛真人天皇（あまのぬなはらおきのまひとのすめらみこと）」であり、名前と諱の「二重の天（あま）」を戴いているのである。

従って、これらのことから大海人皇子（天武）は、当時日本列島の宗主国である「九州王朝の皇子であり、天子の弟」なので、正真正銘の「大皇弟」であった。では、その時の天子は誰だったのかについては後述する。

ところで、近畿天皇家にも「天」の諱を名乗っている天皇がいる。それは、第二九代欽明天皇（天国排開広庭尊）、三五代皇極（天豊財重日足姫尊）、三六代孝徳（天萬豊日尊）、第三七代斉明（皇極に同じ—重祚）、三八代天智（天命開別尊）、四一代持統（大倭根子天之広野日女尊）、それに近畿王朝になってからの天武系の四二代文武（天之真宗豊祖父尊）、四三代元明（日本根子天津御代豊国成姫尊）、四五代聖武（天璽国押開豊桜彦尊）、そして天智系の四九代光仁（天宗高紹）である。

この中で、最初の欽明については何故このような諱がついたのかは不明であるが、次の皇極から聖武までの諱は「天」を名乗っている（但し、皇位に付けなかった大友と、また四四代元正には「天」の諱はない）。そこで、皇極は九州王朝の斉明と〝重祚〟という名目で合体させた人物（古田説）であるので同じ諱になるのは当然であり、天智についての命名も系図上斉明の息子で天武の兄とするからには「天」にする必要があった。持統・元明は天智の娘であるが天武朝を継いでおり、文武は天武の孫、聖武は天武の曾孫であるので「天」を名乗ることは当然のことと思う。また孝徳についても皇極（斉明）の弟としているため、「天」の諱は〝血のつながりを建て前とする〟「万世一系」系図作成上の創作ではなかったか。要は天武の「天」を中心に据えた系図だったのである。断定はできないが、付言しておきたい。

以上見てきた通り、大海人皇子は九州を出て近畿にやって来た時から「大皇弟」であっても不思議ではなく、従って『紀』に言うところの、天智即位前の「大皇弟」の記述もおかしくないのである。また、「近畿天皇家」にとっては、極めて重大な出来事であったとされていた「乙巳の変」に大海人皇子の存在は影も形もなく、突如、天智三年に登場することも肯ける。

これらのことから、推論であるが、大海人皇子自ら「大皇弟」の尊称があったことを良いことに、「万世一系」の観点から、『紀』の儒教思想に基づく「長幼の序」の倣いから、天智の弟に成りすましたと考えたい。

なお、付け加えると有名なエピソードとして、大海人皇子の暴虐無人な振る舞いを語るに、天智「即位の儀」の後に催された祝宴の最中、酔った大海人皇子が天智の面前で槍を振り廻し、床に〝ぐさり〟と突き刺したということが『藤氏家伝』③に出ている。これなども、普通の弟ならばできることではなく、「大皇弟」であったればこその所業、と見ることができないであろうか。

注

①『古代に真実を求めて』第十六集所収　二〇一三年十二月　明石書店

②『隋書』「俀国伝」　隋が滅び次の唐代の武徳四年（六二一）～貞観十年（六三六）に、魏徴らにより編纂・成立した隋朝に関する史書。「俀国伝」は隋とわが国との国交に関する記事を掲載している。

③その例は『三国志』「魏志倭人伝」・『隋書』「俀国伝」・隅田八幡神社の「人物画像鏡」などにあって、そして「九州年号」に「兄弟」があり、また兄弟統治を現す「並立年号」がある—いずれも古田説。

④『藤氏家伝』藤原氏初期の伝記　天平宝字四年（七六〇）成立『羣書類従』第三巻所収

六、天武天皇の諱「真人」とは

天武天皇の諱は「天渟中原瀛真人天皇」であり、「八色姓」の「真人」の称号と同じである。「八色姓」とは「真人・朝臣・宿禰・忌寸・道師・臣・連・稲置」の八つの姓を言い天武天皇十三年（六八四）に制定したとされている（『紀』）。

そこで、「真人」の諱と姓の関連についてであるが、『紀』の天智・天武・持統と『続日本紀』の文武の各天皇記事の中から、「真人」を名乗っている人物を全て抜き出したところ、二種類あることが解った。

一つは無論のこと「八色姓」である。これは、天武十三年（六八四）十月に「八色姓」発布の日に「公」称号の十三氏に、「真人」称号を授与している。以後、臣下の多くに「真人」称号が見受けられる。

二つ目は、純然たる名前であった。初見は天武十年（六八一）十月に粟田臣真人である。この人物は持統二年（六九二）に筑紫大宰粟田真人朝臣としても登場し、次いで文武天皇大宝元年（七〇一）正月粟田朝臣真人、慶雲元年（七〇四）七月・十月、また慶雲二年四月にも同じく粟田朝臣真人、最後は慶雲二年八月遣唐使粟田真人として出現する。

ここで注目すべきは、初見の天武十年十月は「八色姓」発布の三年前のことである。そして、最初は「臣」であり、次の登場は「朝臣」となっている。

また、このような「朝臣」と「真人」を組み合わせた人物としては、天武の朱鳥元年（六八六）九月紀朝臣真人、持統元年（六九〇）正月膳紀朝臣真人が登場している。

これは一見、一人で「臣・朝臣」と「真人」の二つの「姓(かばね)」を持っていると思いがちであるが、実は「臣・朝臣」は「姓」であり、「真人」は名前である。

例えば、後世の「太郎」や「次郎」は兄弟の〝序列〟を表し、また当時蘇我蝦夷や高橋蝦夷などの「蝦夷(えみし)」は〝勇敢な・猛々しい〟などの意味があると同じく、「真人」は〝真実の人・真面目な人・最高の人間性〟を意味して付けられたと思われる。

従って、天子の弟が「姓」の「真人」では全くおかしいことになる。しかも「八色姓」を制定した天武自身が、臣下第一等の「真人」を自らの称号にするということは考えられない。しかし、それが名前であるならば矛盾しない。これは、天武の九州での居住時代から、つまり幼少期からの名前であったと思われる。それにより、「八色姓」の「真人」は天武の名前に基づいて臣下第一等に位置付けたのではないであろうか。二番目から八番目の職制の意味合いを持つ他の称号とは全く趣きをことにしていることからも、それが窺える。

また「八色姓」発布の天武十三年（六八四）は、列島上の宗主国はまだ九州王朝倭国であるが、この制度は九州王朝のものであったのか、天武の手による近畿天皇家の制度であったのかについては今後の課題としたい。

七、斉明天皇と天武天皇は親子ではない

『紀』は、天武天皇の父は第三十四代舒明天皇、母は第三十五代皇極天皇（重祚して第三十七代斉明天皇）で

あるとしている。

今まで見てきた通り、天智と天武は兄弟ではなく、天武は「大皇弟」の称号から九州王朝の人となる。従って、通説の近畿天皇家の舒明・皇極（斉明）を父母とする系図は、全くの創作であったと言える。

更に言えば、前述の「斉明天皇は九州王朝の天子である」ということになると、なお一層系図の虚偽が明確となるのである。

ところで、天武が「大皇弟」であるならば、一体如何なる天子の弟だったのか、ということになる。そして、父母は？

以下に、このことについて私の仮説を述べ、問題提起とする。

『紀』による通説ならば、斉明の崩御は六六一年なので、天武は天子・斉明の息子とされていても不思議はなかったが、白鳳年号（六六一～六八三年）が斉明の年号（古田説①）だとすると問題が生じる。それは、『紀』では六七二年天武が近畿天皇家の天皇として飛鳥浄御原宮で即位、六八六年崩御とあるが、この間「白鳳年号の論証」により、九州王朝の天子・斉明が六八三年までは確実に生きていることになる（その後も年号改元で生存の可能性あり）。そうなると、〝斉明・天武の親子説〟は時系列的に無理となる。

一方、「大皇弟の論証」から、天武は〝天子の弟〟でなければならない。それでは天武は誰の弟なのか。そこで、この時代の九州王朝の天子である人物として、次の三名を挙げることができる。

一人目は〝中皇命〟である。古田氏はその著『壬申大乱』②で、『万葉集』巻一に登場する〝中皇命〟を、「七世紀中葉・＜白村江の戦い（六六二年）＞以前の九州王朝の天子」とされているが、この人物では時代的には離れ過ぎており、弟とするのは無理である。

二人目は、唐の捕虜となった〝筑紫君・薩夜麻〟である。薩夜麻は斉明の摂政（古田説③）ということでもあり、斉明の後を継いだ天子と考えられるが（斉明の実子か）、年齢も天武の方が上と思われることから、これも時系列的に弟ではありえない。

三人目は斉明である。時代の整合性を加味して、消去法で見るならば、斉明こそが天武の〝姉〟になる。つまり、天武は「天子・斉明」の息子ではなく〝弟〟、即ち「大皇弟」だったのである。

それでは、天武の父母は、となると残念ながら今のところ不明とせざるを得ない。

一方、兄弟ではなかった天智の父母はとなると、母は系図の通り「天豊財重日足姫（あめとよたからいかしひたらしひめ）こと皇極」であり、父は不明であるが舒明の諱（いみな）とされる「息長足日広額（おきながたらしひひろぬか）」という人物だったことも考えられる（前述している通り、舒明も九州王朝の天子であり、大和の「息長足日広額」と合体させられた）。

このように手の込んだ系図を作成した理由は、後述する「易姓革命」④の回避と「万世一系」に起因すると考える。

いずれにしても、『紀』はこのように系図を勝手に作り替えたため、この時代は不透明極まりないものになってしまったのである。

注

①『TOKYO 古田会 NEWS』NO139 所載　二〇一〇年十一月六日　八王子・大学セミナーハウスでの講演録

②『壬申大乱』～古田武彦著　二〇〇一年十月　東洋書林　その後二〇一二年年八月　ミネルヴァ書房より復刊

③『古代に真実を求めて』古田史学論集第十四集「神籠石の史料批判」　二〇一一年三月　明石書店
『TOKYO 古田会 NEWS』NO139 所載　二〇一〇年十一月六日　八王子・大学セミナーハウスでの講演録

④「易姓革命」「とは、中国の儒教に基づく王朝交代の理論で、天子の徳がなくなれば天命が別の姓の天子に改まることを意味する。つまり、別の国姓への王朝交代であり、王朝が替われば国姓も替わるという。

八、「壬申の乱」の真実

天智天皇崩御（六七一年十二月三日）後に起こったとされる「壬申の乱」の顛末ついての『紀』による概略は、次のようである。

戦争の開始宣言―天武元年（六七二）六月二十二日「諸軍を差し発して、急に不破道を塞け。朕、今発路たむ」

同月二十四日―大海人皇子吉野出発、伊賀国から伊勢国に入る

戦争の終結―同年七月二十三日　大友皇子自殺戦争の期間―三十一日

この「壬申の乱」については、古田武彦氏が『壬申大乱』[①]でその虚構を既に明らかにしている。それをかい摘んで述べると、

1.『紀』が語る「馬の走行に関する記事の信憑性」について

古代馬の走行距離から考察した三森堯司氏の説[②]騎兵であった自らの体験から記事を詳細に分析した結果、

「乱の六月二十二日から二十九日にかけての馬の活躍は、不可能と断定せざるを得ない」

を挙げて、古田氏は『紀』での戦争の行程は到底無理であり、その実態は虚像であったとする。

2.「壬申の乱」で語られた〝吉野〟の舞台は、大和の吉野ではなく肥前の吉野だった

万葉歌人・柿本人麿が『万葉集』で「壬申の乱」を歌ったとされる作歌場所は、「滝の歌」「吉野の河の歌」「鵜川の歌」「船出の歌」などの検証から、大和の吉野ではなく肥前の吉野（吉野ヶ里などがある吉野地方）であった。

また、『紀』「持統紀」の吉野行幸の舞台の吉野も、奈良県の吉野ではなく佐賀県の吉野ヶ里だった。持統天皇の在位九年間に三一回（この内十一月から二月までの冬期間八回）の吉野行幸が記録されている。これは、九州王朝の軍都であった肥前・吉野ヶ里への天子の軍事視察の記事を、九州王朝の史書から〝盗用〟して、三四年遡らせて（「丁亥」の論証）「持統紀」大和の吉野へ〝はめ込んだ〟ものである。

3.「倭京」とは、「近飛鳥（ちかつあすか）」と「遠飛鳥（とうつあすか）」

『紀』中に全七回登場する「倭京」は、「やまとのきょう」と読むのではなく、「ちくしのきょう」と読まなければならない。そこは太宰府を中心とした博多湾岸及び筑後に跨る一帯であった。「九州年号」にも「倭京六一八年～六二二年」がある。これも筑紫から大和への〝換骨奪胎〟であった。

『古事記』の「履中紀」に、「近飛鳥」と「遠飛鳥」が出現する。結論から言うと、「近飛鳥」は奈良の飛鳥（明日香）であり、「遠飛鳥」は筑紫の小郡（おごおり）井上地区（現在の小字は「飛鳥」であるが明治十五年までは飛鳥）である。九州王朝の史書に〝筑紫の飛鳥〟とあった記事を、〝大和の飛鳥〟として『紀』に〝切り取り・はめ込んだ〟。③

また古田氏は、天武天皇の宮とされている「飛鳥浄御原宮」について、次のように述べておられる。

「この宮殿の所在地は、通説の奈良の『飛鳥』ではなく、筑紫の小郡（おごおり）の『飛鳥』である。また、宮の読み方は『あすかきよみがはら』ではなく『あすかじょうみばる』である④」

『紀』「巻二十九天武二年（六七二）二月条」では、この「飛鳥」の宮において大海人皇子（天武天皇）が即位したとされていたが、古田氏の「飛鳥小郡説」に従えば、これも九州王朝の史書からの盗用で『紀』に〝切り取り・はめ込んだ〟舞台で即位したということになり、この説は成り立たない。

これらのことで解る通り、大海人皇子による「近畿天皇家簒奪」の正当化を図るため、『紀』に一巻（第二十八）を割いてまで書き綴った「壬申の乱」の記述そのものは、実は虚構だったのである。但し、大友皇子殺害に至る大乱は、場所は特定できていないが、筑紫や肥前の吉野から瀬戸内海を経由して近畿一円を舞台に行われたと考えている。

注

①『壬申大乱』古田武彦著　二〇〇一年・東洋書林　その後二〇一二年・ミネルヴァ書房より復刊

②三森堯司氏の説「馬から見た壬申の乱―騎兵の体験から『壬申紀』への疑問」『東アジア文化』十八号　一九七九年
③二〇一二年十月六日松山市での「古田史学の会・四国例会百回記念古田武彦先生講演会」の講演録を大下隆司氏が『古田史学会報』一一三号に掲載
④二〇一〇年十一月六日、八王子・大学セミナーハウスでの講演

九、天智天皇の死は病死か暗殺か―陵墓の不思議

天智天皇の崩御について『紀』には、

「天智天皇十年（六七一）九月に病床に伏した（或本では八月としている）。十一月には疾病（みやまひ）は更に重くなった。天皇は東宮（天武）を臥内（おおとの）に引き入れ、『朕は疾病が甚だ重いので、後事を汝に託す』と。東宮は自らを疾（やまひ）と称して固辞した。後の政に大友王を推し、臣、天皇の為に出家することを乞い願う。天皇これを許す。剃髪して僧になる。天皇は袈裟を贈る。それを着て吉野山に入った。太政大臣大友皇子が皇太子となった。天皇は十二月三日近江宮で崩御した。十一日新宮で殯（もがり）した」

とあるが、ここには陵墓の所在地が記されていない。『紀』のどこにも記されていないのである。それも、『紀』において〝正式な〟天皇陵が所在不明なのは天智天皇ただ一人なのである。

因みに、持統天皇も『紀』に陵墓が記載されていないが、「持統紀」は、孫の皇太子・軽皇子（文武天皇）に位を譲った処で終わっているので、この時点ではまだ生きており、陵墓の記載がないのは当然である。このあとの『続日本紀』には、陵墓は記載されている（天武天皇の檜隈大内陵に合葬、大宝三年十二月二十六日）。

ところで、山城国宇治郡山科（やましな）に立派な陵が存在していることから、『岩波文庫』注では、ここが『紀』にある天智の「新宮」であると記している。これにより通説は、天智天皇が近江宮（滋賀県大津市錦織遺跡）で病没し、その陵墓は山科（京都市東山区山科御陵上御廟野町）にあるとしている。

ところが、後世（四〇〇年後）の書である『扶桑略記』①には、これとは異なる全く不思議な記述が遺されていた。

「十月、天皇（天智）病に伏す。そして、天皇に後事を託されたが、自分（大海人）も病気がちであることを理由に固辞し、出家して吉野山に入った。十二月三日天皇が崩御した」

――ここまでは、『紀』と同じであるが、次の記述が問題なのである。

「一伝。天皇、馬で遠乗りに出かけ、山科郷に行幸した。還って来なかった。行方不明になったので、山林を捜索したが履沓が落ちていたので、その地に陵墓を造った」

次に意味不明の記述がある。それは、

「以往諸皇不知因果恒事殺害」

とあって、井沢元彦氏は前掲書で、

「『以往諸皇因果を知らず、恒に殺害を事とす』だろうが、これでは意味が通じない。学界でもこの部分は謎とされている。

『つねに殺害を事とす』とある以上、やはりこの天智天皇『消失』事件も『殺害』と看做されていた、と考えるべきではなかろうか」

としている。

私も同感である。その上、次のような疑問点がある。

それは、重病であった天智が遠乗りに出かけること自体も不思議であるが、天皇ともあろう人が大勢の供も連れずに出かけるものだろうか。それも、近江宮（滋賀県大津市）から遠く山を越えて山科（京都市東山区）まで行ったのである。そこで行方不明になったので山林を捜索したけれど発見できず、沓が落ちていたので、遺体の代わりに沓を埋葬して、その地を陵墓とした、と（「沓塚」の伝承あり）。

そのような天皇陵など類例を見ない。何しろ、『紀』には陵墓の記載がないのである。

これも前例がない。そこで、『紀』の重病から崩御したという記述と、それに対する『扶桑略記』の「一伝」による不慮の死の、どちらが真相なのかということになる。病気で亡くなったのなら、近江宮の近くに陵墓を造ることになるであろうが、遠く離れた山科に、わざわざ造るというのは実に変である。

私は、前述の井沢氏[2]や砂川氏[3]が述べている通り、天智天皇は暗殺されたと考える。

推測の域を出ないが、病気ではなかった天智天皇は、遠乗りした山科の木幡で暗殺されたのではないか、と。

それも、九州王朝の「大皇弟・大海人皇子」によってである。

また井沢氏は、天智妃である「倭大后」の『万葉集』一四八番歌、

「青旗(あおはた)の木幡(こはた)の上を通ふとは目には見れどもただに会はぬかも」

これに対する、桜井満氏の『万葉集』訳注④（旺文社刊）、「天皇の霊魂は山科の木幡を彷徨(さまよ)っている」との解釈を挙げて、これも「天智は暗殺された」証拠としている。

私も、何とも意味深長の歌で、論証に値すると思っている。

そこで、『扶桑略記』の信憑性に関しての史料批判であるが、この書は、平安時代末期成立の比叡山功徳院の阿闍梨・皇円（浄土宗開祖の法然の師）という高僧が、神武天皇から堀河天皇までを編年体で書いた歴史書で、総合的な日本仏教文化史である。

私は、極めて真面目な書と認識して、ここで採り上げている。そこに「一伝」によると書かれた記述は、当時は書けなかったことでも、ほとぼりがさめた後世になって、伝承などを採り上げることもあると思う。井沢氏も述べていることであるが、天台宗の総本山の一つである三井寺（園城寺）の開祖は大友皇子の息子・与多王（天智の孫）であり、同じ天台宗の皇円ならば、このような伝承は知っていたかも知れない。また、この寺の境内に弘文天皇（大友皇子）陵があることから、この記事は虚偽ではなかったように思えてならないのである。

注

①『扶桑略記』神武天皇より堀河天皇の寛治八年（嘉保元年一〇九四）までのわが国の歴史を、仏教に力点をおきながら略述した私撰の編年体の歴史書。平安末期の成立。比叡山の僧・皇円著。（『国史大辞典』）

②『逆説の日本史』２「古代怨霊編」　井沢元彦著　小学館文庫　一九九八年
③『天武天皇と九州王朝』砂川恵伸著、二〇〇六年、神泉社
④『万葉集現代語訳対照上・下』櫻井満著　旺文社

十、天武天皇は「近畿天皇家」を簒奪した――それは「易姓革命」の序章だった

私は、九州王朝の「天子・斉明」の弟で「大皇弟・真人」と称されていた「大海人皇子」が、「白村江の戦い」(六六二年)の敗戦で唐の進駐軍や復員兵でごったがえしていた九州王朝の首都・太宰府を脱出して、近畿に逃げ込んだと考えた。その際、推測ではあるが、近畿天皇家に対して九州王朝からの何らかの密命を帯びていたのかも知れない。

その当時の近畿では、「中大兄皇子」の「天皇家」が、大豪族であった蘇我本宗家を滅ぼし、「白村江の戦い」にも参戦しなかったため、実力を蓄え台頭してきて、近畿地方に覇権を確立していたようである。そこへ、大海人皇子がやって来た。九州王朝は朝鮮半島での戦いに敗れ、亡国の瀬戸際に追い詰められていたとはいえ、皇子は〝腐っても鯛〟で、まだ格式だけはしっかりあり、往年の栄光を背後に決め込んでやって来た。その時、砂川氏が前掲書で言われるように、九州王朝の〝七枝刀〟などの宝物を持ち運んで来たことも考えられる。

それは、古田氏が述べておられる九州・久留米にあった九州王朝の宝庫「正倉院」(後述の「陸の正倉院」)の〝御

物〟だった可能性大いにありである。

そして、一方の天皇家の中大兄皇子は、〝やっとこさ〟即位して近畿天皇家の主・天智天皇となったのであるが、侵入者で最大の政敵となった格上の大海人皇子に、脅威を感じて娘を二人も差し出し、歓待に務めたと思われる。

しかしながら、天智との蜜月は長くは続かなかったようである。その理由としては、天智は当初、後継者を大海人皇子としていたものの、そのうちに息子の大友皇子を当てたい、と考えたためではないかと思われる。

そのようなことから、大海人皇子は天智天皇を山科の木幡で暗殺したと考えたい。『扶桑略記』にあるように「遺体」がなかったということと、『紀』に歴代天皇で陵墓が記されていないのは天智天皇ただ一人であるという事実が、それを雄弁に物語っていると思われる。

その後、大海人皇子は九州の大豪族で嫁の父・胸形君徳善（むなかたのきみとくぜん）と豊前の大豪族であった大分君恵尺（おおきだのきみえさか）をバックにして、近畿の豪族達をも味方に付け（「近江遷都」反対の不満分子か）、筑紫や肥前から近畿を舞台に争乱を引き起こし、大友皇子を自殺に至らしめ、近畿天皇家を簒奪したと考えている。

ところで、「壬申の乱」は一つの見方として「易姓革命」だった（なお、これについては井沢氏や砂川氏も述べているが、具体的には拙論とは違う。また、前述のように『紀』による「乱」そのものの経緯は虚構）。

「易姓革命」とは、中国の儒教に基づく王朝交代の理論で、天子の徳がなくなれば天命が別の姓の天子に改まることを意味する。つまり、別の国姓への王朝交代であり、王朝が替われば国姓も替わるということになる。

それでは、「易姓革命」であるとする根拠について、私は次のように考えたい。

九州王朝倭国の天子の姓は「天（あま）」である。『隋書』「俀国伝」に、俀国（大倭国・倭国）王「姓は阿毎（天）」、「字は多利思北孤」とあることによって知ることができる。一方の近畿の天皇家には諱（いみな）はあっても姓はない。但し、古田氏によれば、「近畿の天皇家は九州王朝の分家」であり、「当初は姓があった」と述べておられる。

しかしながら、この時代は近畿の天皇家には既に姓が無かったのである。

従って、姓が〝有る〟ところから〝無い〟ところに替わったので、この場合は「姓が替わる王朝交代」と言える。

因みに、近畿の天皇家に姓が無いことについて古田氏にご教示戴いたことであるが、「近畿の天皇家の言い分として、姓が無い方が特別の家系で、姓が有る方が格下である」ということのようである。これも〝勝者の論理〟による言い分と解すべきなのではないであろうか。何しろ庶民には姓はないのであるから。

なお、この時点では、日本列島の宗主国として九州王朝倭国が厳然として存在していることから、明確な「易姓革命」とはまだ言えないのである。それは、あくまでも九州王朝の枠組みの中での一王権の交代であるからである。従って、完全な「王朝交代」は、大宝元年（七〇一）まで待たなければならない。

つまり、天武による「近畿天皇家簒奪」のために引き起こした〝争乱〟は「易姓革命」の〝序章〟と言えるであろう。

そして、『紀』は儒教思想に基づいて書かれていることから、何としても〝簒奪〟による王朝交代と、後世そしられることを避けたかった。そのためにも、〝血のつながり〟を建て前とする「万世一系」の系図を作成しなければならなかったのである。つまり、中国とは違って〝「易姓革命」を隠すため〟だった。それ故に、弟に成りすましたのである。

このように、九州の大皇弟「大海人皇子（天武）」が近畿の「中大兄皇子（天智）」に婿入り入りして、近畿王国を乗っ取ってしまったのである。そして、兄弟に成りすました系図をデッチ挙げたのである。

十一、天武天皇及びその後継者は何故「九州王朝」を抹殺したのか

それでは、天武は格上であった九州王朝の皇子だったのに、格下の近畿天皇家に入り込んで、何故、九州王朝を〝抹殺〟したのであろうか。

それも、中国の歴代王朝に〝認知〟されていて、悠遠の歴史を背負っていたにもかかわらず、である。

また、何故天子・斉明を『紀』で「狂心(たぶれごころ)の渠(みぞ)」で象徴される〝狂人〟扱いにしなければならなかったのか。

そして、系図を改作してまで「万世一系・近畿王朝一元史観」を創出しようとしたのであろうか。

それには、大きなポイントが三つある。

1. 中国に敵対した国は〝なかった〟ことにする

まず、〝抹殺〟の背景を考えるにあたって、最も重視しなければならないこと、それは中国の存在である。

かつて、中国大陸の歴代王朝は九州王朝・倭国の宗主国であった（五一七年倭国の磐井が独立するまで）。倭国は中国歴代王朝の朝貢国であり、臣下の礼を取って爵号を授与されていたのである。

つまり、中国は世界の中心であるという所謂「中華思想」が基本にあって周りの国は全て蛮族であり、日本列島は〝東夷〟と位置づけられていた。

ところが、中国大陸は四世紀から続く南北朝争乱期であったが、五〇二年南朝「梁」による倭国王への「軽

視政策」を契機として、中国臣従を止めた（古田説）。その後も、統一国がなかったこともあり、大陸とわが国とはその間の正式な国交がなかったのである。

それが、五八一年「隋」が興り、やがて中国全土を統一したため、日本列島の宗主国の九州王朝・俀国（倭国・大倭国）は、六〇〇年に慶賀の使節を派遣した。また、俀国は六〇七年にも使節を派遣したのである。その時、俀国の天子・阿毎（天）多利思北孤の「国書」が問題となった。前述したように、そこに記載された文言、

「日出ずる処の天子、書を日没する処の天子に致す。恙無しや云云」（『隋書』「俀国伝」）

これは、わが国の尊厳を見事なまでに表現したのであるが、中国から見れば「天子」を名乗るなどとはもっての外、許されないことだったのである。隋の皇帝「煬帝」は烈火のごとく怒った。つまり、「天子は世界で唯一人」であり「二人天子」は論外だったからである。『隋書』にある「此の後、遂に絶つ（国交断絶）」がそれを示している。

そして、注目すべきことであるが、隋朝が短命（三十七年間）に終わった大きな理由が、わが国からの国書の文言〝天子〟にあったという。

それは、隋の将軍であった〝李淵（唐の初代皇帝）〟がクーデターを起こした大義名分は、「東夷の国の俀国が〝天子〟を名乗る無礼極まる行為にもかかわらず、隋は何もしなかった」ことにあったようである（古田説）。

このように、中国にとって〝天子〟の語は「唯一無二」の極めて重いものだったのである。

ところで、七世紀中葉から朝鮮半島に争乱が勃発した。それに巻き込まれた九州王朝倭国は、大国・唐に刃向かった。それは、唐と新羅の連合軍が百済攻略戦を仕掛けたのを期に、倭国は百済の応援要請で唐に敵

対したのである。世に言う「白村江の戦い」で、陸戦も含めて四度戦って倭国側はすべて負けたのである。完敗だった。その際、近畿天皇家は倭国を裏切って参戦しなかったのである。『紀』では近畿天皇家も参戦したことになっているが、実際は参戦していなかったのである（『備中国風土記』邇摩郡の論証などから。また斉明天皇の喪に服するという口実）。

そこで、唐にとって「白村江の戦い」は、倭国がおこなった先述の中国（事実は隋）に対する〝非礼〟に、鉄槌を加えることにあった。

そして、中国の慣習として、敵対した者に対しては徹底的に破滅させ、墓をも暴くということがあったようである。そのため、敵対した九州王朝の本拠地・九州北部の大きな古墳は、進駐軍により徹底的に破壊し尽くされたものと考える。現実に、地下の状況は解らないが、地上にある古墳の存在が少ないことからも解るのである。それに対して、近畿の巨大古墳は、戦いに賛同したと思われる蘇我馬子の墓と伝えられている「石舞台古墳」以外は無傷で遺されていた。それは、近畿天皇家がこの戦いに参加していなかったことの一つの証左である。

戦後、九州王朝倭国の同盟国・百済は完全に亡くなった。同じ朝鮮民族の新羅に併呑されたのである。一方の倭国は、国が大きくまた遠隔地でもあったため、結局のところ九州王朝から、七〇一年に成立した近畿王朝に、政権の委譲で済まされたのであった。

そして、『紀』において敵対した国は〝なかった〟ことにしたのである（古田説）。

また、「神籠石城・朝鮮式古代山城・水城」などの大土木工事を行った天子・斉明を、「狂心の渠（たぶれごころのみぞ）」で象徴される〝狂人〟扱いにしたのである。

今までは、斉明は天武の母と考えられていたため、よくも実母を狂人にしたものだと思っていた。しかも、『紀』は儒教思想によって編纂されたと考えられているのに、実母に対する扱いとしては、何とも解せなかったのである。ところが、〝姉〟であるならばそれもありうるか、と思い直している。

また、天武・持統は唐の進駐軍司令官であった郭務悰（かくむそう）の庇護のもと、九州から近畿への政権移譲を成就させることができたようである（古田説―天武の短歌に登場する「淑人（よきひと）」の論証）。それだけに唐の権威に逆らうこともできず、『紀』作成当時、既に進駐軍はいなかったのであるが、その〝背後霊〟の下、編纂されたものと思われる。あたかも、『日本国憲法』が進駐軍のマッカーサー元帥の下で作られた構図に極めて似ている。

こうして、文武天皇以降の近畿王朝の事実上の開祖である天武は、九州王朝・倭国の皇子であったにもかかわらず、唐に対する忠誠を第一に考えて、実際に敵対した九州王朝を〝なかった〟ことにして抹殺したのである。それに伴い同じく九州王朝傘下の「関東王国（群馬・栃木・埼玉県中心）」「吉備王国（岡山県）」「越智王国（愛媛県）」「風早王国（愛媛県）」などの参戦した国々もなかったことにして、史書上から抹殺したのである。

2．「万世一系・近畿王朝一元史観」の系図の作成

系図作成は、唐に敵対しなかった近畿の「天皇家」に入り込むことが最善と考えたため、天皇家の一員になるべく、〝勝者の論理〟で彼らの都合の良いように、「万世一系」の系図を作成したと考える。

但し、古田氏によれば「万世一系」という言葉は、『記』『紀』には存在せず、明治維新以降「強調」されはじめたようであるが、その言葉はなくても〝血のつながり〟を建て前とする「系図」を作成したように考えたい。

それは、〝天照大神〟などの九州王朝の祖先神や各地に伝わる神々を、一系にまとめた神話を創り、それを「大和王家」の初代〝神武〟につないで、「万世一系・近畿（大和）王朝一元史観」を創出したのである。

この間、数度の断絶があっても、むりやり繋いだ。例えば、九代「開化」と十代「崇神」、或いは二十五代「武烈」と二十六代「継体」の断絶など。そして、「天武」自らが抹殺した「天智」・「弘文」の近江王朝までも「一系」に繋いだのである。

『紀』は歪んだ「勝者の論理」で、和銅元年（七〇八）「禁書の詔」により召し上げた九州王朝の史書などから「盗作・改作・創作」を繰り返して、出来うる限りの〝からくり〟を施した。

例えば、九州王朝の天子であった「斉明」を、近畿の天皇（大王）「皇極」に重祚という形でむりやり合体させ、「天智」と「天武」の実母にした。

更に、九州王朝の天子「舒明」と、近畿の天皇「息長足日広額尊（おきながたらしひひろぬかのみこと）」を合体させたことも。つまり、九州王朝の夫婦の天子を、近畿の夫婦の天皇（大王）に合体させたのである。

そしてまた、『三国志』「魏志倭人伝」に登場する「卑弥呼（ひみか）」と「壹与（いちょ）」を合体させて「神功皇后（じんぐうこうごう）」を特出したように、〝合体の手法〟は『紀』においてはお手のものであったのである。

『紀』は「易姓革命」を隠し「万世一系・近畿天皇家一元史観」を創出するために、何とも凄い〝巧妙な仕組み〟を編み出した。

これにより、わが国の古代史が無茶苦茶になって、訳の解らないものになってしまったのである。

3．日本国の首都を国の中心にもって来る

天武天皇及び天武政権を担った人達は次のようにも考えたのではないだろうか。

九州王朝倭国の首都は太宰府を中心とした博多湾岸の北部九州だったので、ここは日本列島の端に位置し、

中国や朝鮮半島に最も近いため、文化・経済面に於いては最先進地帯で王朝の発展につながった。しかしながら、「白村江の戦い」で散々の目に遭ったことから、対外戦争を考慮すれば、近いが故に不的確と考えたのではないだろうか。それに対して、近畿地方ならば日本列島の中央（当時は北海道・東北・沖縄は日本国にあらず）に位置しているため、国家統治のためにも良しとしたと考える。

従って、以上述べた三つのポイントから『紀』編纂にあたり、天武及び天武政権の人達にとっては、九州王朝を抹殺して天皇家の系図に収まることは、やむを得ない仕儀だったことかも知れない。しかしながら、案外〝好都合だった〟と思ったようにも見受けられる。それは、古の栄光を背負っていたとはいえ、すっかり落ちぶれてしまった〝敗残国の天子の弟〟で、しかも天子・斉明の後継者として薩夜麻の存在があることから、もはや表舞台に出ることも適わなかった天武にとって、正に千載一遇のチャンスだったのである。

なお、九州王朝の抹殺に係わったのは、天武は勿論のことその後継者と、それに当時の政界の実力者であった藤原不比等（ふじわらのふひと）（藤原鎌足の次男）が大いに関与していた。いやそれ以上に不比等の仕業と言っても良いのではないか、と思っている。

十二、天武系の天皇が皇室の仏式・神式の祭祀から除外されたのは何を物語るか

天武から称徳天皇まで九代・八人（孝謙天皇は重祚して称徳天皇）は天武系の天皇であり、急死した称徳天

皇に替わって、次の四十九代光仁天皇（即位時六十二歳）からまた天智系に戻る。以後天武系は一人として皇位には着けなかった。

ところで、皇室の菩提寺である京都の「泉涌寺（せんにゅうじ）・霊明殿」に、天智天皇と光仁天皇から昭和天皇に至る歴代天皇（南北両朝の天皇も含む）及び皇后の位牌が祀られている。

ところが、そこには天武系の天皇の位牌がないと言うのである。

これについて井沢元彦氏は、位牌が無いことについて、前掲書で歴史家小林恵子氏の発見にかかることとして、次のように述べている。

「天武系七人の位牌がないということは、つまり祀られていないということで、この七人の天皇は〈無縁仏（むえんぶつ）〉として扱われていることになる（実際は八人であるが、井沢著では四十七代淳仁天皇〈淡路廃帝〉を除いたか—筆者）」。

つまり、桓武天皇の父・光仁天皇を天智天皇の直系として位置付け、天武系八人の天皇を、皇室の仏壇から排除している。

更にまた、井沢氏は、これも小林恵子氏の発見にかかることとして、

「平安時代になってからの記録を調べると、歴代の天皇陵に対する〝奉幣（ほうへい）の儀（ぎ）〟が、天武系の天皇に対しては、まったく行われていない」

と述べている。

即ち、仏式・神式ともに、天武系の天皇は皇室の祭祀から除外されているという驚くべき事実である。これは何を物語っているのであろうか。

このことは取りも直さず、九州王朝の大海人皇子（天武）に、近畿天皇家の天智・弘文が殺され、王権を簒奪されたこと、また好き勝手に系図を改作されたことに対しても、天智系による恨み骨髄の復讐の仕儀にほかならないと考える。それでも、「万世一系・近畿王朝一元史観」を貫くため、これは最低限の忍耐ではなかったか、と思われるのである。

そして、五十代桓武天皇が、都を天武系の大和国・平城京（奈良市）から山背国（のち山城国）・平安京（京都市）に移したことは、一般に言われている〝怨霊〟から逃れるためばかりではなく、天武系を払拭するための所為ではなかろうか。

結語

天智・天武・持統天皇の時代は、『記』『紀』を編纂した直近の時代でもあって、生存していた人達も大勢いたと思われる。そのため後世の通説論者は、この時代の歴史は概ね間違っていないだろうとしていたのである。ところが、私から見れば〝やはりこれもそうであったか〟ということになった。

この時代の通説も、ご多分にもれず矛盾だらけの曖昧模糊であった。

しかしこれは、口幅ったいことであるが、古田史学の九州王朝説であればこそ、論証の糸口がつかめたと考える。例えば、天智と天武の「兄弟問題」などは、先学の著書をいくら読んでも、どうも釈然としなかった。ところが、拙論の最大のキーポイントとなったのは「大皇弟」の論証である。それは、天武が「天皇」より〝格上〟の「天子」の弟だったこと。即ち、「天子・斉明の弟」だったことが、「兄弟問題」を始めとする「天武天皇の謎」を解き明かすことになったと思っている。

それにしても、まだまだ解らないことが多々ある。例えば、持統は天皇であったのか。天武の次の後継天皇は持統ではなく、天武の長男の高市皇子ではなかったのか、と。これについては、『日本霊異記』（平安時代初期成立・仏教説話集）に「太政大臣長屋親王」とあって、永らくこの〝親王〟問題が物議を醸していたのであるが、近年、長屋王邸宅跡から出土した「長屋親王木簡」で確かに〝親王〟だったことが判明した。そうであるならば、親王とは天皇の皇子に限られるので、その父・高市皇子が天皇でなければならない。私見では、『紀』は持統の意に沿い、また藤原不比等やその息子達の思惑もあってか、持統の実子でない「高市天皇」を消し去ったのである。

前にも触れたことであるが、越智国にあった斉明天皇の「紫宸殿」問題。これについては、遺跡の発掘はまだなので、殆ど解らないことばかりであるが、「天武が近畿に入り天皇家の主となっていた頃、斉明は越智国明理川を九州王朝倭国の〝首都〟にしていた」と私は考えている。

また思うに、ここに「紫宸殿」が在ったということは、これは〝唯一無二〟の崇高なる天子の宮殿名でもあるので、この時代の日本列島の宗主国は、まだ九州王朝倭国であったからに他ならない（七〇一年三月二〇日まで—古田説）。

第九編　「九州王朝」の終焉と新生「日本国」の成立

―「九州王朝」と共に越智国ほか列島の国々は〝なかった〟ことにされた

一、「多元史観」による「九州王朝説」の根拠

九州王朝の存在は、中国の史書『三国志』「魏志倭人伝」、『後漢書』「倭伝」、『宋書』「倭国伝」、『隋書』「俀国伝」、『旧唐書』「倭国伝」「日本国伝」、『新唐書』など（成立年代順）、それに朝鮮半島の『三国史記』、『三国遺事』、「高句麗好太王碑」『海東諸国記』などに見ることができる。

くわえて、国内での残影は「九州年号」・「評」・「都府楼」跡・「紫宸殿」跡・「神籠石城」・「朝鮮式古代山城」・「水城」など、数多く遺っている。

ところで、これらの中国や朝鮮半島の史書は、わが国との国交に関する事、また国内状況や事績について取り立てて〝うそ〟を書く必然性は無いと考えるべきである。ましてや、中国は「記録文明の地」であり、右の史書は後王朝が前王朝の歴史を著した「正史」である。もっとも、次に政権を簒奪した王者は、その〝大義名分〟を強調するあまりに、前・王朝の最後の皇帝・朝廷を、悪者扱いするのは通例である。しかし、こと他国に関しては、軍事上の見地から調査・報告は正確さを要求されるので〝うそ・ごまかし〟がある、な

どの論は問題外と言わざるを得ない。そして、あまつさえ、わが国を調査の上、記録したものなのである。

それなのに、わが国の歴史家、特に〝近畿王朝一元史観論者〟は、これらの書は信頼できないとして「無視」し、都合の良いところだけ「切り取って、貼り付ける」歴史を作ってきた。わが国の「正史」とされている『紀』は、「勝者（近畿王朝）の歴史書」で、敗者（九州王朝・関東王国・吉備王国・越智王国などの各地の王朝・王国）の存在を抹殺したものである。それも、これらの書を基に、近畿（大和）王朝になってから現代に至るまで、日本列島の覇者は「神代より近畿王朝」であるとする人々によって、あくことなく連綿と虚偽が重ねられて来た。当然のことながら〝矛盾の屋上屋を積み重ねた歴史〟となった。何と、それを私たちは学校で習ってきたのである。つまり、これが「万世一系・近畿朝廷一元史観」によるわが国古代史の現状なのである。

一方、先に掲げた外国史料や考古学上の遺跡を正確に検証することによって、「わが国古代史の実像」に迫ることができる。これが、古田武彦氏提唱の「多元史観」による「九州王朝説」である。

二、中国史書に見る「九州王朝説」の概要

これについては、既に数多を論述しているので、概要のみ掲げる。

1.『後漢書』「倭伝」―「漢委奴国王」の金印

『三国志』「魏使倭人伝」に、漢に「使訳」している日本列島内の国々三十ヵ国とある。それらの国の情報を基に『後漢書』は著されたと考えている。

天明四年（一七八四）福岡県志賀島から発見されたとされる金印であるが、西暦五十七年「後漢」の光武帝から賜ったものとされている（同書に記載あり）。

この金印の通説は、「漢の委（倭＝わ）の奴の国王」と三段読みであるが、これは間違いである。主要の夷蛮国の王者に与えられるのは二段読みで「漢の委（倭）奴の国王」である。委奴国（いどこく、又はいぬこく）は博多湾岸にあった。なお、この「金印」は委奴国内の前原神社のご神宝だったとの伝承あり。

2.『三国志』「魏志倭人伝」―邪馬壹国の所在地

この書は、邪馬壹国（邪馬台国ではない）の遣使、及び魏の使節の報告による。

また、邪馬壹国と交戦国の狗奴国との調停に魏の軍事顧問〝張政〟の二〇年間にも亘る倭国滞在・軍事報告を基に著されたと考える。所在地の里程（短里・一里は約七十七メートル）、ソウル付近から一二，〇〇〇余里は博多湾岸である。近畿説は有り得ない。女王・卑弥呼の墓（「径百余歩」とあるので二十七～三十メートルの円墳）は、箸墓古墳（二七〇メートルの前方後円墳）説は論外と言える。

3.『宋書』「倭国伝」―倭の五王

この書は、倭王「武」による遣使の証言、及び「武」の「上表文」などから著されたと考える。

同書に、「讃・珍・済・興・武」と五人の中国風一字名称を名乗る倭国王の名前が登場する。これが「倭の五王」である。『記』『紀』には一切登場しない。通説は、これら五人の王は近畿王朝の「応神・仁徳・履中・反正・允恭・安康・雄略」の七大王の中の何れか、とされている。

しかしながら、通説と史書上の五王は、名前も系譜も全く一致しない。また、「倭王武」は「使持節・都督」の称号を名乗っている。つまり、「倭国」は中国からこの称号を貰い受ける所謂「冊封体制下の王朝」であった。倭都は筑後の三潴・久留米地区にあり、倭の五王は九州王朝の大王だった。

4. 『隋書』「俀国伝」―「日出ずる処の天子・多利思北孤の国」

この書は、俀国からの「遣隋使」、及び隋の使節〝裴世清〟の報告に基づき著されたと考える。これについては既に詳述しているので割愛する。

5. 『旧唐書』が物語る「倭国伝」と「日本国伝」

九州王朝倭国と近畿王朝との関係を決定づける史料に『旧唐書』がある。

これには「倭国伝」と「日本国伝」の二つの国を、別国として表記している。

「白村江の戦い」の後、唐の進駐軍（『紀』天智紀では九年間に六度に亘り数千人とあるが、事実は九年ではなく六六二～七〇一年の三十九年間―古田説）の司令官〝郭務悰〟が四回わが国に来ての報告。また、「遣唐使」の一員で唐に帰化して役人となった〝阿部仲麻呂〟の証言などを基に著されたと考える。

「**倭国伝**」には、

「倭国は古の倭奴国なり。京師を去ること、一万四千里。新羅の東南の大海の中に在り。山島に依りて居す。東西は五月行、南北は三月行。世に中国と通ず。其の国、居するに城郭無し。木を以て柵を為し、草を以て屋を為す。四面に小島、五十余国、皆焉（こ）れに付属す。其の王、姓は阿毎（あま（あめ））氏。一大率を置きて諸国を検察し、皆之に畏附す。官を設くること、十二等有り。（後略）」。

『隋書』「俀国伝」に記された天子・阿毎多利思北孤がいる阿蘇山下の王朝で九州島を指している。

「**日本国伝**」には、

「日本国は倭国の別種なり。其の国日辺に在るを以て故に日本を以て名と為す。或いは曰う、倭国自ら其の名の雅ならざるを悪（にく）み改めて日本と為す。或いは曰う、日本は旧小国、倭国の地を併す。」

とある。これは正に、「倭国改め日本という名を、近畿の王朝が踏襲した」と。或いは、「日本（近畿王朝）は旧は小国で、倭国（九州王朝）の地を併せた」と言っている。

これで明らかなように、この『旧唐書』は、二つの王朝を見事なまでに、明確に表記している。

また、『**新唐書**』「**百済伝**」でも、白村江の戦いでの唐の交戦相手は「日本」ではなく「倭国」としている。

ところで、中国の王朝は、古来外交ルールとして、その民族、その地域を代表する国である「宗主国（統率国）」との間に、正式な外交関係を結ぶ場合、史書にそのことを記録することになっている。それによると、それまで中国の王朝と近畿王朝との間に交流はあったとしても、正式なものではないので記録されないのである。それが、倭国が滅びた段階で近畿の日本国（近畿王朝）を、唐（事実は「周」）の則天武后が大宝二年（七〇二）に承認した。そして、大宝三年（七〇三）新たに正式な外交関係を樹立したのである。それは「唐朝」から始まった（古田説）。

このことからも、日本列島の旧の宗主国は「倭国」（九州王朝）であり、新の宗主国は「日本国」（近畿王朝）という構図が明確に描かれていた。

即ち、新生「日本国」の成立は、大宝元年（七〇一年）三月二一日〝文武天皇〟に始まったのである（『続日本紀』にこの日を「建元」したとある。これは王朝交代を意味する）。

如何であろうか。今、見てきた通り、これら中国の史書を先入観なしに素直に読み解けば、わが国古代史の実体、とりわけ九州王朝の存在が、誰の目にも解るはずである。

「九州王朝」を証明する「国内の残影」は、これまで論述しているので割愛する。

三、「九州王朝」の終焉と新生「日本国」の成立 ―― 王朝交代は禅譲か放伐か

「九州王朝・倭国」は、「白村江の戦い」で唐と新羅の連合軍に〝完膚無きまで〟打ち負かされ、その上、唐の進駐軍が博多湾岸に駐留してきた。そのような状況下でも、九州王朝は終焉まで三十八年間も命脈を保っていた。

この時代、近畿王朝は天智（中大兄皇子）・弘文（大友皇子）・天武（大海人皇子）・持統（鸕野讃良皇女）の各大王であった。なお、既述しているが天武と持統の間に高市大王存在の可能性もある（「長屋親王木簡」出土から）。

そして、この間、「天智」は近畿地方の実力者・蘇我氏を倒し、「白村江の戦い」にも参戦せず力を蓄えたのである。「天武」は「壬申の乱」（六七二年—『紀』）で「弘文」を害して、大王位を簒奪した。「持統」は九州王朝に替わり政権をほぼ掌握した。それも、天武・持統は唐の支援を受けての成就であった。次の「文武」の大宝元年に至り、新生「日本国」の成立となったのである。

ところが、この頃の「近畿王朝」の大王の人物像は、どうも不明な点がありすぎる。前述しているが、その訳は『紀』にある。そこに記された人物像・事績・年代・場所などが、「九州王朝」の「失われた史書」（『日本旧記』『日本世記』「一書」など）からの〝盗用〟で〝切り取り・はめ込み〟した記事が多いからだと思われる。その中でも解ってきたことは、六四五年に行われたとされる「大化の改新」である。その当時の九州年号は「常色（六四七）・白雉（六五二）」であり、「大化年号」は六九五年から七〇一年である。これで解るとおり、「大化の改新」は九州王朝末期のことであり、近畿王朝の孝徳大王時代に五〇年ずらしての〝はめ込み記事〟だったのである。これについてはのちに触れることにする。

また、『紀』「持統紀」の〝吉野行幸〟の舞台・吉野は、奈良県の吉野ではなく、佐賀県の「吉野ヶ里」であった。

そしてまた、「壬申の乱」（通説は六七二年）は古代馬の走行距離から考察すると、『紀』での戦争の行程は到底無理であり（三森堯司氏説）、その実態は〝虚構〟であった（『壬申大乱』）など。その一方、天智と天武の兄弟関係、彼らの母とされている「斉明天皇」との関係、皇極天皇と斉明天皇の重祚問題など、不思議が多すぎるため、この動乱期の全体像が解りにくかった。

ところが、「斉明は近畿王朝の天皇ではなく、九州王朝の天子」だった。これにて解決の糸口が開けてきた。見てきた通り、九州王朝と近畿王朝の関係が次第に解ってきたのである。

そこに、降って沸いたように越智国の「紫宸殿」がクローズアップされてきた。また、この隣接地に広大な「天皇」地名が存在していることを考えると、もしや天子の住居ばかりでなく、政庁もあったのではないか、と思えるのである。

何とこの帰結は、ここ越智国明里川が「**九州王朝倭国の首都だった**」という命題が出来(しゅったい)したことである。但し、何分にも遺構の発掘はまだであり、仮説の域は出ないことは言うまでもないので、早々の発掘・調査が待たれるばかりである。

しかしながら、仮にこの地が首都だったとなると、ここに九州王朝の天子斉明がおり、太宰府には唐から帰還した九州王朝の摂政で都督・薩夜麻がいて、近江には近畿王家の大王・天智が居るという、日本国内三重構造の政治状況が在ったことになる。

さて、明里川と太宰府は敗戦のどん底状態に喘いでいたと思われるが、近畿の天智王家は戦いに参加していないので無傷であった。従って、近畿王家は益々強大になってくるのである。それを九州王朝の大皇弟・天武が簒奪した。

この〝巡り合わせ〟は複雑怪奇この上ないものとなろう。

そして、天武政権が行ったことは、

「九州王朝」の終焉と新生「日本国」成立の闇

― 三極分立の時代 ―

九州年号	九州王朝	宇摩国・越智国	近畿王朝 (『日本書紀』を基本として)
僧要（5年間）635～639	中皇命（舒明？）	『日本書紀』によると舒明は伊予に639年～640にかけて5ケ月滞在 越智国に舒明の行宮伝承地4ケ所あり	
命長（7年間）640～646			皇極645 乙巳の変―蘇我氏滅ぶ
常色（5年間）647～651			
	難波長柄豊碕宮を築く 評制発布		孝徳(大化の改新始まる) (難波長柄豊碕宮に遷都)
白雉（9年間）652～660	斉明？		658 有間皇子の変
白鳳（23年間）661～683	斉明	661 斉明長津宮(宇摩国)に行宮 百済皇子豊璋に織冠及び五千の兵を与える	天智661～671
	663 白村江の戦い・敗戦 663 唐軍大宰府に進駐	663 ？斉明明里川（越智国）に「紫宸殿」を築き遷都	663 大皇弟（天武）登場 667 天智　近江国大津に遷都 弘文671～672、近江朝滅亡
	672 壬申の乱		
	672 天武　飛鳥浄御原宮（あすかじょうみばる）(筑紫小郡（おごおり）)で即位		
		683 斉明橘広庭宮（越智国朝倉）で崩御	天武近畿に入る 天武672～686 天武　前期難波宮に遷都か
朱雀（2年間）684～685			684「八色の姓」制定
朱鳥（9年間）686～694			686 前記難波宮焼失
	689（持統4年）摂政・薩夜麻帰還　但し、正木裕氏説は671(天智10年)帰還とする		686 持統・大津皇子を誅す 持統称制686～689 この期間・高市大王か
大化（7～9年間）695～703 （古田武彦氏説は7年間） （古賀達也氏説は9年間）			持統689～697 持統694藤原京（新益京）に遷都 「大化の改新」の詔発布か
大長（9年間）704～712 (大長年号は古賀達也氏説)	九州王朝の残党「大長」年号を建て、薩摩・大隈国で反乱「隼人の乱」 710 平城京（奈良）に遷都		文武697～707 文武701「大宝」建元・「日本国」成立 712 大隈国設置 712『古事記』成立 713『風土記』撰上の詔 720『日本書紀』成立

（イ）儒教思想を受容するため「易姓革命」のそしりの回避。
（ロ）「天皇家一元史観」を成立させるため、「万世一系」の系図を作成した。
（ハ）唐進駐軍の司令官・郭務悰の庇護の下に成立した王朝であるので、唐に配慮して敵対した者達に鉄槌を加えた。

これにより実家の九州王朝や関東王国・吉備王国・越智王国・風早王国などの地方の国々を〝なかった〟ことにしたのである。

何とも凄い政治状況をかもし出したことであろうか。

これこそが**「葬られた驚愕の古代史」**であったのだ。

王朝交代は禅譲か放伐か

ところで、倭国の「白村江の敗戦」（六六二年―古田説）から新生日本国成立の大宝元年（七〇一）に至る〝国家（王朝）交代の闇〟についても触れておきたい。この三十八年間に政権移譲がどこでどのようにされたのかさっぱり解らないのである。この肝心要のことが良く解らないのでは、拙書をご高覧戴いている読者諸氏も消化不良になるものと思われる。

前述のように、この間の出来事について古田氏は縷々論述されておられるが（『古田史学会報』一〇一号「九州王朝末期の史料批判―白鳳年号をめぐって―」）、その後の王朝交代に至る最終の顛末、「禅譲か放伐か」などについては、あまり深入りした論述はされていない。これについては古田学派内でもしばしば論争になっていた。しかしながら、これを論ずる確たる史料もない。何故なら、この時代の唯一の史書である『紀』は、「九州王朝」を〝なかった〟ことにして、その痕跡を消すことが目的でもあるからである。しかし、〝国家（王朝）

交代〟に伴う禅譲・放伐の問題は、極めて重要な課題でもあるので、これについて推測の域を出ないことをお断りして述べることにしたい。

まず、この間「九州年号」が続いていることから、政権としては曲がりなりにも九州王朝・倭国が存続していたことは間違いない。それでは、この年号発布は一体どこで誰によって行われたのであろうか。「白鳳年号」（六六一～六八三）は古田説に従えば九州王朝の天子・斉明の年号であり、斉明は太宰府で改元し、その後越智国で崩御していることから、この年号に関しては問題ないと考える。だが、次の「朱雀」（六八四～六八五）、「朱鳥」（六八六～六九四）、そして「大化」（六九五～七〇一，古賀達也氏説は七〇三年まで）年号は、どこで誰によって発布されたのかが不明なのである。太宰府か或いは越智国の紫宸殿か。それも、当時『紀』にある氏名として、持統四年（六八九）唐に捕虜となっていた筑紫君薩夜麻（古田説は斉明の摂政）が帰還したことから（但し、正木裕氏は、筑紫都督として天智十年〈六七一〉帰還したとしている。『紀』に「筑紫都督府」の記事あり）、斉明亡き後、彼が天皇（唐に対する配慮から天子の格下称号）または都督になって発布したことも考えられる。しかし、他に該当する人物が不明であることから、九州王朝の最晩年が全く見えてこないのである。

一方の近畿大王家はどうなっていたのだろうか、拙論のおもむくところ推測を逞しくして述べると、九州王朝の「大皇弟」たる大海人皇子（後の天武）が、近江国大津に在った近畿大王家の天智に婿入りしてのち、後継者争いから天智を亡き者にした上、「壬申の乱」でその子大伴皇子をも殺し大王家を簒奪した。

そして、筑紫の小郡の飛鳥浄御原宮（遠つ飛鳥）で、郭務悰（唐の進駐軍司令官）と胸形君徳善（義父で宗像大社宮司）や大分君恵尺（豊国の大豪族）を後ろ楯として「近畿大王家」の大王として即位した（六七二年―古田説）。

その後、再び近畿に戻り、難波にあった〝何らかの施設〟を大改築して、現在に遺る「前期難波宮」に遷都した（遺構は孝徳朝時代〈六四五年〉からのものか、天武朝〈六八〇年代〉のものかの決着を見ていない。また、現在の規模が孝徳朝時代からのものとの確証はない)。

なお、ここには天武亡きあと長子の太政大臣高市皇子が大王として君臨していた可能性もある(但し、『紀』には高市大王の記載はない)。この宮殿は『紀』朱鳥元年(六八六)に一部が焼失したとある。次いで、天武の后・持統が藤原不比等らと語らい、持統の実子でない高市大王の都をきらったか「藤原宮」に遷都(六九四年)したのである。『紀』の天武紀・持統紀は、当然のことながら、日本国の主権者としての立場から、彼らの政権運営について事細かく記述している。そこには、九州王朝・倭国からの〝政権移譲・簒奪〟にかかわることについては、その〝気配〟を感じさせない記述となっている。

この時点での倭国は、越智国の明里川を首都に、また太宰府は都督府として、名目上ではあろうが主権がまだあったのである。これらのことから推すと、この時代は正に「三極(権力)分立」の時代、つまり「三重構造」の政治状況を呈していたことになる。

ところが、越智国「紫宸殿」の主・斉明亡きあと、誰が天子になったのかは全く不明であり、この地の史書上にも名前がない。さすれば、斉明一代限りであったかも知れない。三極内のこの一角が最初に消えたものと考えられる。

また、太宰府の都督府も薩夜麻のあとの人名が不明なのである。『紀』に登場する伊勢王や栗隈王は九州王朝の関連人物とも思えるがどうも判然としない。しかしながら、前述のように年号として「朱雀」・「朱鳥」・「大化」と続いていることから誰かがここに君臨していたことは確かであろう。この地で発布されたことは思うが、残念ながらこれ以上のことは解らない。

ところで、先に触れておいた孝徳大王の「大化の改新」の始まり(六四五年)であるが、事実は九州年号「大化」(六九五~七〇一年)時代に発布した詔を、五十年ずらして『紀』の「孝徳紀」にはめ込んだことが古田氏により明らかにされている。

それではこの詔は一体どこで誰が発布したものであろうか。思うにこれは、近畿の藤原宮で、持統政権下の藤原不比等らによって〝王朝交代〟の〝布石〟として、「大化の改新の詔」（六四六年時のもの全てかどうかは解らない）として「大宝律令」に先駆けて発布したものと思われる。

そうしてみると、「壬申の乱」(六七二年) か、簒奪ではあるが近畿王朝内の対立) 以降の国内の政治状況を鑑みた場合、九州王朝から近畿王朝への〝王朝交代（政権移譲）〟は、二十八年ほどの年月を要したが大宝元年（七〇一）までは目立った争乱も見られない。そこで、王朝交代は〝禅譲か放伐か〟となると、敢えて言うならば禅譲と言えるかも知れない。それも、中国史にしばしば見られるような〝形の上だけの禅譲、実質は簒奪〟に近いように思える。それができたのは、何分にも天武は九州王朝の「大皇弟」だったことと、唐の郭務悰の庇護があったればこそではなかろうか。

なお、そののち薩摩・大隅国で起きた「隼人の乱」（七〇二～七一三年）であるが、これは九州王朝の残党が起こしたと言われており（「大長年号」〈七〇四～七一二〉を建てる）、全てがすんなり王朝交代とはならなかった。伊予でも国司が赴任できたのは大宝三年（七〇三）であるので、ここでも強大であった越智国、しかも天子・斉明の「紫宸殿」が在った地であることから、それなりの抵抗があったと思われる。

結語

さて、出雲王朝・九州王朝や越智王国などについて、遺跡や内外の史書に基づき、古田武彦氏の「多元史観」により論述してきた。また同時に、『紀』を至上のものとする歴史観、すなわち「近畿天皇家一元史観」による通説との違いを重ね重ね述べてきた。

私は、各地の「史談会」などで、九州王朝説を披瀝するのであるが、残念なことになかなかご理解を戴けないのである。それは、学校教育で習ったこと、また書籍やマスコミ報道などで知り得た知識とも全く異なるからであろう。そうした既存の知識を覆すことが如何に至難の業か思い知った。つまり、千数百年に亘って連綿と続く皇室の歴史が絡んでいるからであろう。

しかしながら、私は決して天皇制を否定するものではない。天皇家は七〇一年、つまり八世紀から始まったといえども、世界に冠たる歴史を有している。その意味では、日本の文化・伝統と切り離すことはできない。従って皇室はわが国の“文化遺産”とも言えるのではないか。

二〇一六年十月二七日お亡くなりになられた三笠宮崇仁殿下は「皇国史観に由来する紀元節は間違いである」と述べられたとお聞きしている。自家の歴史を良くご存じの故であろう。

ところで、わが国の高校の日本史は今日〝選択科目〟である。世界に羽ばたこうとしている若者達が、自国の歴史や国の成り立ちも知らないでよいものであろうか。実はわが国の古代史には様々な問題があり、確たる説を教えることができなくなったためではないかと私は思っている。

私の知り合いのお嬢さんが、アメリカ留学でホームスティした際に、そこの家のご主人から「日本の神話を教えて」と言われたそうである。ところが、「全く知りません」と苦渋の面持ちで言わざるを得ず、日本に帰ってから親御さんに「大変恥ずかしい思いをした」と言われたことをお聞きした。

わが国の戦後の教育では、「神話」は消されてしまったのである。全くおかしな話ではなかろうか。世界中どの民族・どの国でも少なからずその成り立ちに類する話はある。それは、日常起こりうる出来事のようであったり、荒唐無稽と思われることであったり、又は不可思議と思われる話であったり、或いは大袈裟に飾られた何がしかの伝承を「神話」としてその民族成立の根幹に据えていたり、と様々であるが、これらはその民族を飾るロマンともなっているのである。ところが、それに類するわが国の神話を、先の敗戦後「津田左右吉史観」[①]に基づき架空の話であるとして消してしまったのである。これでは、これからの日本を担っていく若者達に日本民族の誇りも、愛国心も培われないこと必定と思うのは私ばかりであろうか。

最後に、最近報道された教科書の厩戸皇子カッコ書きの聖徳太子について述べたい。

文科省の説明では、聖徳太子とは厩戸皇子の没後の名前とされているが、これも全くの間違いである。縷々前述しているが、奈良時代になってから時の政権が古代に英雄を創る必要性から、〝勝者の歴史書〟である『紀』に別の王朝（九州王朝）の別人（天子・天多利思北孤）の事績を厩戸皇子に〝換骨奪胎〟したのである。また法隆寺が中心となって、「聖徳太子信仰」を全国津々浦々に広めるために、聖徳太子にかかわる文献等を戯作し画策した。それによって、わが国民は千数百年に亘って欺瞞の歴史を背負ってきたのである。

文科省は〝聖徳太子は創られた虚像だった〟ことを解っているように思えるが、そうなると皇室の歴史が変わることを潔しとしない史学界のお歴々がしがらみとなって動きがとれないのではなかろうか、と。近いうちに教科書からカッコ書きの聖徳太子の文字も消えることになると思っていたのであるが、さに非ずまた〝ゾロ〟復活させるという声が聞こえてきた。私としては〝糠喜び〟になったようである。

注

① 津田左右吉　一八七三年（明治六）～一九六一年（昭和三六）　日本史学者　文化勲章受章者　『古事記』『日本書紀』批判で日本神話は架空の話として位置付ける　大戦前氏は弾圧されたが戦後は氏の史観が通説となった

追編「古代史の万華鏡(まんげきょう)」

一稿　「九州王朝」にあった二つの「正倉院」の謎

序

九州王朝には「陸の正倉院」と「海の正倉院」があった。「陸の正倉院」とは古田武彦先生が明らかにされた筑後国生葉郡にあった正倉院のことであり（『久留米市史』第七巻資料編―古田武彦著『俾弥呼(ひみか)の真実』ミネルヴァ書房刊）、「海の正倉院」とは当代そう呼ばれている玄界灘に浮かぶ孤島・宗像大社所有の沖ノ島のことである。

国はこの沖ノ島を、「世界遺産」に登録すべく目下申請中であるという（追記、二〇一七年七月九日正式に世界遺産に登録された）。これは、この島が国宝に指定されている遺物八万点以上（指定外も含めると遺物約十二万点以上）もある文字通りの「宝ノ島」だからである。それに、この島は宗像大社の「沖津宮」が鎮座する「神ノ島」であることから、古より奉納されて来た〝宝物〟が現代までこの島に保存されているのである（沖ノ

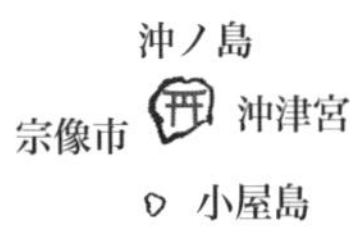

二ヶ所の正倉院

海の正倉院 ー 沖の島
陸の正倉院 ー 生葉

島の宝物に関しては、古田武彦著『ここに古代王朝ありき』第四部失われた考古学・第二章隠された島―ミネルヴァ書房復刊に著しい)。

ところで、NHKのテレビ報道によれは、この島は大和政権が四世紀から「海の守り神」として祀ってきたという。古田史学を学んでいる人達にとっては何と馬鹿げていると思われることであろう。ここから出土する土器は縄文・弥生・古墳・歴史時代と続いているが、これらは北部九州産が殆どで一部山口産があるだけという考古学上の裏付けがあるからである(前掲書)。しかもここは、九州王朝・宗像大社の所産でもある。従って、NHKの報道の虚偽はこれで明らかであろうが、況や当時の日本の宗主国でもない大和王家が、四世紀から祭祀を行っていたなどとは決して有りえない。

1. 九州王朝には二系列の大きな王統があった

正倉院が二ヵ所あったということから推して、王統にも大きく二系列があったのではないか、と思うのであるが如何であろうか。それは、「陸の正倉院」があった玉垂命(たまたれのみこと)系列(髙良(こうら)系と大善寺系がある)と「海の正倉院」がある宗像(むなかた)大社系列である。

申すまでもなく、両玉垂命系列が九州王朝の正統であるということは古田史学では異論のないことであろう。一方の王統・宗像大社系列はとなると、日本最大の横穴式古墳(奥行二十二~二十三メートル)を持つ宮地嶽古墳の存在(築造年代については、「森浩一氏は六世紀の終わり、小田富士男氏は七世紀の終わりといわれており、六世紀終わりから七世紀終わりの間ということになる」―古田武彦著『古代の霧の中から』ミネルヴァ書房復刊)から推して、これはどう見ても「王墓」である。つまり、この「宮地嶽王墓」と「沖ノ島正倉院」があることが、一方の宗像大社系列が王統であったことを雄弁に物語っているのである。

2．二ヵ所の「正倉院」のその後

前述の二ヵ所の正倉院がその後どのような変遷を辿ったのかを以下に述べてみたい。

七〇一年新生「日本国」の誕生で九州王朝から近畿天皇家に覇権が移って以降、「陸の正倉院」が史書にその痕跡を留めただけで、その遺構も宝物も跡形もなく消え失せてしまったのに対し、「海の正倉院」はそこに奉納された宝物を一つも失うことがなかったと考えられていて、現代まで一六〇〇年以上の時空を越えて存在しているのである。これは一体何故であろうか。

それには、大海人皇子のちの天武天皇が、その鍵を握っていたのである。その訳は拙論の大海人皇子が、九州王朝の天子・斉明の弟すなわち大皇弟であったことによる（『古代に真実を求めて』第一七集所収「天武天皇の謎—斉明天皇と天武天皇は果たして親子か」明石書店）。

つまり、大海人皇子が近畿天皇家の天智天皇の入り婿になるために、「白村江の敗戦」のどさくさに紛れて、「陸（生葉郡）の正倉院」にあった「七支刀」（国宝・奈良県天理市にある石上（いそのかみ）神宮所有）などの〝御神宝〟を手土産に持参したと考えられるからである。それは大海人が大皇弟であったことから出来得たことであろう。なお、これが七〇一年以後のことならば何らかの史料に遺っているなり、或いは「奈良の正倉院」にあっても良さそうであるが、これが大和の石上神宮にあるということは、大海人の大和入り以降七〇一年までの間の移動と考えざるを得ないのである。

そして、古田先生が明らかにされているように（前掲『俾弥呼（ひみか）の真実』）、新生日本国になってからの天平十年以降（七三九年〜）、「奈良（寧楽）の正倉院」へ筑後国から夥しい宝物が献上されていることが（「筑後国正税帳」にあり、事実は移し変え）それを物語っており、そのため「陸（生葉郡）の正倉院」が跡形もなく消えてしまったようである。

一方、「海（沖ノ島）の正倉院」はとなると、大海人皇子は宗像大社の宮司・胸形君徳善（むなかたのきみとくぜん）の娘・尼子娘（あまこのいらつめ）を娶っており、義父・徳善が「壬申大乱」の際に大海人皇子の有力なバックボーンになったと考えられることから、「天武系王朝」はこの「海の正倉院」には全く手を付けることがなく、それ以後の近畿王朝もこの〝遺訓〟を連綿と引き継いだことと思われる。

3．「秦王国」とは宗像氏の国を指す

次に『隋書』「俀国伝」に登場する「秦王国」について言及したい。

「俀国伝」には「又竹斯国に至る。又東して秦王国に至る。其の人華夏に同じ」とあって、距離の記載はないが方角と種族は示されてある。

中国での「秦国」は、皇帝の兄弟が治める国を指すとも言われており、隋の使者裴世清は現地を鑑み、中国と同じようにそれを当てはめ命名したのではなかろうか。それでは「秦王国」は一体どこにあったのか。当時の九州王朝俀国（大倭国）の天子・天多利思北孤が居たと思われる筑後の久留米近辺の東に位置している（実際は北部に位置しているが、筑紫国の玄関口・博多の東とみなす）宗像大社を中心領域として、遠賀川流域、筑前東部（現在の北九州市）一帯が兄弟国ではなかったのか。これについては古田先生の、

「其の人華夏に同じの其の人は、俀国の人の意、そのように解すべき」（『古代は輝いていたⅢ』―法隆寺の中の九州王朝、ミネルヴァ書房復刊）

と述べておられることも拙論のベースとなった。つまり、「秦王国」とは筑前東部を治めていた宗像氏の国であった。「秦王国」を九州王朝内での有力な二系列の王統の一つとして考えると、最も相応しく信憑性があると思われるからである。

4.「磐井の乱」の真実

さて、この二系列の王統に関連して、天多利思北孤の時代より八十年前の『日本書紀』に言う五二七年の「磐井の乱」について私見を述べてみたい。

古田先生はこの乱は〝なかった〟とされている。これについて『古田武彦の古代史百問百答』（ミネルヴァ書房刊）に、

質問　継体天皇が大和入りしてまもなく、五二七年六月筑紫の磐井が反乱を起こします。就任すぐに遠く九州の反乱を鎮圧しますが、二十年も大和入り出来なかった天皇にどうして急に結束力ができたのですか。

回答　言われる通りです。その点も、「いわゆる『磐井の乱』は架空の造作だった。」という命題によってのみ、解決するのです。

そして、継体の「戦後の国土分割案」や戦勝の代償として九州側から継体側へ「糟屋の屯倉献上」したということは、様々な理由を挙げてこれはおかしい話であり、従って磐井と継体の戦いは〝なかった〟と述べておられる。

しかしながら、私は思うに『日本書紀』の「磐井の乱」は九州王朝の磐井と大和の継体との戦いではないことは言うまでもないが、前述している九州王朝内にあった「二系列の王統」の権力争いではなかったかと考える。それを『日本書紀』はおのが王朝の始祖・男大迹王（後の継体天皇、越国三国の豪族、大和の古王国は武烈天皇で断絶）を飾るため、この争いを「九州王朝の史書」から〝盗用〟して〝造作〟したと考えたい。これならば、玉垂命系列の磐井側と宗像大社系列側の〝間〟に位置している博多湾岸の「糟屋の屯倉」を、戦いの代償として宗像大社側に〝献上〟したということも納得できる。また、「屯倉」は朝廷の直轄領（『広辞苑』）ということでもあり、正統な政権を担っている九州王朝側から宗像側へ割譲したのであれば〝的を射ている〟ことになる。

なお、穿った見方をすれば、糟屋は宗像に近いことでもあり抑もここは両者の紛争地帯で、この戦いの根源は糟屋の帰属に端を発していたのではないのか。また、すぐ近くに香椎宮（祭神は仲哀天皇であるが「神功皇后の廟」も併置されている。事実は神功皇后ではなく「卑弥呼の廟」ではないか。―古田武彦著『俾弥呼』）もあることから、これも関係していたのかも知れない。何れにしても、この戦いで磐井は殺され、一時的には宗像側の勝利に帰し「糟屋の屯倉」を得た。このことは、その後考古学的にも遠賀川流域にある最大の前方後円墳「王塚古墳」（嘉穂郡桂川町にある装飾古墳、全長八十六メートル・高さ九メートル、六世紀中頃築造）が出現していることもその証左と考えたい。

だが、何と言っても相手側つまり玉垂命系列側は前代までは「倭の五王」の国であることから、底力はあった。そこで、王朝内・肉親間の争いでもあり、話し合いも出来て、そのあと磐井の息子の葛子が九州王朝の正統である「玉垂命系列」の王朝を引き継いだ。これにより、葛子の墓と伝えられている「鶴見山古墳」（全長八五メートル）の築造もあり、後の世の〝天多利思北孤の栄華〟に繋がることができたと考えている。

ところで、内倉武久氏は『多元』No.一二八で、

『古事記』『日本書紀』(記紀)に記す継体天皇と磐井の争いは、九州政権内の権力争いであろう、と考えている。

と述べている。しかし、九州政権内の権力争いというのは拙論と同じであるが、その内実は違っている。

氏が言われることは、

継体天皇の御陵として「記紀」に記されていた「三嶋の藍」・「藍の(野)陵に葬る」の地名を福岡県朝倉市に発見したので、同天皇は九州王朝内の天皇であり、「九州年号」の創始者である。

と。また『多元』No.一二九でも、

継体天皇の次の安閑天皇の都(勾金)や后の出身地(春日)も北部九州・田川郡香春(かわら)町一帯に見つけたので、この天皇も九州王朝内の天皇である、そして倭国の所在地は田川、京都郡である。

としている。

これについて私は、『記』・『紀』にある継体天皇と安閑天皇にまつわる地名が九州北部にあったからといって、大和王家の両天皇が九州王朝内の天皇で、しかもそこに居たというのはあり得ないことと思う。というのも、それでは大和王家の存在を否定するばかりか、九州王朝の存在をも否定することに他ならないからで

ある。

そして、その継体天皇が「九州年号」の創始者というのなら磐井が造った「岩戸山古墳」（全長一三二メートル）の裁判の模様を示す「石人・石馬」、つまり「律令制度」開始との整合性はどうなるのか。あまりにも史料根拠を逸脱して、飛躍し過ぎではなかろうか。

これは、古田先生が述べておられる通り、九州王朝の正統な王統である磐井が、中国南朝から独立して、その体制を継ぐの意から「継体年号」を創設したのであって、大和の男大迹王に対する天皇諱号「継体」は、大和の古王朝の体制を継ぐの意であり、奈良時代以降に冠せられたと考えるべきである。

思うに、発見された地名も何らかの事情で、「磐井の乱」の〝盗用〟のついでに換骨奪胎をして『記』・『紀』の「継体紀」「安閑紀」に当てはめた可能性もなきにしもあらずではないのか。

5. 二系列の王統、そのルーツの考察

正木裕氏は『古田史学会報』一二三号で、「海幸・山幸と『吠ゆる狗・俳優の伎』」と題し、『紀』「神代紀」にある「海幸彦・山幸彦」の神話について極めて明晰・素晴らしい論旨を提起しておられる。

それを掻い摘んで述べると、「山幸彦（火遠理命〔ほおりのみこと〕）を祖とする近畿王朝が、海幸彦（火照命〔ほでりのみこと〕）を祖とする海人族・隼人族（事実は九州王朝）を貶めるため、『日本書紀』によりおのが王朝を飾る神話を作成した」というものである。

このことに関連して私は、政権争奪に関する抗争は、歴史時代は日常茶飯事であるが神話の世界でも大いにあったと考えている。

例えば、海幸彦と山幸彦の兄弟間の争い以外にも、彼らの父親である天津日高日子番能邇邇芸命《あまつひこひこほのににぎのみこと》（瓊瓊杵尊《ににぎのみこと》）とその兄であり天孫族・尾張氏の祖ともされている天照国照彦天火明命《あまてるくにてるひこあめのほあかりのみこと》（天火明命）の兄弟間はどうであったか。この天火明命も瓊瓊杵尊からすれば敗者ではなかったか。天孫族が傍流とされたのがどうも気に掛かる。決して平穏ではなかったようにも思えるのである。

そこで、推測の域を出ないが、前述の九州王朝内にあった二系列の王統のルーツを考えると、こうした抗争は、瓊瓊杵尊の兄弟間に、または次の世代の海幸彦・山幸彦の間であった、ということになるのではなかろうか。

なおこれについては、西村秀己氏が『古代に真実を求めて』第十八集「もうひとつの海幸・山幸」で、

「海佐知毘古（以下海幸という）・山佐知毘古（以下山幸という）の説話に言及したい。これは邇邇芸命の息子たちの争いに仮託されているが、実は壱岐（本国）と筑紫（占領地）の闘争であると思われる。古田武彦氏が既に言及されている通り、天孫降臨後もその主流は天国にあった。」

「兄の天火明命の方が〝正統的な〟名前であるのに対し（中略）それ故、天照の直系は天火明命であって、邇邇芸命ではない。これが端的な結論だ。（古田武彦著『盗まれた神話』第八章　傍流が本流を制した）」

「ところが周知の如くその後の倭国史の中心は邇邇芸命の子孫たちである。とすれば、いつのことかは不明であるが、本国天国と新領土筑紫との権力交代劇があったことは確実だ。これに仮託したのが海幸・山幸の説話ではあるまいか。」

と述べている。

正に氏の説に私も同感であり、神話時代の九州における海人族の覇者争奪戦にまつわる説話を、「海幸彦・山幸彦神話」として『紀』が盗用した。また、正木氏が述べておられるように、この説話により九州王朝を敗者として「海幸彦」に、近畿王朝を勝者として「山幸彦」に塗り替えた、と。

ところで、前述している通り磐井の時代の九州王朝内には、明らかに二系列の王統が成立していた。それは、神話時代の系統がそのまま引き続いていたのか、新たに王朝内部に興ったのかは解らないが、時には相携えて朝鮮半島の有事に対応し、時には抗争していたと思われる。

その海人族(海士族・天族)の一方は、山族と言うか山幸族とでも言うか、「邪馬(山)壹国」につながる一派であり、これが玉垂命系列となった。また一方は海族または海幸族とでも言うのか、海人族を標榜している安曇族(あずみぞく)であり、宗像大社系列の王統になったと考えたい。

結び

九州王朝にあった二ヵ所の「正倉院」の存在から、王朝内に二つの王統があったことを推し計り、従来諸説紛々の「秦王国」はどこか、そして誰の国であったのかを論究し、更に古田先生の研究に導かれて「磐井の乱」にまで言及した。また、そのことから思いを馳せ、二系列の王統のルーツにまで及んでしまった。史料根拠も乏しいことから、全くのアイデアの域を出ないとご批判を被ることと思われるが、作業仮説として提起しておきたい。諸兄のご批判を願う次第である。

(当稿は古田史学論集第十九集『古代に真実を求めて─追悼特集古田武彦は死なず』所収)

二稿　「伊予」と「愛媛」の語源―「言素論」が解き明かす

はじめに

「伊予」と「愛媛」の語源については、今までに様々な見解があった。しかしながら、私の納得するものではなかったことから、これを新しい学説の「言素論」と考古学上の遺物に基づいて、論証を試みた。諸兄のご批判を仰ぎたい。

1．「伊予」の語源

先ず、「伊予」の語源について述べることにしたい。従来説としては「温泉説」「湧水説」「弥(いや)説」などがあった。中でも定説となっていたのは「温泉説」であるが、それは次のようである。往古、伊予国内には各地に温泉があったことから、「出湯(いでゆ)の国」と言われていたものが、それが「いゆの国」となり、転化して「いよの国」となった[①]、というのである。

しかしながら、これは変である。その訳は、古代より日本国中に温泉が至る所にあったので、そうなると温泉があるところは、全てとは言わないまでも、そこが「イヨ」という地名になっていても不思議はないからである。

ところが、そうはなっていないのである。「イヨ」の現存地名は、愛媛県以外では福岡県遠賀川流域・鞍手郡鞍手町の「小牧イヨ谷遺跡」ただ一ヵ所あるだけである。拙書『新説 伊予の古代』で詳述しているが、これは平安時代の火葬墓遺跡であり、建久年間（一一九〇〜一一九八年）に伊豫という武士が牧場を開いたことから起こった地名である、という[2]。

つまり、鞍手町の「イヨ谷・伊豫」は、検証を古代に遡ることも、また温泉との関わりもなく、後世の人物に由来した地名であることが解った。

従って、他に類例を見ない「伊予」地名の「温泉根源説」、つまり「出湯（いでゆ）」―「いゆ」―「伊予」に至る変遷は、どう考えても〝こじつけ〟であり、無理と言わざるを得ないのである。

それでは、「伊予の語源」は一体何か。

その答えは、古田武彦氏提唱の学説である「言素論」から導き出される。

人類がこの世に出現して言葉を発して行く過程は、初めは「ア」とか「イ」とか「オ」などの単語（単音）であったことは言をまたないであろう。そしてそれは、人種・民族固有に発生してそれぞれの言語に発展したと考えられる。

そこで、これらに鑑み古田氏は、言語学として「言葉の素（もと）」、つまり「言語元素」という概念に立ち、日本語の「言素論」を体系づけたのである[3]。それによると、

「伊＝イ」は、壱岐・出雲・伊豆・或いは泉・井戸などの「イ」で、「神聖な」の意（石鎚・射狭庭などの「イ」も同様―筆者）。

「予＝ヨ」は「世の中」の意。という。つまり、「伊予」の語源は「神聖な世の中」ということである。

そうであるならば、何が「神聖」なのであろうか。伊予国内に何か〝格別な〟神聖なものでもあるのであろうか。

例えば、「聖なる山・石鎚山」などは如何であろう。しかしながら、「聖なる山」は全国至る所にあるので、これなどは格別なものとは言えない。

ところが、これに適うものがあったのである。

それが「エヒメ」である。そして、この「エヒメ」が「イヨ」の語源と〝一体〟となるのである。そこで、次に示す「エヒメ」の語源を考察することにより、拙論が成り立つと考えた。

2．「愛媛」の語源

「愛媛」という県名は、明治六年（一八七三）二月二〇日に、石鐵県（旧・松山県）と神山県（旧・宇和島県）が合併して誕生した④。

そして、「エヒメ」の初見は『古事記』である。同書の「国生み神話」の「大八島国の生成」に、

「次に伊豫(いよ)の二名(ふたな)島をうみき。この島は、身一つにして面(おも)四つあり。面毎(おもごと)に名あり。故(かれ)、伊豫國(いよのくに)は愛比賣(えひめ)と謂ひ、讃岐國(さぬきのくに)は飯依比古(いいよりひこ)と謂い、粟國(あわのくに)は大宜都比賣(おおげつひめ)と謂い、土佐國(とさのくに)は建依別(たてよりわけ)と謂う⑤」

とある。「国生み神話」に登場する国々は佐度島を除き全ての島（『日本書紀』は島ではなく洲(くに)）に「亦の名」があるが、古田氏によると、この亦の名は古い呼び名であるという。

「伊予」より「愛媛」の方が古い地名であったのである。

それでは、「愛媛」の語源を「言素論」で繙くと、『古事記』の「愛比賣」の意は、

「愛＝エ」は、笑（愛）顔・愛らしいの意。

「比＝ヒ」は、お日さま・太陽の意。
「賣＝メ」は、女性を表す言葉「ヒルメ」や「ウネメ」の意。

であるという。

つまり、「笑顔の素晴らしい太陽のような女性」の意となる。

ところで、男性から見れば女性は皆「愛らしい太陽のような存在」であるので、飛躍した言い方になるかも知れないが、全国〝全て〟の地が「愛媛」と言われても不思議はない。

しかし、「言素論」ではそうなるはずなのに、現実は違う。何故ならば、「エヒメ」地名は他にないからである。そうであるならば、先述した「神聖な世の中」を表す「イヨ」と、それを裏づける「エヒメ」、これが〝一体〟となるとは、どのようなことなのか。解りやすく言えば、何が「エヒメ」なのか。その答えは次のようである。

それは、北条（現・松山市）の「神城山（しんじょやま）」（標高一六一メートル）にあった。更に言うと、この山の頂上部分にある巨石群の中の一つ「鏡（かがみ）・女神岩（めがみいわ）⑥」にあったのである。

古田氏はこの岩を名づけて「愛媛岩（えひめいわ）」とした⑦。そして、この岩の形は全国でここだけであるという大変貴重な岩なのである。

ところで、わが国では旧石器・縄文・弥生時代は、巨石は信仰の対象であった。

その中の「鏡岩」とは如何なるものであったのか。この形態の岩は、全国各地にあり港の入り口付近にある場合は、沖合を航行する舟にとって、港に至る道標となるのである。何故ならば、この岩は自然の花崗岩で出来ているが、磨くと光るからである。〝月明かり〟や〝太陽の明かり〟で光ることから古田氏は「縄文灯台」と名づけた⑧。

一方の「女神岩」は、V字形をしており、女性の陰部を表している。この岩の形態も全国至る所にある。

しかしながら、前述したように、この「鏡岩」と「女神岩」が合体している形態が全国唯一ここだけにあるという。海岸に面した「鏡岩」に、その背後に斜めに一枚の岩がセットされ、それでV字形になっていることから、「鏡・女神岩」となるのである。但し、人手が加っているかどうかは解らない。

これが、古代人にとっては、正しく「愛比賣」であり、「伊予の亦の名」に最も相応しい、神聖な岩と見なされたに違いない。

従って、この地は往古「エヒメ」と言われていた、となる。

この岩の発見者は竹田覚氏⑨である。氏は古田氏の足摺岬での実験と同様、この岩でもアルミ箔を張って実験したところ間違いなく海岸・沖合からも光り輝く様子が確認できた⑩。

私は、「国生み神話」の「伊予之二名洲（いよのふたなのくに）」の比定地は、風早（旧・北条市）にあった往古の難波・那賀であると論述している（『新説 伊予の古代』）。即ち「二つの〝ナ〟（水辺の意）」で「二名」である。

そして、この難波の地にある「新城山」は、巨石文化を象徴する霊山なのである。それは、この山の中腹には、巨石群を囲むように古墳が四十三基築かれていたことからも「霊山」としての位置づけが確認できる⑪。

ところで、拙書で論述しているが、私は風早こそ伊予では最も古くから開かれていた地と考えている。

その訳は、伊予国内でも旧石器・縄文・弥生時代の遺跡の多さにある。それに至るには、壱岐島の風早（現・勝本、近くに新城の地名もある）から先進文明をたずさえた風早氏、その後九州遠賀川流域の贄田物部氏がやって来て、この地に根づいたと考えられること、そしてその一因は、関門海峡を抜けると真っ直ぐ行き着く先が風早の地であること、などによる。

以上のことから、この風早の地が、往古伊予の中心地であり、神聖な地であったが故に、『古事記』の「国生み神話」に、「伊予の国、亦の名を愛比賣と謂う」として、登場したものと推察する。

なお、当時の洲（くに）（国）の範囲は、「愛比賣」であっても「伊予」であっても小さな領域であったことは、古田説により明らかである。[12]

因みに、この風早の地は縄文時代末から弥生時代中期までは、伊予の文化の中心地であり（『国造本紀』に「風早国造」が出ていることから「風早国」があったと考えている）、その後は越智氏の勃興により「越智国（旧朝倉村中心・現西条市・今治市一帯）」にその座を明け渡した。そして、平安時代中期末より風早に河野氏が興り、室町時代からは伊予国主・河野氏の拠点が道後に移ったことに伴い、道後温泉のある松山平野が伊予の中心になったことを付言しておきたい。

おわりに

以上、仮説ではあるが、「伊予」と「愛媛」の語源について述べた。

言うまでのないことではあるが、地名にはその地の歴史の真実が反映されている。それが、通説とは違って大きな意味を持つ場合もあり、はたまた歴史を覆すほどの恐るべき場合もあるのである。

例えば、私が目下研究を進めている越智国明理川にある「紫宸殿」及び「天皇」地名は[13]、その最たるものであろう。何しろ、「紫宸殿」は天子・天皇の御殿であり、わが国でその存在が確認されている所は、太宰府と平安御所だけである。そして、天子・天皇の居ない所にこの名称が付くはずがないので、ことの重大さに驚愕しているが、反面、大いなるロマンも掻き立てられるのである。

このことは、「多元史観・九州王朝説」で考察すると、「白村江の戦い」（六六二年―古田説）での敗戦から「大宝元年（七〇一年三月二十日）[14]」までの一時期、越智国明理川の地が、「九州王朝倭国（日本）の首都だった」という恐るべき命題が出来（しゅったい）したのである。これは、日本の歴史を根本から覆すこととなろう。このように地名には、後世の人達には知りえない歴史の真実が隠されていることがある。

終わりにあたって、「愛らしい太陽のような女性」を表現する「愛媛岩」の存在が、「神聖な世の中」を意味する「伊予」になった、と私は考えている。

「愛媛県」とは、何ともはやロマンチックに人々を悠遠の古代に誘う、素適な県名の由来ではなかろうか。これこそが、温暖・風光明媚・人情味溢れる土地柄に最も相応しいのではあるまいか。「伊予」と「愛媛」の語源が〝合体〟した不思議な意味合いに注目して戴ければ幸いである。

注

①『朝倉村誌』など。伊予国内の温泉は、天武天皇七年〈六七八〉と同一三年〈六八四〉の西日本大震災により湧出が止まり潰滅、後に奈良時代になって道後温泉のみ復活。
②「イヨ谷」の地名は『明治前期全国村名小字調査書』にとして「イヨ谷」があり、昭和三年の『村誌』地名考に小字として「伊豫谷」がある。鞍手町歴史民族資料館の高倉富恵氏にご教示頂いた。
③『多元』連載―多元的古代研究会編。
④景浦勉著『伊予の歴史（下）』愛媛文化双書20、平成七年九月。
⑤岩波文庫本
⑥「鏡・女神岩」他、「男神岩」「祭壇」など多数あり。
⑦『デイリータイムズ』二〇〇四年十一月号。
⑧古田武彦実験・監修、土佐清水市文化財調査報告書『足摺岬周辺の巨石遺構』一九九五年、土佐清水市教育委員会編―膨大な報告書　の中で注目すべきは、岩にアルミ箔のレフを張り昼夜実験して、それが灯台の役割をしたことを検証した。
⑨元・北条ふるさと館の初代館長、現・古田史学の会・四国の名誉会長。
⑩二〇〇二年六月七日実験、これらについては拙書『国生み神話の伊予之二名洲考』二〇〇二年七月三一日・風早歴史

文化研究会編、その後『聖徳太子の虚像』二〇〇四年七月一〇日・創風社出版、『新説 伊予の古代』二〇〇八年一一月一日・創風社出版で論述。

⑪ 因みに隣接の「腰折山」に二基「恵良山」に三基の古墳がある。

⑫ 古田武彦著『盗まれた神話─記・紀の秘密』一九七五年・朝日新聞社、二〇一〇年三月ミネルヴァ書房より復刊。

⑬ 旧・東予市壬生川町大字明理川字紫宸殿及び天皇（現・西条市）。最初の提起者は今井久氏（古田史学の会・四国幹事）。初見は明治九年『合段別畝順牒』所収、愛媛県立図書館所蔵、大政就平氏（古田史学の会・四国幹事）にご教示を得た。拙論「続・越智国にあった『紫宸殿』地名の考察」は『古代に真実を求めて』第十六集（古田史学の会編、明石書店）所収。他『松前史談』第二十九号にもあり。

⑭ 弥生時代の紀元前二五〇〜二〇〇年頃（「天孫降臨」後）から七〇一年三月二〇日まで、日本列島（但し、沖縄・東北・北海道を除く）の主権は、九州王朝倭国（倭奴国・俀国）にあり、近畿王朝は伊予国内の小市（越智）国・怒麻（野間）国・風早国・久味（久米）国・伊余国などと、規模の違いはあるが同格で〝個別独立に存在〟していて、いずれも九州王朝の傘下であった。そして、新生「日本国」の成立は、近畿王朝の手により、元号を「大宝」と定め、七〇一年三月二一日文武天皇に始まった。

（『古代に真実を求めて』第十八集所収　当論稿は『伊豫史談』三七三号─平成二六年四月号より転載・加筆した）

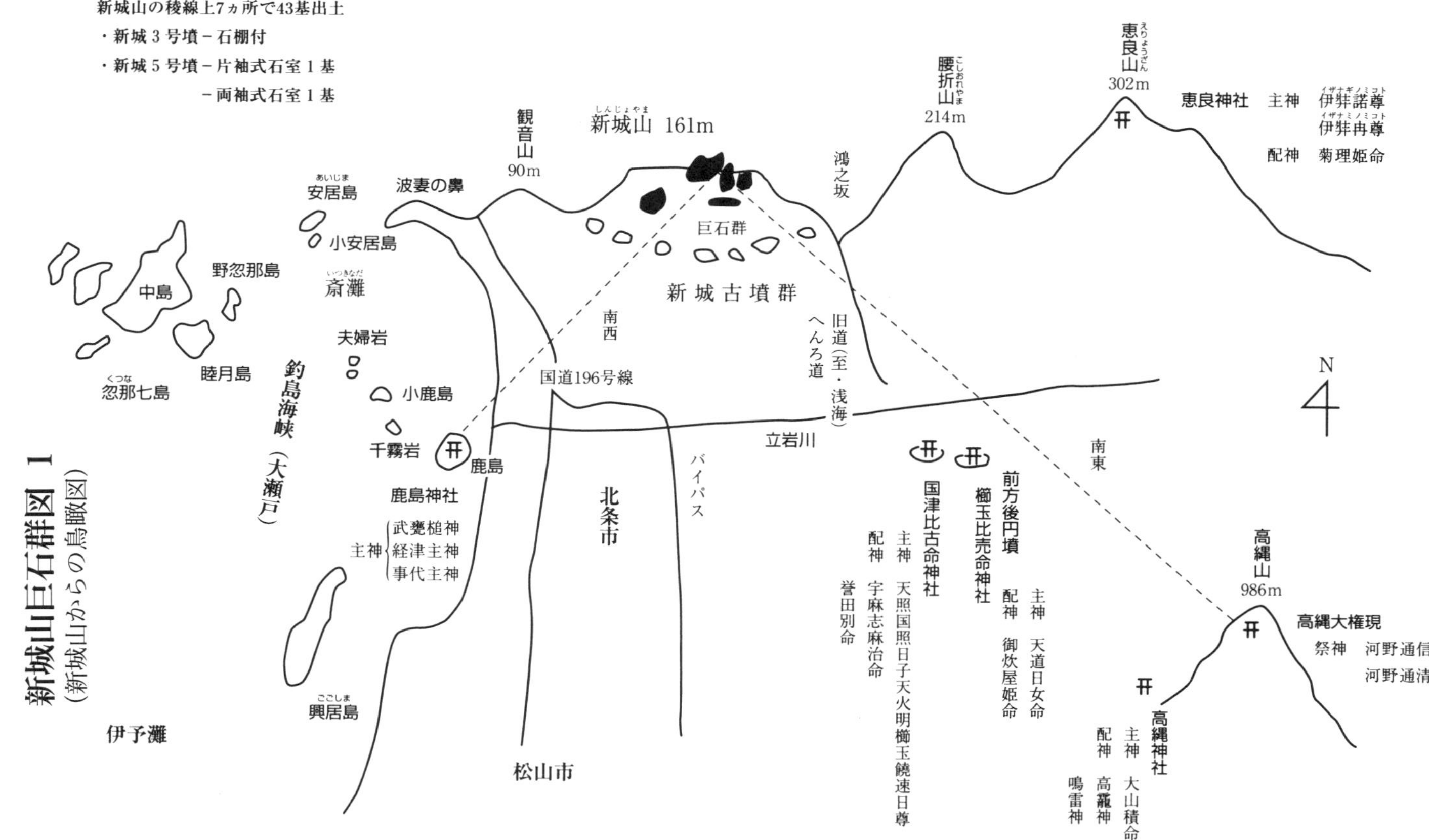
新城山巨石群図 1
（新城山からの鳥瞰図）
新城山の稜線上7ヵ所で43基出土
・新城3号墳－石棚付
・新城5号墳－片袖式石室1基
－両袖式石室1基
伊予灘
忽那七島
中島
睦月島
野忽那島
釣島海峡（大瀬戸）
安居島
小安居島
斎灘
夫婦岩
興居島
千霧岩
小鹿島
鹿島神社
主神 武甕槌神 経津主神 事代主神
鹿島
波妻の鼻
観音山 90m
国道196号線
南西
北条市
松山市
新城山 161m
巨石群
新城古墳群
バイパス
立岩川
へんろ道
旧道（至・浅海）
鴻之坂
国津比古命神社
主神 天照国照日子天火明櫛玉饒速日尊
配神 宇麻志麻治命 誉田別命
櫛玉比売命神社
前方後円墳
主神 天道日女命
配神 御炊屋姫命
腰折山 214m
恵良山 302m
南東
恵良神社
主神 伊弉諾尊 伊弉冉尊
配神 菊理姫命
高縄神社
主神 大山積命
配神 高龗神 鳴雷神
高縄山 986m
高縄大権現
祭神 河野通信 河野通清
N

新城山巨石群図２

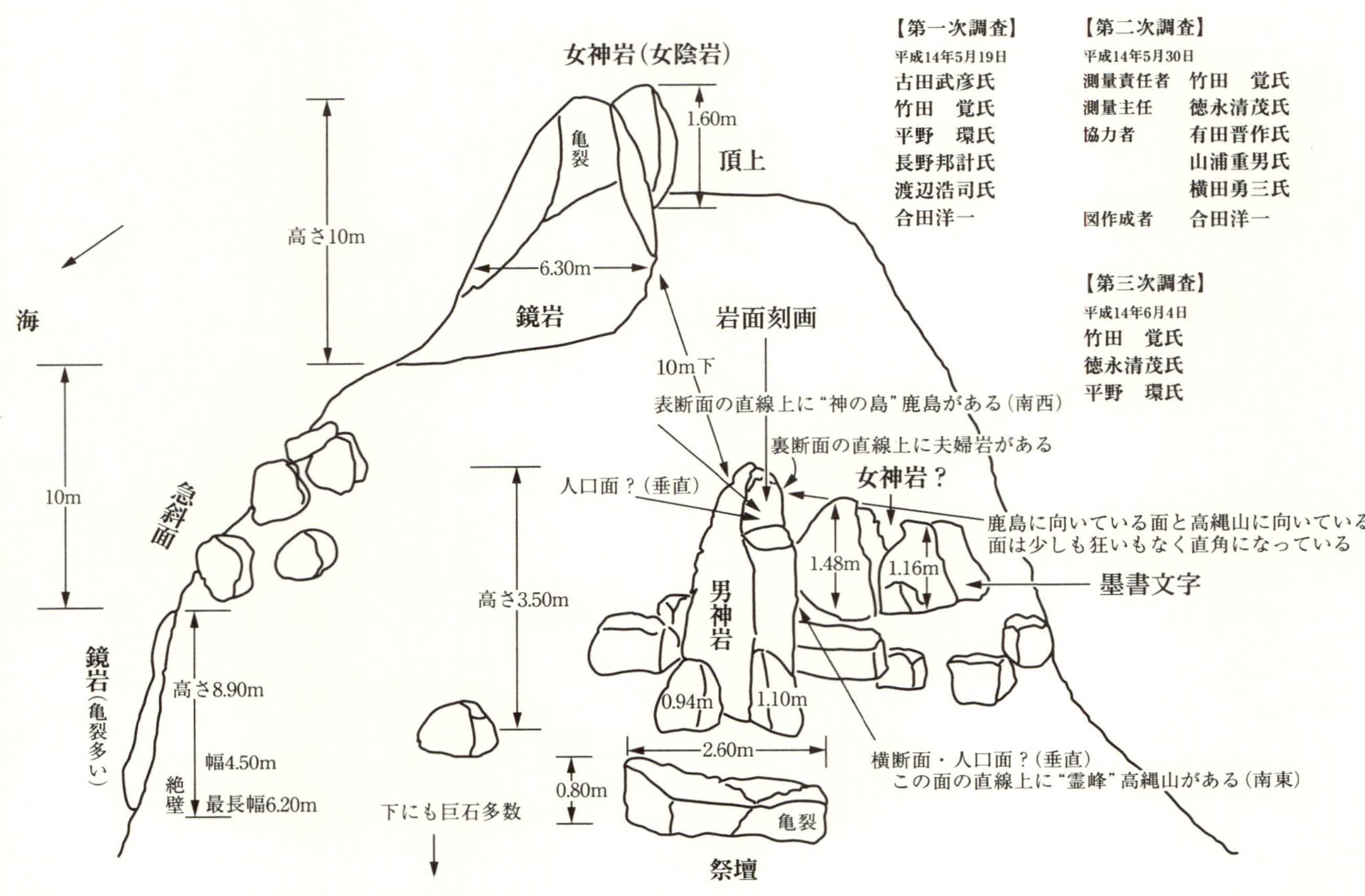

女神岩（女陰岩）
【第一次調査】
平成14年5月19日
古田武彦氏
竹田　覚氏
平野　環氏
長野邦計氏
渡辺浩司氏
合田洋一
【第二次調査】
平成14年5月30日
測量責任者　竹田　覚氏
測量主任　徳永清茂氏
協力者　有田晋作氏
山浦重男氏
横田勇三氏
図作成者　合田洋一
【第三次調査】
平成14年6月4日
竹田　覚氏
徳永清茂氏
平野　環氏
亀裂
1.60m
頂上
高さ10m
6.30m
海
鏡岩
岩面刻画
10m下
表断面の直線上に"神の島"鹿島がある（南西）
裏断面の直線上に夫婦岩がある
10m
急斜面
入口面？（垂直）
女神岩？
鹿島に向いている面と高縄山に向いている
面は少しも狂いもなく直角になっている
1.48m
1.16m
墨書文字
高さ3.50m
男神岩
鏡岩（亀裂多い）
高さ8.90m
0.94m
1.10m
幅4.50m
絶壁
最長幅6.20m
2.60m
0.80m
横断面・入口面？（垂直）
この面の直線上に"霊峰"高縄山がある（南東）
下にも巨石多数
亀裂
祭壇

鏡岩　竹田覚氏撮影

鏡・女神岩　竹田覚氏撮影

男神岩と祭壇　竹田覚氏撮影

男神岩より“神の島”鹿島・千霧岩・子鹿島・夫婦岩を望む
手前は旧北条市街、後方に松山市高浜（左）、興居島（右）を遠望する。

男神岩より波妻鼻を望む。

男神岩を背に左より竹田覚氏・筆者・渡部浩司氏・古田武彦先生

男神岩の先端部　竹田覚氏撮影

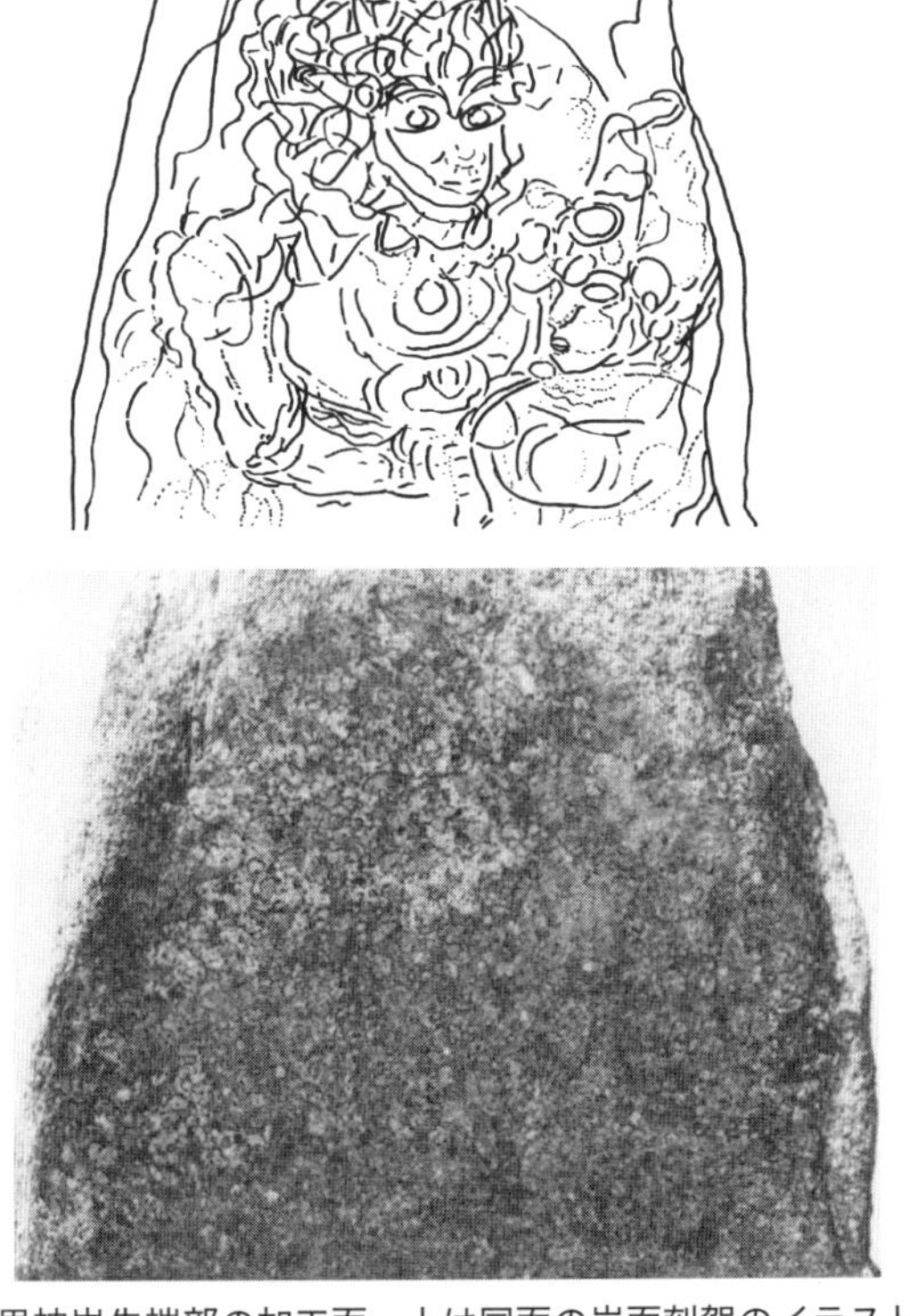

男神岩先端部の加工面　上は同面の岩面刻賀のイラスト
中島久喜氏作成

三稿　伊予国府の比定地—国分・古国分の地名考察

はじめに

私は、二〇〇五年五月二十二日に風早歴史文化研究会総会（於・松山市立北条ふるさと館）で、「風早国・越智国考察の新展開」[①]と題してお話をさせて戴いた。近年、浅学・非才を省みず伊予の古代史を研究していたのであるが、その中で避けて通れなかったのが越智氏及び越智国（越智王国）の歴史であった。そしてそれは、鉄壁のごとく私の前面に立ちはだかったのである。そこで、これを考察すべく、旧・越智郡朝倉村（現・今治市）を中心に調べをすすめ、件の如く、とりあえずではあったが越智国の歴史を発表させていただいた。ところが、その中で論証できぬまま、次なる課題としていたのが「国分」「古国分」の地名の由来及び国府の比定地であった。時を経てここに一つの結論を得たので、郷土の諸兄のご批判に供すべく、以下に論述を試みる。

1. 国府比定地の従来説

伊予の国府はどこか、その比定地として吉田東伍博士は『大日本地名辞書』で、今治市の古国分（ふるこくぶ）（現地訓）を充てている。即ち、

「櫻井郷—古の越智國府の地なり、大字古國府存す（後略）。
古國府—今櫻井村の大字に古國府と云地あり、東岸を郷濱と呼ぶ、郷は國府の訛なり（中略）、即櫻井郷の地とす、近世國府の字を國分に改め、國分寺舊址を疑似の惑を生せしむ。」

と。これ以来、郷土史家諸先輩の労作が大賑わいで、国分・古国分・上徳（富田）八町・中寺などを比定する諸説があった②。

最近、八町から豪華な遺物が出土していることから、愛媛大学の下條信行教授は『鉄と古代国家』③で、国府比定地について次のように述べている。

「それ相応の建造物はいまだ発見されていないためその所在地の詳細については、諸説乱立の現状ですが、出土遺物の側からみると、蒼社川右岸の八町遺跡など有力地の一つとして肯定するに値する文物を出土しています。」

として、畿内・東海系の土器や陶器、中国系の陶磁器、石帯や硯など一般の集落には見ない出土物を挙げている。

確かに八町からの出土遺物は素晴らしいものであるが、私にはここは奈良時代の国衙官人の居住地域のように思えるのである。何れの場所においても国府に相当する建造物の遺構が発見されていない現状から考えると、従来の説はどれも決定的根拠に欠けているのではないか。

そのような中で私は、越智国（越智王国）や越智氏興亡、そして国府を論ずるには今治市内を流れる蒼社川と頓田川が重要であり、そのうちでも国府設置に至る時代までは頓田川を最も注目してきた。

そして、越智国の都は、越智氏発祥の地で舒明天皇・斉明天皇の来遊伝承のある頓田川流域の朝倉の「古谷」から、その後何らかの事情で隣接の今治市東部の山間にある「新谷」へ移った。ところが、この辺り一帯が『日本書紀』天武天皇七年十二月（六七八）と十三年十月（六八四）の記事にある二度に亘る大地震により壊滅したと見られることから[④]、それ以後頓田川河口の海岸部「古国分」のある桜井の地へ移ったと考えていた。[⑤]今、この流域にある二組の相対する地名の構図、即ち「古谷（こや）」と「新谷（にや）」[⑥]、「国分（こくぶ）」と「古国分（ふるこくぶ）」であるが、このうち後者が国府比定地論争決着の鍵を握ると考えたのである。

蛇足ながら、この当時の越智氏の主は「白村江の戦い」に参陣した越智守興であろうと思っている。

2.「古」の論証と越智国

それでは、「国分」「古国分」について述べてみたい。

「古国分」の地名は、初めから「古（ふる）」の字が付くことはあり得ない。これは新しい「国分」に対して、後に「古国分」と名付けられたと考えられるからである。

それを示す史料として『今治領越智郡古国分由来記』[⑦]に「寛永年間国分村より分村」とあることからも解る。しかしながら、新しく出来るのであれば一般的には「新国分」となるはずである。それが、何故「古国分」となったか。このような例は管見の限り全国には無いと思われる。そこに何がしかの格別な由緒あるものがなければ、国分と相俟っての「古（ふる）」という名前が付けられるはずはない。何故「古（ふる）」と付けられたのか、従来説にはこの「古」の論証が見受けられないのである。

ところで、大分市に「古国府（ふるごう）」という地名があった。[⑧]ここは、当初の豊後国府があった所とされており、その国府が奈良時代後半に高台に移転された（その地を高国府（たかごう）と言う、ここを中心域としてこの辺り一帯を府中と言い、戦国時代には府内とも呼ばれた）ことに伴い「古い国府があった所」[9]の意として命名されたようである。ちなみに、古国府の初見は一三五五年の『萬寿寺首座智徹等連署書状』[10]に「古国府闕所之薄地」とある。また、奈良県大和郡山市に「今国府」があった。ここは平安期に大和国府が所在したことに因むようであり、高市郡の古国府に対して今（新）国府と称されたようである。[11]

従って、これらの地名の起こりは、今治市の「分村により命名された古国分」とは違っている。

そこで、今治のケースであるが、いまひとつ考えられることは、ある政治体制のもとでの「都」である国分に対して、それ以前に別の政治体制が存在するとすれば、その「都」は後の人にとっては古国分となる可能性は十分考えられる。

このことからも「古」の真実は、通説の近畿にあった大和王朝が古代から日本列島の唯一の統一王朝であったという、所謂「大和朝廷一元史観」では読み解けないのではないか。その当時わが国には沢山の王国が存在し、それらを統率する主権者の王朝変遷があるとする古田武彦氏の九州王朝論、即ち「多元史観」に沿うことによってはじめて解明されることであろうと考えた。

つまり、日本列島の覇者は古い順に「出雲王朝」、「九州王朝」、「大和王朝」と続き、この近畿に君臨した大和王朝は九州王朝の分家王朝であった。[12]

従って、「越智国」と大和王朝は共に九州王朝の支配下にあって、規模の違いはあるが、〝個別独立に存在〟していたのである。

そして、大宝元年（七〇一）に大和王朝に日本国の主権が移って以降、越智国も大和朝廷の支配下に入った。この時に発布された「大宝律令」の国郡制により、伊予国府が越智郡（旧・今治市）に置かれ、越智氏は越智郡司に任命されたのである。[13]

これらに基づき、また先学諸氏による研究成果をも踏まえ[14][15][16]国府の比定地を論じるのであるが、その前に「古国分」の「古（ふる）」の字が付けられた所以について述べることにしたい。

前述したように「古国分」は由緒ある地であろうと考える私からすれば、私と同様に当時の地元の民もまた、分村にあたって、この地方の中核をなした土地であるが故に「国分」よりも格が上、との思いを込めて「古（ふる）」の字を当てたのではないか。そこには地元民の大いなるプライドが見てとれる。

その一端を示す遺跡として、古墳が頓田川右岸の国分・古国分から唐子台（からこだい）、宮ヶ崎、桜井、湯ノ浦、長沢、孫兵衛作（まごべえさく）一帯にかけて、弥生時代のもの十三ヵ所、古墳時代のもの九十四ヵ所、時代が不明のもの五十一ヵ所存在し、その他の遺跡は縄文遺跡が二ヵ所、弥生遺跡は九ヵ所ある。[17]これらの古墳のうち、国分古墳（国分）、久保山古墳（唐子台）、唐子十・十五号墳（唐子台）、菜切り谷古墳（向山）は前方後円墳、雉之尾古墳（古国分）は前方後方墳となっている[18]。

ここ古国分の後背地は、正に「王家の谷」のごとく王墓密集地帯である。

それに対して、上徳など国府比定地の頓田川左岸から蒼社川に至る平地、海寄りの地帯は、弥生時代までは海抜五メートルラインを基準とする海だったと考えられることから、新興地帯であり、弥生や古墳時代の遺跡は少ない。

右の事実からも解るように〝「古国分」は古（いにしえ）の栄光ある越智国王・国造の末裔が鎮座していた所〟として――、地元の人たちの熱い想いが込められた崇高な地であったのだ。

なお、この「古国分」の呼称は、歴史的経緯を踏まえると、例えば「古都」と言うべきところを、大和朝廷の御世であるので「世を憚った」ものではなかろうか。そこには地元民の並々ならぬ工夫が窺える。

しかもここは、九州王朝時代の行政区画「評衙（評の国衙）」があった所と思われる。

ちなみに、日本列島各地に分立する国々の主権を担う「長」の称号について触れると、王国の「王」や「国造」⑲、また小国を統率する王朝の「大王」などがあった。そして九州王朝時代には、その行政区画である評衙の長官を「評督」と言った。⑳あるいは、当初は「評造」とも言われたか。㉑

そのことを踏まえると、越智国王の裔の越智氏が『先代旧事本紀』所収の「国造本紀」㉒で存在が確認される越智国造、そして「大宝律令」により郡司に任命されたことからも、また越智王国の領国の範囲（当初は頓田川から東の旧・越智郡であり、その後旧・周桑郡、旧・新居郡一帯まで、但しこのうち新居浜市については国領川左岸まで。更に蒼社川から西へ進み糸山付近、それに島嶼部まで勢力下に治めていた㉓）などの規模から推して、この間の「評督」称号を得ていたことは、ほぼ間違いのないことであろう。

大宝元年（七〇一）以降、大和朝廷の律令時代に入ってから、越智氏が越智郡司となったことから、ここ「古国分」が「評衙」改め「郡衙」（郡役所）となったと見なしたい。但し、現在の古国分の地籍のみでその範囲を考えることはできない。この当時の越智王国の都は広大な地域で、現在の国分・古国分に唐子台・桜井・郷桜井も含む頓田川下流域の右岸一帯、総じて「サクライ」と言われていたのではないか。

そのことを示す史料として、平安時代の『倭名抄』に越智郡十郷の一つとして「佐久良井」とあり、『律書残篇』㉔にも越智郡九郷の一つに「桜井」とあるので、古くからの郷名であることが推察される。

そこで、古田武彦氏の「言素論」㉕に基づいて「サクライ」の語源について述べると、

「サ」は接頭語、「クラ」は祭り（祀り）の場、「イ」は井戸の〈イ〉で水の出る所であり、縄文時代から続く祭り（祀り）を行う中心地の意となり、ついでながら越智氏発祥の地で最初の都があった「朝倉」の語源についても述べると、「ア」阿波・安房・阿蘇などに見られる接頭語、「サ」は土佐・宇佐などに見られる領域を示す語、「クラ」は祭り（祀り）の場、となることからも、「アサクラ」も「サクライ」とほぼ同じ意であり、後世両地に王国の都が築かれたことは、共に語源に相応しい土地であったに違いない。

3．伊予国府の比定地

そこで、いよいよ国府の比定地であるが、古国分と相対しての国分の地名であること、国分寺㉖・国分尼寺㉗遺構が存在すること、そして国分山城を国府山城と言うなどの決定的とも思われる遺存地名があることなどから、国分が当時の国府であった、と考えた。

更に加えることに、ここには瞠目すべき伝承があった。

元和元年（一六一五、江戸時代初期）～明治五年（一八七二）まで国分村の庄屋を勤めた加藤家（「加藤家文書」が遺されている㉘㉙）の十三代・従一氏によると、氏の子供の頃、近所の人達は唐子山を「天子山」と呼んでいたそうである。なお、これについては『日本歴史地名大系　第39巻　愛媛県の地名』の「国分城跡」の項に、

「国分山の山頂一〇五・三メートルにあり国府城ともいう。同山は唐子山とも天子山ともよばれている」

とあることからもこの事実は裏付けられる㉚。これは一体何を物語っているのであろうか。天子山の呼称について地元では、

「南北朝時代に南朝方の脇屋義助公がこの地に入ったことでそう呼ばれた」

と言い伝えられているそうである。

しかしながら、脇屋義助がこの地に入ったからといって、果たして天子に結びつくものであろうか。『大系』

にもあるように、唐子山は国府山城（国分山城）があった所であるから、古来、国分・古国分の地、つまり桜井地区のシンボル的存在でもあり、大和朝廷の「天子さまのお代官（国司）がおわします地」の意として早くから「天子山」と名付けられたのではないのか。となると、この唐子山の麓に国府があった可能性は極めて高いことになる。

また、唐子山を「天主山（てんしゅやま）」とも呼んでいたようである。これについての地元の伝承は、

「当山に福島正則が築城した時、山頂に小屋を立てたところ、下から眺めると天守閣に見えたから」

と。また「テンシがテンシュに訛った」、またその逆で「テンシュがテンシに訛った」との説もあるようであるが、思うにこれは天子山と同義の呼称ではないのか。

このように「天子山」「天主山」の由来については、現段階では明確な結論は出せないが、何れにしてもこのような呼び方も、このサクライの地に国府・郡衙、はたまた越智王国の王都があったことを暗に示しているのではなかろうか。

そして、『今治の歴史散歩』[31]に記されているが、江戸時代にこの地から「和同開珎」二〇〇枚が出土していることもその証左となろう。

以上のことから「国分」が正しく「国府」であった。これが私の結論である。

最後に、前掲加藤家文書の中に、

「里人今も猶国分を呼ふに本国分を以てす」

とあり、国分を「本国分？」とも呼んでいることが記されている。「本」は本家筋を指しているのであろうか。但し、この文書は従一氏の祖父・徹太郎氏（明治八〜昭和二十七年）が書き残したもので、何時の時代にそのように呼ばれていたかは不明とのことであった。

以上、「国分」「古国分」の地名由来から考察した国府の比定地を述べた。

このように見てくると、今に残る「国分」「古国分」の地名は、私たちを悠久の彼方へ誘ってくれるかけがいのないものであり、この地の歴史の重さを裏付ける格好の地名遺称だったのである。

4．伊予国の初代国司は誰か

ところで、初代の伊予国司に誰がなったかについてであるが、私の見解は従来説とは全く異なる。

『日本書紀』巻三十、持統天皇三年（六八九）の八月二十一日条㉜

「辛丑、詔伊豫總領田中朝臣法麻呂等曰、讃吉國御城郡所獲白鷰、宜放養焉」

（辛丑に、伊予総領田中朝臣法麻呂等に詔して曰はく、「讃岐の御城郡に獲たる白鷰、放ち養ふべし」―岩波文庫）

とあることから、この「伊予総領」を「伊予国司」と解釈して、初代国司は田中朝臣法麻呂である、との論に立つ人がいるが、総領と国司は違うことは言うまでもない。そもそも総領（惣領ともある）が『日本書紀』や『続日本紀』に出現する国は、周防・伊予・吉備・筑紫（竺志ともある）などであって、通説では大和朝廷が定めた地方官のこととしている。しかしどうであろう、地方官とすれば行政を司る役職は詔勅によって施行されるものであるはずであるが、実際にはそうした手続きが見られず、突如として出現し、廃止の令もない。全国に共通する官名でもなく、職掌の内容も不明である。従って、大和朝廷が定めた役職とは到底考えられないのである。

そして、何よりも「伊予総領」とある時代は、持統天皇の時代であり、これは「大宝律令」以前のことなので、この時点での日本列島の主権者が九州王朝であり、右の『日本書紀』の記事は九州王朝の史書類からの盗用であると考えると辻褄が合う。

即ち、田中朝臣法麻呂をもって伊予の初代国司とすることは間違いなのである。

次に、

同、持統天皇五年（六九一）秋七月庚午朔壬申

「是日、伊豫國司田中朝臣法麻呂等獻宇和郡御馬山白銀三斤八兩・鉚一籠。」
（是の日に、伊予国司田中朝臣法麻呂等、宇和郡の御馬山の白銀三斤八兩・鉚一籠献る。―岩波文庫）

ここでは明らかに「伊予国司」となっているので、この記事をもって初代伊予国司は田中朝臣法麻呂である、というのが通説となっていた。しかしこれについても大宝律令施行以前のことなので、私の見解は、前記事と同様である。

一方、『続日本紀』巻三、文武天皇条㉝には、

「大宝三年八月辛酉、以従五位上百済王良虞為伊予守」

（大宝三年八月辛酉に、従五位上百済王良虞を以て伊予守と為す）

とあって、この大宝三年（七〇三）は日本国の主権が大和朝廷に既に移った後のことであり、「大宝律令」（七〇一年成立）の国司制度による国の長官「守」は、即ち国司であるので、この「伊予守」の記事が大宝三年で約二年の「ずれ」はあるが、これが国司の初見であると考えるべきである。そうであれば初代伊予国司は百済王良虞である、と。

なお、約二年の「ずれ」について思うことは、越智国が強大であったので、すんなり大和朝廷の支配に服さなかった可能性も考えられるのである。このことを付言しておきたい。

むすび

最後に重ねて述べると、往古より「サクライ」と言われていた頓田川河口部右岸地域の中で、現在言う所の「国分」こそが伊予国府（国衙、長官を国司または守という）所在地であり、「古国分」は越智国王・国造の末裔の鎮座地で、その後の九州王朝の評衙（長官を評督という）、そして大和朝廷の郡衙（長官を郡司または郡大領という）となった所と見なしたい。なお、越智氏は両行政区画の長官にも任ぜられ、古くからこの地に君臨し続けたのである。

古代の伊予の国で最も隆盛を誇った越智氏は、朝倉に興り、次第に近隣を征服して強大な「越智王国」を築いていった。前述したように、その版図は時代により異なるが、最盛期には朝倉を中心として東は新居浜市の国領川左岸から西は今治市の糸山付近まで、それに島嶼部まで勢力下に治めていたと考える。そして、越智氏は自らの〝聖地〟朝倉を守るために、「白村江の戦い」の遥か以前に、己が手で「永能山古代山城」

を築城した㉟。

また、越智王国は当時の日本列島の主権者であった「九州王朝」の支配下にあり、大宝元年（七〇一）までは、通説に見られる「大和王朝」の支配下にはなかった。つまり、大和王朝とは規模の違いはあるが共に九州王朝の傘下で〝個別独立に存在〟していたのである。

このことが、国府比定地をひもとくキーポイントであった。

栄光ある越智氏も大和朝廷の律令体制下で次第に勢力を弱めていき、平安時代末には、台頭してきた河野氏に圧迫され、遂に伊予国の覇者の座を明け渡すのである。

ここに、「国分」「古国分」のシンボルであり霊山でもあった「唐子山」が、数百年に亘る「越智国の盛衰」を静かに見守ってきたのである。

（追記）

二〇一七年十一月三日に今治市総合福祉センターにおいて、今治市教育委員会主催で「伊予国府を考える」という講演会が行われた。そこで、首藤久士氏（愛媛県埋蔵文化財センター調査員）が「今治平野における古代遺跡の調査成果」と題して、次の発表をされた。

「今治平野で陶硯（転用硯九個・円面硯一個）及び瓦の最多出土地帯は唐子丘陵南麓エリアである」

また、島根大学の大橋泰夫教授は「各地の国府と伊予国府」の演題の中で、

「全国的にみると国府は瓦葺建物である。そして国府跡からは瓦と共に硯・高級食器も出土している。」

と述べられた。なお、氏の伊余国府所在地は蒼社川右岸地域を想定しているようである。

そこで思うに、「瓦と硯」の最多出土地の唐子丘陵南麓エリアとは「国分」であることから、拙論の「伊代国府は国分」が正に裏付けられたのではなかろうか。また、この地は今治平野の中では「永能山古代山城」

に最も近い。何分にも遺構の発掘が待たれる。

注

①『風早』第五十四号所収　平成十七年十二月　風早歴史文化研究会

②『新修国分寺の研究　第五巻上南海道』「伊予国府」　西田栄著　昭和六十二年　吉川弘文館

③『鉄と古代国家―今治に刻まれた鉄の歴史―』　愛媛大学考古学研究室　今治市・今治市教育委員会　二〇〇六年九月

④『朝倉村誌』　朝倉村誌編さん委員会　昭和六十一年五月　朝倉村

⑤ 1に同じ

⑥「新谷」を王都とする背景については、ここからは細形銅剣・銅鏡・玉類など様々な出土遺物があり、古墳は数基まとまったものが四群あって、鹿ノ児池の西側丘陵上に十七メートル・文殊院西に二十三メートルの前方後円墳もある（『日本の古代遺跡22愛媛』）。そして、「古谷」と相対する地名が論証の決め手となる。現在発掘が進められている。

⑦『愛媛県近世地方史料1』所収　昭和五十年三月

⑧ 古田史学の会四国・河原茂氏のご教示による。

⑨『日本歴史地名大系　第45巻　大分県の地名』一九九五年　平凡社

⑩『豊後国荘園公領資料集成五上』「大友文書」所収　一九八九年　別府大学

⑪『角川日本地名大辞典　奈良県』　昭和六十三年　角川書店

⑫『失われた九州王朝―天皇家以前の古代史』　古田武彦著　一九七一年八月　朝日新聞社　のち朝日文庫　角川文庫に収録

⑬「大宝律令」は現存していない。今日では後の「養老律令」により全貌を推定している（『広辞苑』）。伊予国府が越智郡に置かれたことは『倭名類聚抄』(倭名抄ともいう。九三一～九三八年に源順編集）に記されている。

⑭『伊予国府の位置』　片山才一郎著　昭和三十八年八月　今治市教育委員会・今治史談会

⑮「伊予国府の位置上・下」（片山才一郎著　『伊豫史談』一七一・一七三号所収　昭和三十九年三月・八月　伊豫史談会）
⑯『新今治市誌』　昭和四十九年三月　今治市
⑰『愛媛県埋蔵文化財包蔵地一覧表』　平成十二年三月　愛媛県教育委員会
⑱『日本の古代遺跡22愛媛』　正岡睦夫・十亀幸雄共著　昭和六十年七月保育社
⑲「国造」は、『出雲国風土記』に見えることから、古田武彦氏はその著『よみがえる卑弥呼』（一九九二年六月　朝日文庫）で「出雲王朝」の職制であると論じている。その後、九州王朝の職制に移行。
⑳「評督」は、九州王朝の「倭の五王」に充てられた中国製称号「都督」に対して、その下に設けられた倭国製称号（『日本のはじまり』古田武彦著、一九九六年九月、東日流中山史跡保存会）。
㉑「評造」は、自著『聖徳太子の虚像』（二〇〇四年七月、創風社出版）において『和氣系図』に見られることから九州王朝の職制と論じた。従って、九州王朝の天子（大王や都督の時代もあり）の支配下にある国々の首長（王）の公の称号は、国造―評造―評督へと移行した、と考えている。
㉒『先代旧事本紀』「国造本紀」（『国史大系』所収　黒板勝美編　吉川弘文館）
㉓1に同じ
㉔『改定史籍集覧』第二十七冊雑類所収　明治三十三〜三十六年改定　臨川書店
㉕「言素論」は多元的古代研究会の会報『多元　ＴＡＧＥＮ』で連載中。
㉖国分寺は、四国八十八ヶ所のうち五十九番札所で所在地は国分。
㉗国分尼寺は、塔跡が発掘されており、県指定遺跡となっている。所在地は郷桜井。
㉘『加藤家文書』（『国府叢書』巻一今治市の歴史所収　平成元年三月　今治市　今治郷土誌編纂委員会）
㉙『今治拾遺』「加藤宗兵衛信澄家譜」　昭和六十三年　今治市役所
㉚また『今治地方の伝説集』（大澤文夫著　平成四年十二月　今治商工会議所）や、『国分いまむかし（一九八二年　国分読書会）でも天子山と言われたことを採り上げている。
㉛『今治の歴史散歩』　昭和五十五年十月　今治市・今治市教育委員会
㉜『日本書紀』（岩波文庫五冊本　一九九五年三月　岩波書店）

㉝『続日本紀』(国史大系2　平成十二年新装版　吉川弘文館)

㉞1に同じ。「白村江の戦い」(六六二年—古田武彦氏説)は、九州王朝倭国・百済の連合軍対唐・新羅の連合軍との戦いであり、大和王朝軍は戦線離脱で参戦(渡海)していない。我が国軍惨敗のあと九年間に六度に亘り都合四千人の戦勝国軍が博多湾岸に進駐(近畿地方には一兵も進駐していない)。この間に多くの山城を築くなどは荒唐無稽の話である。また、九州にある山城・神籠石城・水城は九州王朝の首都・太宰府を守るために築かれていた(古田説)。金田城や大野城などは、放射性炭素14c年代測定法により、築城の年代が通説より一〇〇年以上も遡ることが明らかとなっている(内倉武久著『太宰府は日本の首都だった』ミネルヴァ書房)。

(『伊豫史談』三四九号所収
平成二〇年四月号に加筆・修正)

伊予国分寺

唐古山を望む

四稿　風早に南海道の発見と伊予の「前・中・後」

『続日本紀』[①]大宝元年（七〇一）六月八日の勅令に「七道」が出現する。即ち、東海・東山・北陸・山陰・山陽・南海・西海の七道である。これらの道は近畿王朝の官道（幹線道路）としての位置付けであるので、言うまでもなく大和を起点としている。そのうちの南海道は、紀伊・淡路・阿波・讃岐・伊予・土佐各六カ国に通じる官道の総称である。その中で伊予国への官道について、従来説は紀伊を起点に越智国にあった国府（今治市）[②]までとされていたのである。この地にはホノギ（小字）として、街道を示す「みまや」「大道が上」などがある。[③]しかし、その先の松山までの官道は解っていなかった。

ところが、この道が解ったのである。これについて私は、拙書『新説 伊予の古代』[④]で明らかにしているが、ここであらためて視点を替えて論究してみたい。

「道」は、〝獣道〟はいざ知らず、人と物が移動する〝大動脈たる幹線道路〟は一朝一夕には造られるものではないことから、人が住み出した時から整備されつつ脈々と受け継がれて来たことは言を待たないであろう。そうなると、近畿王朝により設置されたとされる「七道」は、その名称はともかくとして九州王朝時代からの幹線道路であったことにもなる。従って、その道は九州から瀬戸内海を経て四国に渡っての九州王朝の官道であった、となる。つまり、筑紫国から関門海峡を経て、あるいは豊国からのルートであり、四国の起点は言うまでもなく伊予である。その際、伊予の起点が越智国であるならば関門海峡ルート、松山平野が起点となるならば豊国ルートとなるであろう。私は、越智国が起点と考えている。そして、「西海道」（この名称は九州王朝から見たらおかしい）ならぬ「九州道」から「南海道」（この名称ももしかして「四国道」か）へと。次いで、伊予から讃岐あるいは土佐へと結ばれていたのである。

さて、前置きはこのくらいにして、古代の「伊予国」の最大・最強にして中心国たる越智国を起点として南への道、つまり風早国を経て松山平野（和気国・伊余国・久味国があった）に入る道への探求である。

これには二通りの道があったと考えている。一つは海岸沿いの怒麻（ぬま）（野間）国から入る道と、二つ目は山越えで越智国から風早国に直接入る道である。

そこで私は、その二つの道のうち直接経路が近いことから、山越えを考えた。つまり、越智国の玉川を経て風早国の立岩川沿いの庄から上難波への道である。これが古代の官道ではないかと思ったのである。

そこで、『伊予の道』の著者・清水正史氏[5]に教えを請うべく電話をしたところ、数日後、清水氏からご連絡を頂き、正に新発見に繋がる驚きの事実があった。

氏によると、旧玉川町（現今治市）のはずれ旧菊間町（現今治市）寄りに、「御厩（みまや）」と言う地名があり、そこから風早（旧北条市）に入って米之野（こめのの）にホノギとして「大道口（おおどうぐち）」・「大道谷（おおどうだに）」があり、庄に「道ノ下（みちのした）」と言う地名を発見した、とのことであった。

私も、次の発見をみた。それは、北条市が松山市に合併する際に発刊した北条市合併記念誌『飛』（二〇〇四年）に、北条市府中のホノギに「御幸道（ごごみち）」を見つけたのである。

これについて清水氏によると、この御幸道の辺り一帯は、京都から貴人がやって来たことに因んで通称「御所道」と呼ばれていたとのことであった。

御厩は「うまや」の尊敬語であり（『広辞苑』）、律令時代から平安時代中期まで使用された官道の「駅」があった所と考えられる。律令の「駅制」では駅間の距離は三十里（現在の約十六キロメートル）と定められていたが、国府から御厩までの距離はおよそそれに当てはまる。大道などの地名があることによっても、この立岩川沿いの玉川道は当時の官道だったのでは、と思われてきた。

そうこうしている時、竹田覚氏⑥より、新発見に繋がる更なるご教示を頂いた。

それは、鹿峰（かのみね）に「大道西（だいどうにし）」、河原（かわら）に「大道下（おおみちした）」があり、そしてこの大道下は河野氏の一族池内氏に伝わる『池内文書』の「河野通信譲状」に、

ありいけの内、ならひにかなやとのなり、さかい（境）ハひかしハいさおかきる、みなミはあわい（粟井）さかいをかきる、にしハ大たうをかきる、きたハかわら（河原）をかきるなり。（傍線は筆者）

の「大たう」がこれに当るという。

つまり「大道下（おおみちした）」は当時「だいどう」であり、通信の時代いわゆる源平争乱期から鎌倉時代初期の、古くからの地名であったことも解ったのである。

他にも関連地名がないか私自身調べてみたところ、米之野の大道口の手前に「光道（こうどう）」、府中に「大道上（おおみちかみ）」、柳原にも「大道上（おおみちかみ）」、中須賀に「道ノ下」、安岡にも「道ノ下」、小川には「古道窪（ふるみちくぼ）」の地名のあることも解った。

そこで、竹田氏と二人で二〇〇八年五月二十日に、実地調査をしたところ、これらの地名は大筋で一本の道で繋がっていたのである。

即ち、伊予国府を出て、御厩—龍岡下—龍岡上—温戸峠（これまでは旧・玉川町）—大道谷—大道口—光道（これまでは旧・北条市米之野）、これから北条・玉川線に入る—道ノ下（庄）—上難波—中通—下難波—北条—御

幸道（府中）―大道上（府中）―大道上（柳原）―道ノ下（中須賀）―大道西（鹿峰）―大道下（河原）―道ノ下（安岡）―磯河内―古道窪（小川）、更に粟井坂を越えて松山に入ると、和氣地区に馬木（うまき）があり、ここは馬を繋ぐ所（駅）と言われている。これにより道路にちなむ地名が繋がったのである。

このように多くの「道」の地名が現存していることは、何を物語っているか、考古学上の遺構が発見出来ていないにせよ、これは官道であったことの証左ではないのか、と。これにより南海道（四国道）は、国府から旧玉川道を経て松山まで延びていたことが判明したのである。

なお、拙論は国府が在った所が国分であり、その手前（東側）が古国分、ここは越智氏の評衙（越智国の最後の都が在った所でもある）であることから、この地が四国道の起点とも考えている。付言しておきたい。

そこで思い出されることは、河野氏の始祖・越智親清が越智国から風早国河野郷に入ったという[7]、あの伝承の道がこの旧玉川道だったということにもなる。

しかし、河野氏の出自に関しては種々説があり、余談になるのでここでは詳しくは触れないが、その出自は饒速日命（ニギハヤヒミコト）の裔・物部氏ではなかったか。それも、越智氏とは関係のない古代の風早国王・物部氏の流れであろうと思っている。

源平合戦で重要な役割を果たした河野通清・通信親子がそれ相応の兵力を結集することができたのは、早くから河野郷に根を生やした近隣の盟主でなければ成し得ないと思われるからである。親清（通清の父）が越智国から入ってきたのでは遅すぎる。越智氏が天皇家に出自を求めたと同様、河野氏もまた伊予随一の名族となっていた越智氏に出自を求めたのではないかと思われる。

さて、伊予（愛媛県）から讃岐（香川県）または土佐（高知県）へ続く道は、前掲の『伊予の道』に詳しいので紙面の関係上割愛させて戴く。

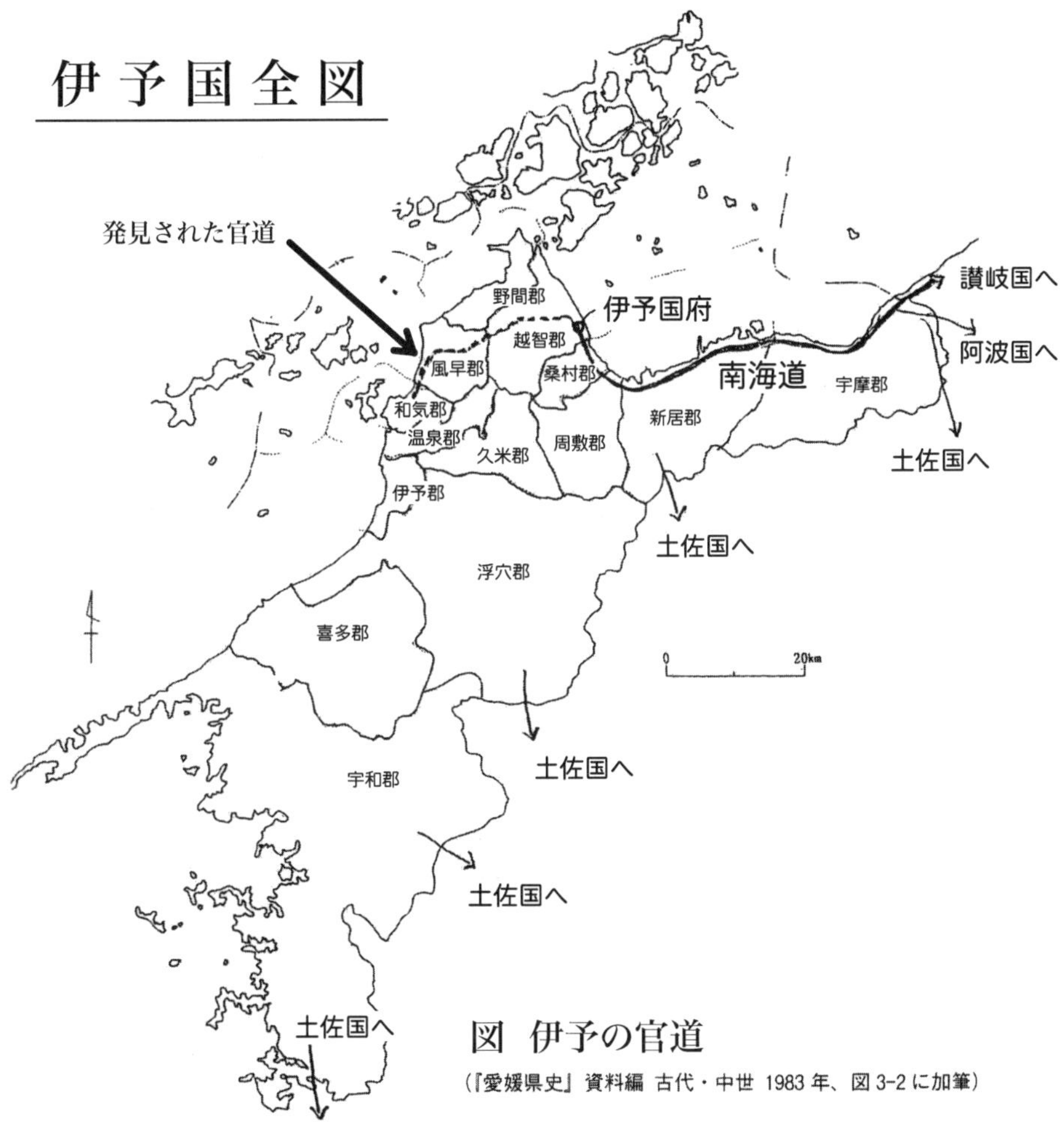

図　伊予の官道

(『愛媛県史』資料編 古代・中世 1983 年、図 3-2 に加筆)

次に、伊予の「前・中・後」の地名、即ち「道前・道中・道後」についてである。

これは九州王朝の古代官道ではないが、「伊予の官道」でもある。これについては、『古代に真実を求めて』第九集所収『「上・下」「前・後」の地名考』[8]及び拙書『地名が解き明かす古代日本』[9]で既に記しているが、これに加筆した。

『日本歴史地名大系』[10]によれば、

『予章記』・『予陽河野家譜』[11]の元暦二年（一一八五）の条に道後七郡守護職の語があり、この七郡は野間・風早・和氣・温泉・久米・浮穴・伊予の諸郡を指していることから、道後は古くは広い地域を含む地域名であったことがわかる。その由来は国府を中心として、都に近い地域を道前（みちのくち）、国府の存在する地域を道中（みちのなか）または府中、都に遠い地域を道後（みちのしり）とよんだことによる。道後の地域名が狭い温泉湧出地附近に限定されのははるかに後のことで、明確には近世に入ってからと考えられる。

としている。

道前は、旧宇摩郡（四国中央市）・旧新居郡（新居浜市・西条市）旧周敷郡（西条市）・旧桑村郡（西条市）の東予地域。

道中は、国府のあった旧越智郡（今治市）であり、のち府中と呼ばれた。

道後は、旧野間郡（旧大西町・旧波方町・旧菊間町―現今治市）・旧風早郡（旧北条市―現松山市）・旧和気郡（松山市和気地区）・旧温泉郡（松山市の一部）・旧久米郡（松山市久米地区）・旧伊予郡（松山市の一部・東温市・伊予市・松前町）・旧浮穴郡（松山市の一部・久万高原町・および旧中山町・旧双海町（現伊予市））である。

なお、「前・中・後」の地名命名の時期は不明のようであるが、私は「道」の区分ということから考えると、奈良時代以降と思っている。また道中という呼び方はあまり馴染みがなかつたのではなかろうか。それに府中とも呼ばれていたことから早い時期に消えてしまったようである。また、近世に入ってからは、旧今治市・旧越智郡東部・旧周桑郡の東予地方の平野部を道前平野、松山を中心とした平野部を道後平野（松山平野）と呼び、温泉湧出地域を道後と呼ぶようになった。この場合、旧大西町・旧波方町・旧菊間町・旧北条市は、道前平野にも道後平野にも含まれない。このような変遷があったためか、道中は失われた存在であり、現代では愛媛県の人でも、この呼び名があったことを殆ど知っていないように思われる。

はてさて、風早で「伊予之二名洲」を研究している過程で、不明の「伊予の官道」を発見できたこと、望外の喜びとするものである。

末尾ながら、調査に御協力戴いた清水正史氏・竹田覚氏に深甚の謝意を表したい。

注

①『続日本紀』に記載あり—『日本書紀』の次の国史とされ文武天皇(六九七年)に始まる。宇治谷孟編著　講談社全三巻本。

②伊予の国府所在地は現在不明であるが、拙論は今治市国分であり、拙書『新説 伊予の古代』で詳述している。

③『朝倉村誌』朝倉村村誌編さん委員会　昭和六一年五月　朝倉村

④『新説 伊予の古代』　合田洋一著　二〇〇八年十一月　創風社出版

⑤『伊予の道』清水正史著　当時『伊予史談会』副会長　平成十六年十一月　愛媛文化双書刊行会

⑥竹田覚氏—当時は北条ふるさと館館長で古田史学の会・四国会長、現在名誉会長。

⑦『予章記』河野氏の記録　応永元年（一三九四）河野通義（通能）逝去後まもなく同家で編纂された　上蔵院本・長

福寺本などがある。　景浦勉編　伊予史談会双書第五集

⑧「〈上・下〉〈前・後〉の地名考—地名にみる多元的古代の証明」—『古代に真実を求めて』—古田史学論集第九集所収　合田洋一論稿　二〇〇六年三月

⑨『地名が解き明かす古代日本—錯覚された北海道・東北』合田洋一著　二〇一二年十月　ミネルヴァ書房

⑩『日本歴史地名大系』一九八七年　平凡社

⑪『予陽河野家譜』伊予河野氏の史書『河野氏の研究』所収　景浦勉著　伊予史料集成刊行会　平成三年

（古田史学論集第二十一集『古代に真実を求めて』所収）

〈エッセイ〉

五稿　「髙御産巣日神（たかみむすひのかみ）」対馬漂着伝承の一考察

はじめに

平成二十三年十月三〜四日、私は「天照大神」の古里・対馬に行く機会があった（朝鮮通信使文化八年度饗応「七五三図絵巻物」の対馬での公開・展示に伴う講演のため—『古田史学会報』No.一〇七号で詳述）。その折、対馬の西南端に位置する下県（しもあがた）の豆酘崎（つつ）（因みに、南端は神崎（こうざき）という）で、我が国草創の神話に登場する「高天原」の神の「高御産巣日神」に関する伝承に遭遇した。それも、この地への漂着伝承である。そこには高御魂（たかみむすび）神社（『延喜式』「神名帖」に名神大社とある）が鎮座している。

そこで、伝承とは言え、これは大きな問題を孕んでいるとの想いから見過ごすことができず、駆け足旅行の取材ではあったがこれに対する考察をここに記すことにした。

なお、その取材の二日目のこと、豆酘崎に向かっている折に、山また山の隘路を通って行くので、お恥ずかしい話、私は凄い車酔いにあって辛い思いをしてしまったのである。正に『三国志』「魏志倭人伝」にいうところの対馬は「禽鹿（きんろく）の径（けい）」そのものである、と思ってしまった。何かしら、「魏使」の苦難を思い起こしたようである。

また、対馬に来てびっくりしたことがある。それは、私の住む四国・松山とは、街の装いが全く違うということである。否、日本列島の各地とも違うといっても過言ではないであろう。というのは、島内にはハングル文字が至る所に書かれているからである。正にハングルの氾濫、はてさて何処の国かと見間違ってしまいそうである。特に対馬の中心地・厳原町のあちこちにある案内看板・お店の看板などは日本語の横に決まってハングルが書かれていた。そうだ、ここは、朝鮮半島を間近に見る国境の島であった、ということに気付くのである。日本で外国を見ることができる唯一の土地ということだ。

対馬の北端から、十月・十一月の天気の良い日には、韓国・釜山の街が遠望できるという。それが幸運にも、四日の朝に市の職員が対岸を撮影して来たという写真を頂戴した。驚くことに、その釜山の光景はビルが林立していて、ここ対馬の雰囲気とは対照的で、大都会のたたずまいが手に取るようであった。

これを見ると、対馬と朝鮮半島の関係は、切っても切れない隣同士であることが良く解る。古代から両国の交易は盛んであり、人的交流や文化も途切れることなく続き、正に〝一衣帯水〟の関係にあったのである。因みに、対馬では平地が少ないため稲作が僅かしかできず、幕藩体制下においても、朝鮮半島から米を輸入していたとのことである。このようなことからも、朝鮮半島抜きにしては、対馬のくらしは成り立たなかったようである。従って、対朝鮮との争乱は死活問題であり、豊臣秀吉による朝鮮侵略の際、対馬の宗氏は秀吉の外交文書を改竄してまでも和平を計ったのは、その証左である。

前置きが大変長くなってしまったが、初めにわが国における対馬の位置関係を述べておきたかったのである。

なお、この取材に当たって、対馬市観光物産推進本部のご厚意により、小島武博氏（対馬市文化財保護審議会委員）によるご案内、阿比留正臣氏（対馬市観光物産推進本部係長）の運転で、二日間に亘り、島内各地を見聞することができました。また、推進本部副本部長の豊田充氏には過分のおもてなしを賜りました。ここに当紙面をお借りして、衷心より感謝申し上げます。

（一）「高御産巣日神」漂着伝承とは

それでは本題に入って、「高御産巣日神」とは、一体どのような神さまであったのか。

『古事記』「別天つ神五柱」の段に、

「天地初めて発けし時、高天の原に成れる神の名は、天之御中主神。次に高御産巣日神。次に神産巣日神。この三柱の神は、みな独神と成りまして、身を隠したまひき。」（岩波文庫。なお『日本書紀』は「神代上第一段」に同様記事あり）

とあって、この岩波文庫の注に、

「天之御中主神は、高天の原の中心の主宰神。以下の二神は生成力の神格化。独神とは男女対偶の神に対して単独の神の意。」

とある。この高御産巣日神は、高皇産霊尊（『日本書紀』「一書」）・高皇産霊神（『古語拾遺』）・高御魂命（『出雲国造神賀詞』）または高木神（『古事記』）とも言われていて、宇宙生成力を神格化した神であるとされている（『神々の系図』川口謙二著）。

これらの神は「高天原の神」と言い、以降の神々が、わが国皇室の祖神とされる「天照大神」、そして「神武天皇」に連なるという。所謂これが「皇国史観」の原点となった。

では、この「高御産巣日神」に伴う伝承とは、一体どのようなものであったのかを次に示す。それは、『対州神社誌』（貞享三年―一六八六、加納貞清撰）に次のように記されていた。

「高雄むすふの神　神躰石昔醴豆崎に浮候うつお船有。獵船差寄る見候得は、内に石有て奇怪に光を以、取歸て祭と云俗説有。不可考。」

右の文を要約すれば、

「うつお（ほ）船が醴豆崎（豆酘崎）に漂着した。その船には奇怪に光る石があった。その石を高雄むすふの神として祭った」

となろうか。編者は儒者らしく〝不可考〟―考えるべからず・ありえない話しとして、記述はするが一顧に値しない、という扱いをしている。

このように、一見簡単な記述の伝承ではあるが、前述のようにこれは見過ごすことはできないと思ったのである。そのことについて論述する前に、対馬の郷土史家・永留久恵（ながどめひさえ）氏著『対馬国志』の一部をここで紹介したい。

〝神体石〟というのは神霊がこもる玉石（霊石）で、〝うつお船〟というのは「うつほ船」で、俗説では「うつろ船」（空船・虚船）ともいうが、要するに幻の〝神の船〟である。これを「不可考」としたのは、儒学者である本書の選者が、非合理な神話伝説を「考えられない」と決めつけて、伝承の大筋だけを記録したものである。

対馬には「うつろ船」に載って漂着して来た神の由緒や、怪奇な俗伝と化した説話の類が各地にある例については、拙書『海神と天神』に収録している。

詳述はしないが、『海神と天神』によると、この「うつろ船」伝承は対馬各地にあるようであり、また対馬の神々の出現を語る伝説は、㋑海中（海底）より現れた神、㋺海の彼方から漂着した神、㋩天より降臨した神、㋥神婚によって誕生した神、に大別されるという。

（二）奇怪な始祖神話

さて、〝神体石〟の漂着説話であるが、このような奇々怪々な始祖神話は世界各地に数多ある。中でもお隣・朝鮮半島では、国の始祖神話として次のような説話が知られている。

一、新羅国始祖・赫居世（かくきょせい）（在位前五七～後四年）の出生説話―卵から生れた（『三国史記』巻第一「新羅本紀」）。

一、新羅国四代王・脱解尼師今（だっかいにしきん）（在位五七～八〇）の出生説話―卵から生れた
脱解はむかし多婆那（たばな）国（古田武彦氏説は下関近辺の倭人の国）で生れた（『三国史記』巻第一「新羅本紀」）。

一、高句麗国の始祖・東明聖王（朱蒙・在位前三七～前一九）の出生説話―卵から生れた（『三国史記』巻第一三「高句麗本紀」）。

一、駕洛国（加羅・伽耶ともいう。元は弁韓の地。後に倭国側では任那と呼んでいた）の始祖・首露王の出生説話

――黄金の卵から生れた（『三国遺事』「駕洛国記」）。

始祖神話はことほど左様に怪奇説話が多いので、対馬の高御産巣日神（神体石）の漂着伝承も〝不可考〟として、うち捨てるわけにはいかないのである。惜しむらくは、編者が儒者でなければ、もっと多くの伝承を見ることができたのではないかと思うのである。もしかして、どこそこからやって来た、ということもあったのかも知れない。

それはともかくとして、先の大戦前の教科書を飾った「神々が〝天の磐船〟の乗って天上から降りてくる」という荒唐無稽の話とは違って、海上からの〝うつほ船〟による漂着である。

〝人間を神の石に見立てた〟と。あり得る話ではなかろうか。織田信長が安土城で、石を己が分身として飾り、それも神と称して、賽銭まで取って人々に拝ませた、という有名な例もある。近隣諸国にある始祖神話の〝卵から生れた〟とは違うが、わが国ではご神体が〝石〟となっている神社は至る所にある。石を神として尊崇するのである。この漂着伝承は、「人が石におき替えられた。それも神として」。

日本列島は、旧石器時代からの「巨石信仰」、そして「石の文化圏」であればこそ、このような説話が誕生したのであろう。

我が国にも、子供たちの〝夢物語〟でもある〝桃から生れた「桃太郎伝説」〟や〝竹から生れた「かぐや姫の物語」〟などもあるが、このような説話は「始祖神話」と同じ根源があるように思える。それは、英雄待望や庶民とは別世界の憧れのひと願望などと同じように、〝始祖〟には格別の畏敬の念をもって現れたと思われることから、古代の人たちにとってはごく当り前の説話であったと考える。

（三）「高天原寧波説」と「高御産巣日神」

そこで、この「漂着伝承」から連想することは、古田武彦先生が最近述べておられる「高天原」の比定地の一つ「寧波説」（『俾弥呼　ひみか』一〇九頁、古田武彦著、ミネルヴァ日本評伝）についてである。それは、『東日流外三郡誌』（『和田家資料1』二二四ページ）の「荒吐神要源抄」に、

「筑紫にては南藩民航着し、筑紫を掌握せり。（中略）筑紫の日向に猿田王一族と併せて勢をなして全土を掌握せし手段は、日輪を彼の国とし、その国なる高天原寧波より仙霞の霊木を以て造りし舟にて、筑紫高千穂山に降臨せし天孫なりと、自称しける。即ち、日輪の神なる子孫たりと。」

とあったので、私が遭遇した「漂着伝承」が、この「寧波説」に結びつくのではないか、と考えたのである。寧波は中国浙江省の杭州湾にある。対岸は上海。近くには有名な会稽山があり、古田先生がいう『三国志』「魏志倭人伝」に登場する「会稽東治の東」の世界だ。そこには、

「（女王国は）男子は大小と無く、皆黥面・文身す。（中略）夏后少康の子、会稽に封ぜられ、断髪・文身、以て蛟龍の害を避けしむ。今倭の水人、好んで沈没して魚蛤を捕え、文身し亦以て大魚・水禽を厭う。後稍以て飾りと為す。諸国の文身各異なり、或いは左にし或いは右にし、或いは大に或いは小に、尊卑差有り。其の道里を計るに、当に会稽東治の東に在るべし」（前掲『俾弥呼　ひみか』）。

とあり、会稽と倭国は同じ文化圏であると記されている。

これらのことから、「天族」の古里としての「高天原寧波説」が俄然私の脳裏を激しく叩いたのである。この漂着した「高御産巣日神」は一体何処から来たのであろうか、もしや寧波からではなかろうか、と。そこで、その根拠を以下に示したい。


「漂着伝承」のある対馬の西南端に位置する豆酘には、伝承だけではなく、歴史的事実が存在していたのである。それは稲の原始的品種といわれている「赤米」の生産と神事である。

『日本書紀』顕宗天皇三年四月の条に「対馬下県直の高御産巣日神に対する穀霊神事」のことが記されているが、そのことを裏付けるように、高御魂神社のすぐ近くには「神田」という地名があり、『対州神社誌』にもある通り、そこでは古代から連綿と赤米を作っていて、それを神社の祭りに奉納しているのである。そこは、広い田んぼの中の僅かな一角であったが、私もこの赤米の稲穂を見て、何かしら不思議な古代の息吹を感じたのである。この赤米も、もしや寧波からもたらされたのではないか、と。

そして、寧波が天族の古里であるならば、ここから東（「会稽当治の東」であるが、厳密にはやや北東）に船出すると、真っ直ぐに行き着く先は韓国の済州島、あるいは日本の対馬・壱岐・五島列島・九州北部となろう。地の利から言えば、戦国時代に倭寇の頭目〝王直〟が、寧波の沖合にある舟山列島とわが国の五島列島に根拠地を設け、この海域を中心に東シナ海をわが庭のように縦横無尽に暴れ回ったことからもそれは肯ける。

このように寧波と対馬は近いので、人の移動は極めて自然である。それ故、対馬の「漂着伝承」などは何の不思議もないのである。そして、中国大陸からの稲作の伝播（赤米）。また、中国・殷王朝にルーツがある〝亀卜〟は明治四年まで豆酘（都都智神社、近世雷神社に改名）と佐護（天諸羽神社）で行われていたことなどである（なお、朝鮮半島は骨卜であり、亀卜はないという――『対馬国志』）。

更にまた、『三国志』「魏志倭人伝」で記されていた会稽と倭国の海士・文身（刺青）の習慣なども。これらは、正に「寧波説」を「是」とすることを雄弁に物語っているのではなかろうか。

古田先生は「高天原」について、次のようにも述べておられる。

> 「高天原（たかまがはら）」は「たかあまばる」である。「夕」は太郎の夕・第一の意。「カ」は川のカ、神さまのカである。「アマ」は海士であり、美しく言葉を飾って天族の意。「バル」は聚落の意である。つまり、「神聖な水の出る天族の聚落」の意であり、天族にとっては「聖地」である。
>
> なお、『古事記』のいう「高天原」は、壱岐島（長崎県）の北端に現存する「天の原（あまのはら）海水浴場」の地付近に他ならない（『TOKYO古田会NEWS』№一四二）。
>
> また、高天原という概念は各地にあったと考えられる。例えば、対馬海流の両岸や博多湾岸などの天族の活動拠点で、「良質の水が豊富に出る所」である。そして、高御産巣日神（高木神）の漂着伝承については、何処から来たのか不明であるが、その元は「高木神」の字が示す通り、博多湾岸の「吉武高木遺跡」のある「高木」であった可能性もある。その上、この「高木神」は天族特有の名称「天の高木神」ではないので「寧波」からではない、とも考えられる（二十三年十二月二十日、古田先生の電話でのご教示による）。

となると、私が考えていた「寧波」とは違ってくる。それは、「漂着伝承」の高御産巣日神は博多湾岸の「高木」からやって来た、となるからである。この「高木説」は、「吉武高木遺跡」の存在が邇邇芸命の墓にも比定されているので（古田説）、その関連からも注目される。

また、名前に「天」がついていないことから、「高御産巣日神」の天族との整合性なども一考を要することになろう。

そこで、この「高木説」を踏まえて、「高木神」を私なりに考察したい。

『古事記』「天若日子」の段に、「この高木神は高御産巣日神の別の名ぞ。」とある。そして、その段の後半、更に続いて「事代主命の服従」や「邇邇芸命―天孫誕生」の段には、専ら高木神として出現している（『古事記』には高御産巣日神は六回、高木神は七回出現。『日本書紀』には高御産巣日神は二十七回出現するが、高木神は出現しない）。

ところで、「記・紀」に出現する「亦（別）の名」の神々は、元の名前とは似ても似つかぬのが殆どである。この高御産巣日神も、高皇産霊尊・高皇産霊神・高御魂命とも言われているのに、「別の名」は高木神であるからだ。これも全く似ておらず、他の神々と同類かもしれないが、或いはもしかして違う可能性もあるのではなかろうか。

それに至る理由は次のようである。

『古事記』の前段は高御産巣日神とあって、後段は高木神となっている。いうまでもなく、高御産巣日神は「高天原三神」の時代であり、それが天照大神の時代まで活躍して、「天若日子」の後半から「邇邇芸命―天孫誕生」まで高木神であるので、活躍の時代が数代に亘ることになる。そして、『日本書紀』には高木神の名は一切ない。そのようなことと、古田先生の説から思い至ることは、あくまでも推測ではあるが、『古事記』は「吉武高木」から来た神を「高木神」として、高御産巣日神に結びつけて「同一神」にしてしまったのではなかろうか。つまり、元は別々の神であったのではないだろうか。

なお、ここで今一つ考えたいことがある。それは、「高天原」の高、「高御産巣日神」の高、「高木神」の高、「高砂族」の高、また後世の「高良玉垂尊」の高であるが、これは「海士族」の一派で「髙」の苗字持った一族ではなかろうか、と。それが、一族の職業である海士を苗字とし、美しく字を飾って「天」とした。そうなると、出身地の寧波や舟山列島、はたまた対馬・壱岐・博多湾岸、あるいは琉球・台湾などの「髙」苗字や地名の研究も、今後の課題となるであろう。

いずれにしても、私にとって高御産巣日神は、中国の寧波からやって来たとの想いを捨てきれないことから、まだまだ論証不十分であるが、〝対馬見聞〟の一端として、ここにひとまず記すことにした。

おわりに

対馬にはこの他に注目すべきことがあった。それは、上県の佐護に「神産巣日神」を祀る神御魂神社があったのである。この神産巣日神は女神と言われ、男神とされている豆酘の高御産巣日神と対をなす神として、対馬では崇められているという。この神産巣日神は「高天原」の三代目の神である。対馬の最南・豆酘の高御産巣日神、最北に近い佐護の神産巣日神、そして真ん中の小船越には「天照大神」を祀る阿麻氐留神社がある。何やらこの三神の鎮座の配置が大変興味を惹くが、今のところこれ以上の論証は無理であるので今後の課題としたい。

また、天照大神にまつわる伝承については、『古代は輝いていたⅠ「風土記」にいた卑弥呼』で、古田先生は詳しく論じておられるので、ここでは割愛する。

なお、対馬には『延喜式』にある式内社が二九座(上県一六座、下県一三座)もある。海幸彦・山幸彦や他の「記・紀神話」に登場する神々を祀る神社が数多あり、それにまつわる伝承もある(永留久恵著『対馬国志』『海神と天神』)。

それにしても、対馬は古田先生の言う「弥生神話」(「縄文神話」は「出雲神話」)の古里なのである。ここが、この弥生神話の原点であったと考えたい。

ところで、対馬には初代の主宰神「天之御中主神」の影が全く見当たらない。二代目・三代目がいて、神話の中核を担う天照大神がいる。そうなると、初代は「高天原」にいた神（事実は人間）、つまり寧波にいた、ということになりはしないか。

そして、二代目高御産巣日神以降、この系統の神々（事実は人間）が対馬や壱岐に根を下ろしていったのである。それにより、古田先生が言われた「各地に高天原が存在」することになるのかも知れない。

また、その間天族（『東日流外三郡誌』は「高砂族」としている）が争乱の回避であろうか、新天地を求めて大挙して、中国浙江省の杭州湾近辺から東シナ海の波濤を越えて、対馬・壱岐・五島列島や九州北岸にやって来たものと考える。あるいは、朝鮮半島にも。

やがて、天照大神（紀元前三〇〇〜二五〇年頃）は対馬・壱岐・隠岐諸島あるいは朝鮮半島に跨り、「出雲王朝」の支配下にあった所謂「海峡国家・天国（あまくに）」を統治していたのである。

その後、「出雲王朝」から「国譲り」を受け（事実は簒奪）、天孫降臨〝邇邇芸命〟による九州島の制圧や、西日本各地に進出して行ったのである。ここに「筑紫時代」の幕開けとなり、「九州王朝」の成立となった（古田説）。

以上のことから、対馬の「高御産巣日神」の漂着伝承は、「記・紀」において「生成力の神格化」とされた神話の世界から、人間社会に一歩も二歩も踏み出したように思える。それは、古田先生が提起された天族の古里の一つ「高天原寧波説」に正に合致すると考えたからである。

しかしながら、たった一度の対馬見聞ではからずも遭遇した「漂着伝承」からの取り敢えずの小論であることをお断りして、ここに諸兄のご批判に供したい（なお、平成二四年五月二五日〜二八日に古田史学の会・四国の研修旅行で再度対馬を訪問）。

（『古田史学会報』No.１２３所収に加筆）

伊予国内大型古墳分布一覧と「国々」の推定領域

（一辺が 20m 以上の古墳。但し、可能性のあるものも含む。）

古墳の所在地・形体・規模については、（財）愛媛県埋蔵文化財調査センター　調査課長岡田敏彦氏の「愛媛県における首長墳素描」（『紀要愛媛』第２号所収）と氏のご教示による。

	伊予の古代の「国々」の推定領域	「大宝律令」以後の伊予国内行政区画（『倭名抄』による。なお『律書残篇』には喜多郡の記載はない。のちに宇和郡より分郡された。）		前方後円墳	前方後方墳	円墳・長円墳	方墳・長方墳	その他	合計
		郡名	郷名						
道前・道中（今治）平野	宇摩国？	宇摩郡	山田・山口・津根・近井・余戸～５郡	1		6	1	1	9
	（四国中央市／新居浜市？）	新居郡	新居・井上・島山・立花・賀茂・神戸～６郷			1			1
	越智国（旧・朝倉村　旧・今治市東部　島嶼部　現・西条市全域）	周敷郡	田野・池田・井出・吉田・石井・神戸・余戸～７郷	1		3			4
		桑村郡	籠田・御井・津宮～３郷			1			1
		越智郡	朝倉・高市・桜井・新屋・拝志・給理・高橋・鴨部・日吉・立花～10 郷	8	1	30		2	41
	怒麻国（旧・今治市西部　旧・大西・波方・菊間）	野間郡	宅万・英方・大井・賞多・神戸～５郷	5		11			16
	風早国（旧・北条市全域）	風早郡	粟井・河野・高田・難波・那賀～５郷	3		18			21
道後（松山）平野	和気国？（旧・和気郡全域）	和気郡	高尾・吉原・姫原・大内～４郷	3		2	1	1	7
	久味国（久米国）	温泉郡	桑原・埴生・立花・井上・味酒～５郷	3		1			4
		久米郡	天山・吉井・石井・神戸・余土～５郷	3		3	3	1	10
	伊余国	浮穴郡	井門・拝志・荏原・出部～４郷	2	1	6	2		11
		伊予郡	神前・吾川・石田・崗田・神戸・余戸～６郷	5		23	5		33
	宇和国？（旧・宇和町を中心に南予地方全域）	喜多郡	矢野・久米・新屋～３郷						0
		宇和郡	石野・石城・三間・立間～４郷	3		2			5
		合計		37	2	107	12	5	163

（注）１、「国々」については、『国造本紀』に「越智・怒麻・風早・久味・伊余」の５国あり、その他大型古墳の数や『和気系図』、及び「久米評」「馬評」「宇和評」などの遺物を基にして考察した作業仮説である。

２、越智郡西部の伊賀の「相の谷１号墳・２号墳」、及び高地の「須賀神社古墳」（いずれも前方後円墳）は筆者見解により野間郡に算入した。

３、風早郡の「国津比古神社古墳」を前方後円墳とした。

４、宇和郡の円墳は「ナルタキ古墳」と「岩木赤坂古墳」（可能性のあるもの）である。

九州王朝倭国の略系図

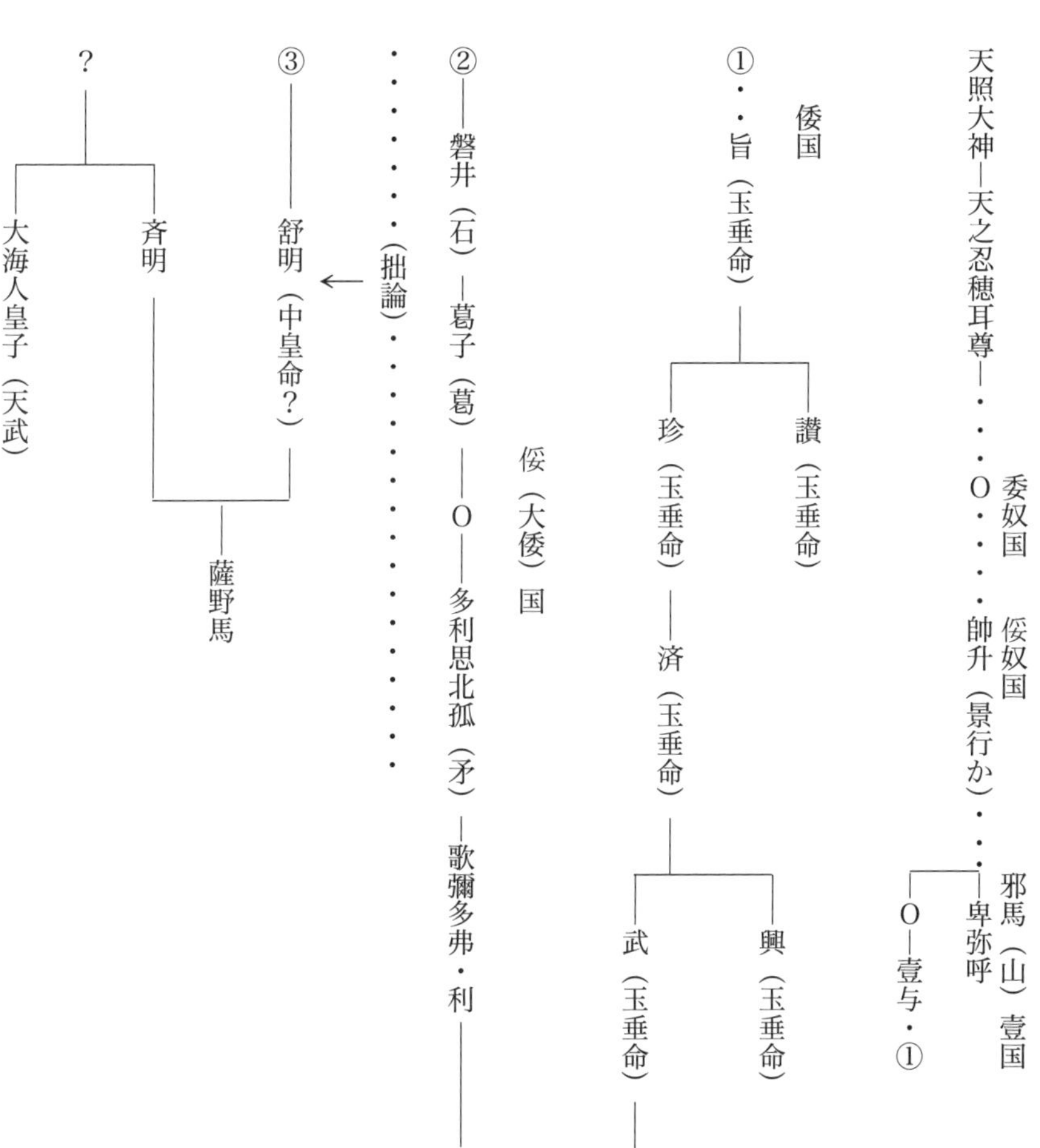

天照大神─天之忍穂耳尊─・・・〇・・・・帥升（景行か）・・・卑弥呼
委奴国
俀奴国
邪馬（山）壹国
〇─壹与・①
倭国
①・・旨（玉垂命）
讃（玉垂命）
珍（玉垂命）─済（玉垂命）
興（玉垂命）
武（玉垂命）─②
俀（大倭）国
②─磐井（石）─葛子（葛）─〇─多利思北孤（矛）─歌彌多弗・利─③
・・・・・・（拙論）・・・・・・・・・・・・・・
③─舒明（中皇命？）
？
斉明
大海人皇子（天武）
薩野馬

あとがき

本書を上梓出来るようになったのは、言うまでもなく恩師・故古田武彦先生の存在があればこそ、である。そして、私の第一書である『国生み神話の伊予之二名洲考』を上梓できたのは、旧・北条市（現・松山市）の「大相院・別府遺跡」の発掘調査において、「漢式鏡」の破片発見の報に接しての現地見学会の折、北条ふるさと館々長をされていた故竹田覚氏（「古田史学の会・四国」元会長・のち名誉会長）に巡り遇ったお陰である。氏の手厚いご協力を戴いたことから、研究も進展して、「伊予之二名洲」は風早国（旧・北条市）の「難波」「那賀」の「二ヵ所のナ」であることを論証できたのである。そして、「愛媛岩」の発見も。

更に幸いなことに、西条にお住まいでこの地の歴史に頗る詳しい今井久氏（現在「古田史学の会・四国」幹事）に巡り遇い、新しい発見が次々と出来して、私の「越智国」研究がことのほか進展を見、第三書『新説　伊予の古代』をも上梓できたことである。その後の「紫宸殿」発見の次第。そして、本書の上梓にも。何とも不思議なご縁で、三氏（古田・竹田・今井の各氏）とも年齢が全く同じであった。私の古代史・郷土史研究は、このお三方の格別なご教示・御支援の賜であったのである。

そして、このほか関係各位の筆舌しがたいご助力も戴いた。主だった方を挙げさせて戴くと（順不同）、「愛媛大学」名誉教授・下條信行氏、同名誉教授・高橋治郎氏、同名誉教授・細川隆雄氏、「伊予史談会」元会長・武智利博氏、同会元副会長・清水正史氏、「（財）愛媛県埋蔵文化財調査センター」元調査課長・岡田敏彦氏、「西条市教育委員会」係長・三浦執氏、同・渡邊芳貴氏、「西条史談会」前会長・三木秋男氏、同会・高橋重美氏、「東予史談会」副会長・眞鍋 達夫氏、「三間町史談会」事務局長・羽藤明敏氏、「古代因石石彫研究所」

代表・中島久喜氏、「加藤家文書」所有者・加藤従一氏、写真家・河合皓吉氏、「愛媛新聞社」元文化部部長・江戸利昭氏、「旧北条市役所」元総務課長・宮本且之氏、「風早歴史文化研究会」徳永清茂氏、同・平野環氏、同・長野邦計氏、同・横田勇三氏、同・有田晋作氏、同・山浦重男氏、同・渡部浩司氏、「東京古田会」前会長・故藤沢徹氏、「多元の会」会長・安藤哲朗氏、「古田史学の会・四国」元幹事（現「古田史学の会・東海」会員）・山田裕氏、「古田史学の会」前会長・水野孝夫氏、現会長・古賀達也氏、事務局長・正木裕氏、会報担当・西村秀己氏、同会・大下隆司氏、同会・木村賢司氏、「古田史学の会・四国」現会長・阿部誠一氏、同会幹事・大政就平氏、

取材でご教示戴いた「朝倉ふるさと古墳美術館」元学芸員・窪田利子氏、対馬市郷土史家・永留久恵氏、同・小島武博氏、「対馬市観光物産本部」係長・阿比留正臣氏、「壱岐郷土館」元学芸員・白石純吾氏、「大山祇神社」宮司・故三島喜徳氏、「矢矧神社」宮司・田窪吉典氏、「無量寺」住職・龍田宥人氏、「村山神社」宮司・榊田嘉津男氏、「石岡神社」宮司・越智基晃氏、「福岡八幡神社」宮司・越智義大氏、「髙尾神社」宮司・玉井忠素氏、「橘新宮神社」宮司・高橋佳幹氏、「満願寺」住職・星野敬昌氏、「臼杵三島神社」宮司・横田清光氏、「伊豫神社」祢宜・星野暢広氏、ほか多くの方にご支援・御協力を戴いた。衷心より御礼申し上げる次第である。

また、私を古代史の道に誘ってくれた叔父の故小倉晴夫氏、拙書に対する助言・校正に力を注いでくれた従兄・合田寅彦氏に対して感謝の意を一言加えさせて戴く。

このように多くの方のご助力があったので、本書を上梓できたのである。私はつくづく幸せ者であった。余命幾ばくかは知らないが、もう思い残すことはない。

最後になりましたが、この書の刊行に際してご尽力を賜った創風社出版大早友章氏に深甚の謝辞を申し上げたい。

恐惶謹言

〈拙書・拙稿一覧〉

主だったものを列挙すると次のようになる（◎印は拙書、○印は拙稿）。

◎『国生み神話の伊予之二名洲考』（二〇〇二年七月三一日　風早歴史文化研究会二十五周年記念出版）

◎『聖徳太子の虚像—道後来湯説の真実』（二〇〇四年七月一〇日　創風社出版）

◎『新説伊予の古代』（二〇〇八年一一月一日　創風社出版）

◎『地名が解き明かす古代日本—錯覚された北海道・東北』（二〇一二年一〇月一日　ミネルヴァ書房）

○『伊予之二名洲考』（『古代に真実を求めて』第六集所載　二〇〇三年四月一〇日　明石書店）

○『「上・下」「前後」の地名考—地名にみる多元的古代の証明』（『古代に真実を求めて』第九集所載　二〇〇六年三月三一日　明石書店）

○『北涯の地の「上・下」—蝦夷地上之国・下之国の地名由来』（『古代に真実を求めて』第十集所載　二〇〇七年三月三一日　明石書店）

○『「越智国の実像」考察の新展開—「温湯碑」建立の地と「にぎたつ」』（『古代に真実を求めて』第十三集所載　二〇一〇年四月二五日　明石書店）

○『娜大津の長津宮考—斉明紀・天智紀の長津宮は宇摩国津根・長津の村山神社だった』（『古代に真実を求めて』第十三集所載　二〇一〇年四月二五日　明石書店）

○『越智国にあった「紫宸殿」地名の考察』（『古代に真実を求めて』第十四集所載　二〇一一年三月三一日　明石書店）

○『続・『越智国にあった「紫宸殿」地名の考察』』（『古代に真実を求めて』第十六集所載　二〇一三年一二月一日　明石書店）

○『天武天皇の謎―斉明天皇と天武天皇は果たして親子か』
（『古代に真実を求めて』第十七集所載　二〇一四年八月二五日　明石書店）

○『虚構・聖徳太子道後来湯説―「伊予国風土記」を読み解く』
（『古代に真実を求めて』第十八集所載　二〇一五年三月二五日　明石書店）

○『「伊予」と「愛媛」の語源―「言素論」が解き明かす』
（『古代に真実を求めて』第十八集所載　二〇一五年三月二五日　明石書店）

○『九州王朝にあった二つの「正倉院」の謎』
（『古代に真実を求めて』第十九集所載　二〇一六年三月二五日　明石書店）

○『越智国・宇摩国にあった「九州年号」』
（『古代に真実を求めて』第二十集所載　二〇一七年三月二五日　明石書店）

○『「元号の日」とは』―（愛媛新聞投稿文、未掲載）
（『古代に真実を求めて』第二十集所載　二〇一七年三月二五日　明石書店）

○『風早に南海道の発見と伊予の「前・中・後」』
（『古代に真実を求めて』第二十一集所載　二〇一八年三月二五日　明石書店）

○『渡嶋と粛愼―渡嶋は北海道ではない』
（『なかった　真実の歴史学』第二号～五号連載　二〇〇七年五月～　ミネルヴァ書房）

○『侏儒国の痕跡を沖の島（宿毛）に見た』
（『なかった　真実の歴史学』第六号連載　二〇〇九年七月二〇日　ミネルヴァ書房）

○『風早国・越智国考察の新展開』（『風早』第五四号所載　平成一七年一二月一日　風早歴史文化研究会）

○『歴史学の本道と伊予の温湯碑』（『伊豫史談』三四一号所載　平成一六年四月　伊予史談会）

○『伊予国府の比定地―国分・古国分の地名考察』（『伊豫史談』三四九号所載　平成二〇年四月　伊予史談会）

○「伊予」と「愛媛」の語源』（『伊豫史談』三七三号所載　平成二五年四月　伊予史談会）

○『越智氏の出自―「オチ」元は「コチ」だった』（『伊豫史談』三八五号所載　平成二九年四月　伊予史談会）

○『日本の神話と古代史―天照大神は実在した』（『松前史談』第二五号所載　平成二一年三月　松前史談会）

○『真実の邪馬壹（臺）国―女王・卑弥呼の国は博多湾岸にあった』
（『松前史談』第二六号所載　平成二二年三月　松前史談会）

○『聖徳太子の虚像―道後来湯説の真実』（『松前史談』第二七号所載　平成二三年三月　松前史談会）

○『「にぎたつ」はいずこに―斉明天皇の伊予行幸と崩御地及び天皇陵の真実』
（『松前史談』第二八号所載　平成二四年三月　松前史談会）

○『「九州王朝」の終焉と新生「日本国」の成立』（『松前史談』第二九号所載　平成二五年三月　松前史談会）

○『天武天皇の謎―「万世一系」系図作成の真相』（『松前史談』第三〇号所載　平成二六年三月　松前史談会）

○『越智国の実像―伊予の古代を彩る文化の中心地は西条・朝倉であった』
（『東予史談』第一四号・一五号所載　平成二三年五月・二四年六月　東予史談会）

○『古代に真実を求めて―聖徳太子を事例として』愛媛大学での特別講義
（『ほっそん先生 鯨に恋をする』３講義内容を一部収録　細川隆雄編著　二〇一六年十一月　農林統計出版）

他に『古田史学会報』・『多元』などの会報にも論稿多数あり。

筆者略歴

合田　洋一（ごうだ　よういち）

〒790-0963 松山市小坂１丁目６－２１

昭和16年8月29日、北海道桧山郡江差町生まれ

昭和40年明治大学文学部史学地理学科（日本史学専攻）卒業

現在、有限会社　栄健　代表取締役

古田史学の会・全国世話人、古田史学の会・四国事務局長

多元的古代研究会会員、古田武彦と古代史を研究する会会員

伊予史談会会員、 風早歴史文化研究会会員、松前史談会会員、東予史談会会員

著書　『国生み神話の伊予之二名洲考』

（風早歴史文化研究会25周年記念出版、2002年7月31日）

『聖徳太子の虚像—道後来湯説の真実—』

（創風社出版、2004年7月10日）

『新説伊予の古代』

（創風社出版、2008年11月1日）

『地名が解き明かす古代日本－錯覚された北海道・東北』

（ミネルヴァ書房、2012年10月1日）

葬られた驚愕の古代史

越智国に“九州王朝の首都”紫宸殿ありや

2018年5月25日発行　　定価＊本体2800円＋税

著　者　　合　田　　洋　一

発行者　　大　早　　友　章

発行所　　創　風　社　出　版

〒791-8068 愛媛県松山市みどりヶ丘９－８

TEL.089-953-3153　FAX.089-953-3103

振替 01630-7-14660　http://www.soufusha.jp/

印刷　㈱松栄印刷所　　製本　㈱永木製本

　ISBN978-4-86037-258-3